Shizhang Ertong
Xiju Jiaoyu
Lilun Yu Shiwu

涂传法 / 著

视障儿童戏剧教育理论与实务

目　录
Contents

1 ▶ 序

1 ▶ 第一章　戏剧教育概述
　　第一节　戏剧与戏剧教育的发展 / 1
　　第二节　戏剧教育开展现状 / 8

13 ▶ 第二章　视障儿童身心特点及戏剧教育原则
　　第一节　视障儿童身心特点 / 13
　　第二节　视障儿童戏剧教育的可行性及其原则 / 22

31 ▶ 第三章　戏剧教育的价值
　　第一节　多元智能及其他教育理论下的戏剧教育 / 31
　　第二节　戏剧教育对于视障儿童的康复价值探寻 / 43

49 ▶ 第四章　视障儿童戏剧教育的开展
　　第一节　视障儿童戏剧教育的主要样式及途径 / 50
　　第二节　视障儿童戏剧演出实务 / 56

65 ▶ 第五章　戏剧教育中的语言练习
　　第一节　呼吸与发声练习 / 66
　　第二节　语音练习 / 75
　　第三节　表达与沟通练习 / 91

第六章　戏剧教育中的基本素质练习 — 107

第一节　自我控制练习 / 107

第二节　注意力练习 / 114

第三节　想象力与信念练习 / 120

第四节　协作能力练习 / 125

第七章　戏剧教育中的空间感知及行动练习 — 131

第一节　空间感知练习 / 131

第二节　形体练习 / 143

第三节　形动练习 / 152

第八章　戏剧教育案例 — 165

第一节　戏剧教育案例及分析 / 165

第二节　戏剧教育个案 / 185

第九章　校园戏剧作品选 — 193

剧本一　生命之光 / 193

剧本二　在路上 / 200

剧本三　这些人，那些事 / 212

剧本四　挥舞青春 / 222

剧本五　祝福 / 228

剧本六　生活进行曲 / 237

短剧三篇 / 244

参考书目 — 261

后记 — 263

序

涂传法老师自2002年开始对视障儿童进行戏剧教育活动,至今已有16年了。在这期间,他从零起步,积极尝试,敢于探索,勇于实践,集聚了大量素材,积累了丰富经验。他认准目标,执着追求,已实属不易。更难能可贵的是,他还把自己的实践和心得整理成文,完成了《视障儿童戏剧教育理论与实务》一书的写作。

春华秋实,天道酬勤,功不唐捐!在这金桂飘香的季节,看到涂老师的这部新作,我十分欣慰与喜悦。这本书既是一个全新的尝试,又是一项填补特殊教育空白的创举。具体来说,我觉得这本书有如下特点:

一、该书框架清晰,逻辑性强。书中既提出了问题,又给出了解决问题的方法。如为什么要对视障儿童进行戏剧教育,如何开展戏剧教育,开展戏剧教育的效果如何等。作者不是只罗列事实、描述过程,而是将现象上升到理论层面,用理论作为研究的依据,作为观点的支撑。例如,在描述视障儿童空间感知特点时,作者引用了法国现象学家梅洛-庞蒂的研究成果:"(复明的)病人对他刚进入的这个视觉空间惊叹不已,与视觉空间相比较,他的触觉体验十分贫乏……触觉在同一时间只能把握一个极小的空间——身体及其工具的空间——这个事实不仅与触觉空间的呈现有关,而且还改变了触觉空间的意义。"又如,作者结合多元智能理论、个别化教育、差异化教育等理论,以及联合国教科文组织的教育报告,提炼出戏剧教育所具备的"核心智能""关联智能"和"蕴含智能",总结出戏剧教育独特的不可替代的育人价值。再如,在阐述对视障儿童加强语言训练的缘由时,作者又引用巴甫洛夫的第一与第二信号系统理论进行阐释。

二、从该书的第四章到第七章,几乎都是以具体应用操作为主,这些内容将戏剧教育与康复训练巧妙与有机地结合起来,涵盖了戏剧教育的全过程。活动过程写得详细,步骤十分清晰,操作性很强。以下仅举两例进行说明,如在"呼吸与发声练习"一节中,作者列举8个口腔放松活动、12个口腔控制活动、23个呼吸与发声活动,并对每个活动都进行了细致的讲解。又如,在"沟通练习"一节中,作者设计了一些游戏活动。我对其中的一个活动印象深刻：该活动要求儿童用一些听上去不相干的语句把自己本来想说的意思表达出来，然后让其他儿童猜究竟是什么意思。这个游戏很简单，也很有趣，能引导视障儿童用心去听，并让他们体会一些语句的弦外之音，这对增强他们的社交能力无疑是大有帮助的。

三、作为国内视障教育领域的第一本专著，书中有许多针对视障儿童戏剧教育的方法与策略，其中大多数是作者独创的。例如，空间感知能力不足是视障儿童的主要障碍之一，为了有效提升这方面的能力，作者设计了二十几项训练活动。如"紧锣密鼓""走一米""讲解板""四区定位""九区定位""安全栏"等。这些活动从视觉障碍儿童的实际出发，符合其认知与发展的规律，取得了令人满意的训练效果。

综上，我认为，涂传法老师的这部新作，理论性强，具有可操作性与创新性。我殷切希望这本书能够得到推广，让戏剧教育这一花朵在特殊教育与普通教育的百花园里开得更加夺目、更加艳丽。

华东师范大学教育学部教育康复学系　杜晓新　教授
2018.10.24

第一章　戏剧教育概述

第一节　戏剧与戏剧教育的发展

戏剧是世界上历史最悠久、流传最广泛的艺术样式之一。英语中的戏剧 Drama 一词，即源于希腊语的"动作"（δράμα），体现出了古希腊戏剧的动作性特点——亚里士多德说过，悲剧是对于一个严肃、完整、有一定长度的行动的摹仿。

古希腊戏剧产生于公元前 6 世纪，完善于公元前 5 世纪，而且很快就达到了高度的繁荣阶段。古希腊三大悲剧家埃斯库罗斯、索福克勒斯、欧里庇得斯都活跃于这个时期，他们的代表作品《被缚的普罗米修斯》《俄瑞斯忒斯》《俄狄浦斯王》《安提戈涅》《美狄亚》等都创作于这个时期，并成为戏剧史上不朽的名作。公元前 4 世纪，亚里士多德完成了《诗学》的写作，开始从理论上对戏剧艺术，特别是悲剧艺术进行详细阐述。这是最早的系统性戏剧理论著作，也是西方戏剧理论的奠基之作。亚里士多德认为："悲剧和喜剧都是从即兴创作发展而来。前者起源于酒神颂，后者起源于对生殖器崇拜的颂诗。"

从戏剧的源头看，中国戏剧也是源远而流长的，但它的诞生与形成却晚至 12 世纪左右，并且直到 13 世纪才达到成熟和繁荣。

中国传统的戏剧艺术主要是指戏曲，它的源头可以追溯到原始时代的歌舞，《尚书》中即有记载夔与舜的对话，"予击石拊石，百兽率舞。"描述的可能就是先民们的某种宗教或者庆祝仪式，带有祈祷和感谢神祇的性质。

王国维在《宋元戏曲考》中指出，中国戏曲最早溯源于巫，战国时和俳优合流，到汉朝的角抵戏（《东海黄公》）又增加了故事情节，至南北朝时，出现《代面》《踏摇娘》，才合歌舞以演一事，成为后世戏曲之起源。

一般认为中国戏曲发展成完整、独立的艺术样式，是在 12 世纪的南宋时期——民间已经有了专业的戏班,有了完备的戏剧文本创作。南宋温州杂剧的兴起,《赵贞女蔡二郎》《王魁》等底本的出现,是中国戏曲形成的标志。

到了元代,北杂剧充分发展,戏曲艺术完全成熟,出现繁盛局面。此时我国产生了专门从事剧本创作的作家,元杂剧的四大家关汉卿、白朴、马致远、郑光祖以及王实甫,在中国戏剧史上具有举足轻重的地位。

一、西方戏剧教育发展

应该说,在2500多年前的古希腊戏剧著作和戏剧理论中,已经蕴含了丰富的戏剧教育思想。古希腊时期,戏剧属于语言艺术,作为教学内容,多分布在语法、修辞等学科里。戏剧本身包含着扮演、模仿、想象、游戏和节庆活动等功能,具有表达、传递的意义和教化的作用,在被纳入教育领域之前,主要运用于语言学习等方面。亚里士多德的《修辞学》中有许多例证取自于戏剧作品,他明确地肯定了文艺的社会功能,提出模仿必须揭示事物的内在本质和规律,强调有机整体的概念,指出文艺创作的心理根据和理智过程。同时,他还认为,"也不要让他们(儿童)看到不好的图画或戏剧。凡能引致邪念和恶毒性情的各种表演都应加以慎防,勿令耳濡目染……"

不过,戏剧教育真正有意识的开展则要晚到18世纪的法国启蒙运动。法国思想家卢梭首先提倡"在戏剧实践中学习"的观念,将戏剧融入教学。这种理念影响很大,在西方国家广为流布。

20世纪迎来了戏剧教育的大发展时期。据记载,最早将戏剧方法系统地应用于课堂教学的是英国女教师哈丽特·芬蕾·琼森(Harriet Finlay Johnson)。这位具有创新精神的教师,根据主题设定不同的场景,尝试将不同的教学主题戏剧化,以多种方式与学生进行互动,激发学生的参与热情,并借助各类戏剧性的活动让学生对教学主题获得更深入的理解,很受学生欢迎。在1911年,哈丽特写成《教学中的戏剧方法》一书,这本书被认为是介绍在学校教学中应用戏剧方法的第一本著作。

英国教育家亨利·卡德维尔·库克(Henry Caldwell Cook)进一步推动了戏剧教育的发展。他的理念更为细致化,将戏剧教学发展成了具有更强可操作性的教育运动。库克继承并发展古希腊对戏剧的教育定位,强调表演和游戏对语言学习的促进作用。1917年,他完成了《游戏方法》一书,提倡戏剧教学法,从更多方面阐述了戏剧教育的意义以及方式。书中所提倡和强调的教学方法及教学模式得到了外界关注,对英国的小学教育产生了很大的影响。

在哈丽特和库克的推动及影响下,从20世纪20年代开始,英国的戏剧教育逐渐受到重视,其范围从小学拓展到中高年级,最后覆盖了包括成人教育和特殊教育在内的整个教育领域。

"二战"之后,儿童戏剧教育在英国趋近成熟。

1954年,英国著名戏剧教育家彼德·史莱德(Peter Slade)出版了《儿童戏剧》一书,受到了广泛的欢迎。在书中,史莱德表明:"儿童戏剧是一种属于儿童独有的特殊的剧场与表演艺术形式,教师的工作就是鼓励促进其自然逐步地展开。"到20世纪60年代,由史莱德等戏剧界和教育界的专家共同拟定了"特别教学法案",提出"各年龄层的儿童都必须经历戏剧的活动,以'假如我是(as if)'来实现,认为除了以戏剧教文学、演讲及身体动作等科目外,还可以与学校演出及剧场进行合作。"由此,戏剧教育在英国得到了迅速发展,大多数学校都实施戏剧教学活动,并使之成为一种普遍性的教学活动。(在我国,这类戏剧教育形式被译为"教育戏剧",以区别于培养专业戏剧人才的传统"戏剧教育"。)与此同时,大量受过专业训练的戏剧教师充实进各中小学的教师队伍中。教育部门主动与学术界合作,对教育戏剧的原理、方法和施行方式等进行研究,并以此为切入点来提高教育的内涵。

20世纪70年代,英国戏剧教学法的领军人物,被誉为"当今最伟大的教育工作者之一"的多乐茜·希思考特(Dorothy Heathcote)正式提出"戏剧教学法"的概念。其戏剧教学模式包含了浓厚的人文教育、跨学科学习和艺术教育等层次的教育目标。她大力提倡将戏剧作为教学媒介,并明确了戏剧教学的目标,即为儿童提供反思和分析生活经验的舞台,让儿童通过角色扮演来验证这些经验,最终帮助儿童在戏剧活动中认识自己、认识社会。

多乐茜·希思考特与凯文·波顿以及乔纳森·尼兰兹等人将英国的教育戏剧发展成了一套非常成熟的以即兴创作和角色扮演为中心的教学技术。

戏剧教学法在英国的教育实践与理论中的发展使英国的戏剧教育形成了与学科教学尤其是英语教学紧密结合的特色,我国台湾张晓华称之为"复科统整的戏剧教学"。这种英语教学中的戏剧方法得到了英国政府的大力支持,很快成了一种非常普遍的教学模式。到1968年,英国三分之一的师范生将教育戏剧列为其主修科目,绝大多数的英国中小学生在成长过程中都经历过戏剧教学法。

苏联也是世界上较早意识到儿童戏剧价值的国家。当时的领导人列宁指出,要培养儿童的气质、内涵,不是学校独力可以完成的;他认为,在正规教育之外,还需要其他的活动来辅助儿童,以便更好地提升他们的气质和内涵,而这活动就包括戏剧。苏联把儿童戏剧作为基础教育的工具,他们通过戏剧表演的方式让儿童接触各类世界名著,帮助儿童完成阅读和理解,这种教育方式取得了很好的效果。并且,在1918年,苏联还成立了国家层面的儿童剧团。

美国的教育戏剧主要受到杜威教育思想的影响。杜威在自己所任教的芝加哥大学的实验学校中,通过各种活动课程改造儿童的学习。杜威以教育即"生活""生长"和"经验改造"的理论为基础,提出学生在真实或虚拟的情境中"从做中学"的教学论思想。"从做中学"也就是"从活动中学""从经验中学",它使得学校里的知识获得与生活过程中的活动联系起来。杜威认为儿童有四种本能:社交的本能、制造的本能、艺术的本能和探索的本能。这四种本能产生四种相应的兴趣,即语言与社交的兴趣、制造或建造的兴趣、艺术表现的兴趣、探索或发现的兴趣。这四方面的兴趣是天赋的资源和未经开采的资本,儿童生动活泼的生长就是不断实践这四种兴趣的过程。而教育的过程是一个能够使儿童的兴趣或冲动得到连续不断地释放、协调的过程——也同样是不断实践这四种兴趣的过程。为此,教育必须从儿童的兴趣或冲动出发,通过某种组织得当的课程,在儿童的现实生活中进行教育,使儿童的经验得到不断改造,激发儿童的学习需求和兴趣,调动他们的学习自觉性和积极性。

杜威在《艺术之体验》(*Art As Experience*)一书中指出:"教育全部活力的主要泉源是在于本能及儿童冲动的态度与活动,而不在于外在素材的表现与运用。因此,不论是透过他人的理念或是透过感知,以及这些按着无以计数的儿童自发性活动,如装扮(plays)、游戏(games)、尽力模拟(mimic efforts)……都能被教育所运用;这些都是教育方法的基石。"

杜威的艺术活动包含了大量戏剧性很强的活动。正如杜威本人所言:"哪里的学校设置了实验室、车间和园圃,哪里的学校充分使用了戏剧化活动、演剧和游戏,哪里的学校就有机会实现生活情境的再现,从而使学生在不断发展与更新经验的过程中获得知识与思想并将它们付诸实践。"

但是杜威本人并未明确提出教育戏剧的理念,真正被认为是美国教育戏剧界先驱的是一位小学老师,温妮弗瑞德·瓦尔德(Winifred Ward)。

瓦尔德结合个人的教学实践,提出了"创作性戏剧"(Creative Dramatics)的教学方法,并于1930年出版了《创作性戏剧技术》一书。这本书使创造性戏剧方法立刻风靡全美。创作性戏剧中的创作素材包括故事、生活、历史,或一些学生关心的兴趣点。它并不要求最后完成一出完美的戏剧,而是注重这一设计、创作的过程,以此引导学生在这个过程中能切身注意到一些问题,并从中获得体验,完成学习。这本书成为全美国戏剧教学的基础教材,各地中小学教师大多使用她的说故事(story telling)、儿童创作性戏剧扮演(children's creative playmaking)与儿童剧场(children's theater)等戏剧教学法。此后的30年,温妮弗瑞德·瓦尔德成了这个领域的代表发言人。

美国学者艾林纳·蔡斯·约克(Eleanor Chase York)对创造性戏剧带给儿童的作用进行了总结,指出戏剧活动对于儿童在创造性、敏感性、流畅性、灵活性、想象力、情绪稳定性、社会合作能力、道德态度、身体平衡协调能力以及交流能力等方面都具有重要促进作用。

1944年,温妮弗瑞德·瓦尔德组织举办了"儿童戏剧会议"。不久,她又联合部分参会的教师组织成立了"儿童剧场委员会"(the Children's Theatre Committee)。到了20世纪60年代,"儿童剧场委员会"又转型为"美国儿童剧场协会"(the Children's Theatre Association of American),后来又发展成为"美国戏剧与教育联盟"(the American Alliance for Theatre and Education,简称AATE)。此联盟在全美有百名以上的会员,并出版研究期刊、教师杂志及定期的会员会报。几年后,该联盟更是组织开展国际型的会议,并且又逐渐派生出相关的分会。在这些组织的不懈努力与推动下,戏剧教育的观念逐渐被广泛接受,并得到了广泛的实践。

在瓦尔德等人的影响下,许多大学纷纷将戏剧列入大学课程以及相关的儿童教育计划中。据统计,到了1955年,全美已有92所大学能提供有关创作性戏剧技术的课程,这些课程培养出了大量的中小学戏剧教师。1965年,美国通过"中小学教育法案",形成了在中小学以创作性戏剧为主要形式,在高中以开设专业的剧场和表演方面的知识技能以及百老汇歌舞剧为内容的"戏剧课"为主的戏剧教育蓝图。

二、我国戏剧教育发展

中国现代意义上的戏剧被称之为话剧,是在20世纪初从西方引进的"舶来品"。

在中国近代民主革命和民族革命的浪潮中,中国话剧的先驱者最初把话剧作为救国救民、启迪民智、唤醒民众的工具。

可以说,话剧从进入中国开始就被赋予了宣传、启蒙和教育作用,中国的话剧与教育显得密不可分。而且,从百余年的发展历程来看,话剧发端于校园,培育了大批作为戏剧中坚力量的学生剧作家,作用于包括学生在内的广大民众。

19世纪六七十年代,北京、上海、天津等地都办起了教会学校。圣诞节或校庆日时,教会学校会让学生以话剧的形式演出圣经故事或西方剧目。据现有资料记载,1899年,上海圣约翰书院的学生演出了自编的政治讽刺剧《官场丑史》,讽刺当时官员的昏聩、官场的黑暗。这是最早的学生演剧活动。1900年上海南洋公学的学生针对时事,自编自演了《六君子》和《义和拳》,前者反映了戊戌变法六君子的事情,后者反映了义和团事件。1905 年,上海民立中学等几个学校的学生联合组成了业余剧团——"文友会"。1906 年,上海、南京等地又陆续出现了一批剧社……这成为中国话剧的滥觞。

但从总体上来看,这些演出还不是很正规,编演的"新戏"也未能完全脱出旧戏的窠臼。

1907 年被认为是中国话剧的开端。留日学生李叔同、曾孝谷等发起的"春柳社"先后在当年的 2 月和 6 月在东京演出了《巴黎茶花女遗事》和根据斯陀夫人《汤姆叔叔的小屋》改编的五幕剧《黑奴吁天录》,引起了很大的反响。欧阳予倩认为《黑奴吁天录》"可以看作中国话剧第一个创作的剧本"。同年 9 月,春阳社在上海成立,并在兰心剧院演出了《黑奴吁天录》。演出采用西方话剧的布景、灯光、服装,具有整齐的分幕演出形式。欧阳予倩称这次演出是"话剧在中国的开场"。

在 20 世纪初出现的这种戏剧活动,比"五四"新文化运动还早出十多年。虽然由于商业化的原因,戏剧表演在此期间走向庸俗和衰落。但诸多学校如天津南开学校和北京清华学校等的校园戏剧,仍坚持着进步的倾向,以严肃认真的态度探讨着话剧艺术。

20 世纪 20 年代起,一批有志于话剧事业的活动家、剧作家、理论家、教育家、导演等以《新青年》为阵地,发起了关于新旧戏剧的论争,并以极大的热情宣扬现实主义的戏剧观念,从而达成了以西方戏剧为模式创造中国现代戏剧的共识,由此又引发了对西方戏剧理论和西方戏剧作品大规模的翻译和介绍。话剧成为"五四"新文化运动批判旧文化、旧戏剧,引进、学习西方文化和戏剧的直接产物。他们在上海成立了戏剧协社、南国社;在北京成立了北京艺专戏剧系。这些举措使得话剧得到了新发展,并为以后的现代话剧发展打下了基础。

在此期间,话剧与教育的关系更为紧密。20 年代初期,作为一种戏剧观念乃至戏剧运动,"爱美剧"(Amateur 的音译,意思是"业余的")受到广大剧作人的推崇。"爱美剧"即"非职业戏剧",倡导开展业余的、小型的演出,不以营利为目的,重视剧本创作,强调戏剧的社会教育功能和剧作人的社会变革责任。这使得素有传统的学生业余演剧活动出现了一个高潮,并成为这一时期话剧运动的中心。北大、清华、北京高师、女高师等院校纷纷成立业余剧团,开展新文学话剧创作,广泛开展业余的演剧活动。1922 年冬,北京人艺戏剧专门学校成立,这是第一所培养"专门的戏剧人才"的学校。1925 年,国立北京艺术专门学校得到恢复,增设了戏剧系,这是第一个由国家设立的戏剧教育机构,戏剧艺术由此进入了国家高等教育范畴。

20 年代后期,戏剧活动蓬勃开展于祖国大江南北。田汉在上海成立南国社,开办南国艺术学院,上演了由其创作的剧本《名优之死》《南归》《孙中山之死》等,演出在青年群体中引起强烈反响。南国社的戏剧活动在中国话剧史上起着承前启后的作用。熊佛西时任国立北平大学艺术学院戏剧系系主任，从事戏剧教育与教学工作，组织广大师生进行戏剧公演活动。北平、天津等地的多所高校多次举行公演，演出了大量的中外话剧，影响广泛。欧阳予倩应广东当局邀请，到广州创办了广东戏剧研究所，研究所附设的戏剧学校每隔一个月就在剧场举行一次公演。这对华南地区的话剧活动产生了重大影响，一大批高校和中学的学校剧团随之成立，纷纷演出进步剧目。

从儿童教育层面来看，当时，西方教育思想逐步传入我国，许多知识分子在改革学校教育的同时，不仅引进了欧美学校设置的体育、音乐、美术等课程，而且也提倡把儿童戏剧作为学校开展课外活动的重要内容。"五四"新文化运动以后，郭沫若、郑振铎、叶圣陶等都为孩子们创作过儿童剧。1922年，黎锦晖在《小朋友》杂志上发表了儿童歌舞剧《麻雀与小孩》，这是我国最早出现的幼儿戏剧。此后，黎锦晖又陆续创作了十余部儿童歌舞剧，其中《葡萄仙子》《月明之夜》《三蝴蝶》等都是可供幼儿观赏的童话歌舞剧。

至此，戏剧教育在我国呈现出空前的繁荣态势。

与此同时，广泛的校园戏剧实践活动还培养造就了一批著名的戏剧家，他们从校园戏剧起步走向戏剧艺术殿堂，并最终成为戏剧界的泰斗。例如，洪深在清华学校学习时，就是校园戏剧的积极分子。在校期间，他先是创作了第一部有对话的独幕剧《卖梨人》，接着又创作了多幕剧《贫民惨剧》，演出后皆受到剧坛的重视和好评。洪深就此走上了戏剧道路。同样，曹禺在南开中学学习期间参加了南开新剧团，开始了其演剧活动。这不仅激发了他的戏剧热情，使他了解了戏剧、懂得了舞台，也为他以后创作出享誉中外的优秀剧作奠定了基础。

不仅如此，校园戏剧还推动了革命事业的发展。例如，30年代在"左翼剧联"的领导下，上海全市各大、中学校的演剧活动蓬勃开展，校园演剧活动成为左翼戏剧运动的重要组成部分。

直至20世纪80年代，校园戏剧仍以其先锋姿态和探索意识引起社会的广泛关注。

事实上，在中国话剧百年历程中，校园话剧一直是不可或缺的中坚力量。这使得话剧不仅以通俗的演出形态获取了最广大的民众，而且还不失高尚的思想内涵，成为拥有最先进理念的艺术形式。可以说，话剧扎根于校园的青年学者之中，是话剧始终处于时代前列的重要原因之一。

但是，不能不遗憾地说，相较于西方在把戏剧作为教育手段方面所开展的多种探索、在将戏剧与学科教学结合方面进行的深入尝试而言，这百余年来，我国对于戏剧在育人功能上的价值理解还不够全面,对于戏剧教育的内涵挖掘还显得比较浅薄、苍白;同时,新中国成立后很长一段时间内,校园戏剧的传承被迫中断;直到今天,戏剧仍是被忽视和冷落。这都是造成如今我国戏剧教育大大落后于西方的重要原因。

第二节 戏剧教育开展现状

现如今所说的戏剧教育,基本上可以分为广义和狭义两类。广义的戏剧教育是艺术教育的一部分,它面向全体在校学生,终极目标是学生素养教育和人格教育;戏剧教育是实施人文素质教育的重要载体,能促进人的全面和谐发展。相对于广义的概念来说,狭义的戏剧教育则特指专业的戏剧教育,一般以专业艺术院校为主体,以培养戏剧专业人士为目的。

我们主要是从广义的角度来阐述国内外戏剧教育的现状。

一、西方戏剧教育现状

经过 20 世纪的发展和探索实践,戏剧教育至今已成为独立的、具有一定影响力的专业领域。目前,西方发达国家的许多大学都开设戏剧教育专业的硕士、博士课程,为中小学培养和输送戏剧教育的专业人才。当今许多国家和地区都拥有自己的戏剧教育组织,如美国有"美国戏剧与教育联盟"(AATE)、香港有"香港教育剧场论坛"(TEFO)……国际戏剧/剧场与教育联盟(International Drama/Theatre and Education Association,简称 IDEA)已是一个有九十余个国家加入的国际性组织,影响力巨大。

美国是当今世界上戏剧教育最为发达的国家之一。在 1987 年,美国就已制定《国家戏剧教育计划》(The National Theater Education Project),列出戏剧与剧场艺术的范本,并根据年龄详细制定了从幼儿园到二年级六个阶段的戏剧教育目标。这个"计划"奠定了美国基础教育中的戏剧教育政策。1994 年,美国国会通过《目标 2000:美国教育法》,首次将戏剧教育课程纳入美国学制之内;同年,美国教育部门又颁布了《艺术教育国家标准》,明确将戏剧与音乐、视觉艺术和舞蹈一起列为艺术教育的一项重要门类,增列为美国基础教育的核心课程,与数学、自然科学、英语等科目并列。《艺术教育国家标准》涵盖了幼儿园到中学阶段,对戏剧教育给予了原则性的规划和具体的说明指导。"标准"认为戏剧教育应该从儿童开始。戏剧不仅是艺术学习的对象,更是一种学习的方式和技能,是儿童在生活中进行学习的方式之一。在戏剧活动中,儿童可以学习行动和结果,学习风俗和信仰,学习他人和自己。为了实现从假装游戏的自然技能到戏剧学习的完美衔接,《艺术教育国家标准》要求戏剧教学应该综合艺术形式的诸多方面:剧本写作、扮演、设计、导演、研究、多种艺术形式的比较、分析和批判以及对背景的理解等。开展戏剧教育能够使受教育对象形象地认识世界,熟悉生活,并通过实践培养对各种戏剧技能的感性认识。戏剧教育对于培养学生的表达能力、合作能力、想象能力、社交能力和肢体活动能力都能起到重要的作用。

当前,在美国三千多所大学和学院中有一千多所院校开设有戏剧系,培养出来的毕业生,大多数成为中小学的戏剧教师或英语教师。此外,还有很多的高校开设了戏剧艺术欣赏与实践方面的课程。

应该说,美国已形成了一个从幼儿园、小学到中学乃至大学的逐级递进的、金字塔形的、完善的戏剧教育体系。

英国是最早将戏剧纳入国家课程的国家。1992年10月,英国政府公布《教育法案》,正式将戏剧性活动列为国家英语课程标准的一部分,为英语课堂中戏剧的应用奠定了更加牢固的基础。英国戏剧教育特别关注儿童教育和发展的五个方面:身体发育/动感知觉和技能;心理发展的思考能力;个体发展/内在素质发掘最好的自己;社会性发展/人际交往能力;艺术发展/戏剧和表现技能。

在加拿大,戏剧已是学校中常见的一门科目。许多小学每周开设1~2节戏剧课,一些戏剧课老师还邀请其他任课老师一起参加,这样任课老师可以和学生一起学习;在少数不开设戏剧课的小学里,任课老师常把戏剧结合到文化知识课中。在绝大多数中学里,学校有专职戏剧教师和戏剧活动室,学生可每周去戏剧活动室活动2~3次。教育界认为戏剧教育至少能在八个方面促进青少年能力的发展:感觉能力、运动能力、交际能力、创造能力、感情能力、精神能力、社交能力和知识能力。安大略省颁布的中小学统一教学大纲规定,艺术课是12岁至16岁学生学习的四大核心领域之一,由四个部分组成,而戏剧是其中之一(其他三个组成部分是视觉艺术、舞蹈和音乐)。

法国也于2000年制定并推出了全国性的《在学校发展艺术教育的计划》,强调"在教育制度中,不能再把艺术当作辅助内容——一门排在其他课程后面的课程……须扩大学生接触文化艺术的渠道。"这一计划包括音乐、造型艺术、舞蹈、戏剧和电影五大艺术门类。

德国各地区的教育部门在制定教育政策方面拥有较大的自主权,但绝大部分地区都很重视戏剧教育。90年代,戏剧以正式课程的形式逐步进入到了大部分的德国高中，在高中课程体系中确立了重要的地位。高中戏剧课程不仅要求学生参与戏剧的编演活动、去剧场观摩戏剧并进行评论，而且也要求学生系统地学习戏剧的历史、特征、意义等理论知识，此外更是要求所有学生必须参加戏剧考试。

新加坡、日本、新西兰等国家的中小学戏剧教育活动也开展得卓有成效，这里就不再详细展开了。

可见，至少就西方发达国家而言，戏剧教育已经成为基础教育科目中至关重要的一门学科，成为学校教学体系中不可或缺的一员。

二、我国戏剧教育现状

我国台湾地区最早将戏剧教育纳入国家课程。1997年的《艺术教育法》为戏剧走入基础教育课堂提供了政策性的指引。1998年，台湾又出台了《国民教育阶段九年一贯制课程总纲纲要》，指出：表演艺术教学不在于培养专业演员，而在于培养表演艺术的参与者，以适应生活与社会的需要，奠定未来终生学习与事业发展的基础。

2000年，台湾将戏剧教育课程纳入到"艺术与人文"课程的范围之内，"艺术与人文"是美术、音乐、戏剧三大学科整合之后的综合课程。这一举措对戏剧教育的影响十分重大，为学校推行戏剧教育活动提供了政策的依据和支持。此课程并不在于培养专业理论、技能、创作之人才，而是以国民教育的人格教育为目标，指在培养一个健全的国民，使其具备作为一个国民所应有的一般性基本条件。

香港地区的中小学戏剧教育也已经形成了一个较为成熟的发展模式。由于长时期受西方教育思想的影响，香港许多中小学很早就认识到戏剧教育的价值，自发开展了教育实践活动。进入21世纪，戏剧教育的地位越来越高。在21世纪初期，香港中小学的戏剧学科逐步从单纯的课外活动变成选修科目，进而成为学生的必修科目。

从官方层面来看，2001年，香港艺术发展局在《三年计划书》中，把"艺术教育"列为一项重要的内容。2003年，香港艺术发展局草拟《戏剧教育试教课程计划》，制定中小学戏剧教育课程及编写教案，以此来进一步推动日益发展的中小学戏剧教育活动。

此外，香港政府优质教育基金资助的"戏剧教育计划"，历时6年（1998—2004），发动全港五十多所中小学开展学校戏剧教育门类和价值的研究探讨，成效显著。

相比而言，我国大陆地区的戏剧教育发展略显滞后。由于长期以来过于注重应试教育，我们缺乏像西方国家和港台地区这样能够大力推广学校戏剧教育的基础和条件。直至今日,我们在广大的中小学课堂中依然难以见到"戏剧课"的踪影。

1984年,孙家琇在《外国戏剧》上发表了《关于英国的 TIE》一文,这是国内较早介绍西方戏剧教育思想的文章,但似乎并未引起国内戏剧与教育界的较多注意。

1995年,李婴宁作为唯一一名大陆代表参加了"第二届国际教育戏剧联盟会议"。这个时间被国内教育界认为是大陆地区开始重视戏剧教育的标志。李婴宁在国外认真学习,回国后开始了推广教育戏剧的努力——这些努力包括在社区、学校中进行小规模教育戏剧的实验,以及邀请英国、澳大利亚和挪威等地的教育戏剧专家来国内开设讲座与工作坊等。

进入21世纪以后,戏剧教育逐渐进入了人们的视野,并且持续升温,受到了各方面的重视。

2002年,李婴宁在上海浦东华林小学率先开展戏剧教育和教育戏剧的尝试。2004年,杭州师范大学黄爱华教授带领的研究团队开展了中小学阶段教育戏剧实验,并出版了《探索与实践:新课程改革背景下的戏剧教育》一书,揭开了我国基础教育阶段教育戏剧发展的新篇章。在学前教育领域,南京师范大学的张金梅副教授于2005年出版了《幼儿园戏剧综合课程研究》一书,对学前教育中戏剧综合课程的开展进行了比较全面的研究。

2005年9月上海戏剧学院开始招收戏剧教育专业本科生,这是我国开始培养教育戏剧专业人才的第一次尝试。

国内戏剧教育逐渐与国际接轨,全国各地对戏剧教育开展了广泛的尝试与研究。

2010年9月,第一本以"教育戏剧"为主题、由上海戏剧学院张生泉老师主编的《教育戏剧的探索与实践》出版,该文集对国内当前与教育戏剧相关的研究论文、学位论文以及媒体报道进行了整理,是一部戏剧教育的汇总性著作。

从官方层面来看,戏剧教育也日益受到重视。在我国2001年颁布的《全日制义务教育国家艺术课程标准(实验稿)》中,首次把戏剧、舞蹈列入艺术课程标准之中,使之与传统的音乐、美术并列。2011年颁布的《义务教育课程纲要》,更是明确"艺术课程作为义务教育阶段学生的必修课程,对学生的人格成长、情感陶冶以及智能的提高等,具有重要价值。艺术课程综合了音乐、美术、戏剧、舞蹈以及影视、书法、篆刻等艺术形式和表现手段,对学生的生活、情感、文化素养和科学认识等产生直接与间接的影响。艺术课程不是各门艺术学科知识技能数量的相加,而是综合发展学生多方面的艺术能力;艺术课程也不仅仅是培养学生的艺术能力,同时还培养学生的整合创新、开拓贯通和跨域转换的多种能力,促进人的全面发展。"

可以说,随着中国教育改革的深入,戏剧教育所占的比重愈来愈大。越来越多的教育界人士开始将学生的发展与戏剧教育相融合,通过戏剧教育方式来挖掘学生的潜能,开发学生的智力,培养学生的审美,增强学生的情感发育,提高学生的社会适应性。

三、面向视障儿童的戏剧教育现状

笔者在中国学术期刊检索网站"中国知网"中输入关键词"戏剧"和"视障",检索所有年限的文献资料,搜索结果为零;输入"戏剧"和"盲"关键词进行搜索,仅搜索到一篇和中等教育有关的论文——《盲校语文课堂教育戏剧运用初探》。不过,该论文较多聚焦于通过课本剧表演促进语文学科学习,对于戏剧教育的认识比较粗略。

可见,戏剧教育的价值在视障教育界还没有得到广泛的认识。

究其原因,不难发现,戏剧活动的基本要素是表演性和动作性,而这恰恰是视障儿童的局限所在。简单来说,主要表现为两个方面,其一是他们对于自我的认识和表达能力的缺陷,其二是他们对于环境的控制及在环境中行动能力的不足。具体来说,视觉的缺失,使得他们或多或少都具有一些盲相,而这和表演的要求构成冲突,如他们在面部表情的细致、丰富和准确程度上,在肢体语言表达的灵活、多样和恰当等方面均存在明显不足;他们在对于环境的整体掌控、对于在环境中的自如行动、对于随环境变化而调整行动姿态等方面均存在严重障碍。

因此,就笔者了解,目前,在世界范围内仅有德国、美国及我国台湾等少数地区有视障儿童表演的尝试。而且总体上也还是处于一个摸索性阶段:戏剧活动的开展比较单一,主要集中在课本剧排练层面;对于视障儿童的戏剧训练方式远不成体系,极少应用针对学生视障特点的训练策略;因而学生最终呈现出的戏剧表演也较为静态,既少有自如的舞台行动表现,也缺乏相互间的协作与互动——从某种层面上来说,此类表演更类似于朗诵或者传统的相声表演等艺术样式。

在我国内地,北京人艺的林兆华导演曾用 12 名盲人作为演员,排演梅特林克的《群盲》,这是一次充满实验性的尝试。除此之外,笔者没有检索到其他专业团体开展视障儿童戏剧活动的相关资料。

而在视障学校中,戏剧手段大多比较零星地用于语文课堂,以课本剧表演的方式呈现出来。因此,在我国教育体系中,系统完善的戏剧教育思想和理念还比较空缺,面向视障儿童的完整的戏剧教育实践更是基本空白。

第二章 视障儿童身心特点及戏剧教育原则

第一节 视障儿童身心特点

"视障"是视力障碍的简称,是指由于各种原因使视觉器官或大脑视中枢的构造或功能发生部分或完全病变,导致双眼不同程度的视力损失或视野缩小甚至丧失,通过各种药物、手术及其他疗法而不能恢复视功能(或暂时不能通过上述疗法恢复视功能)。视障者难以像一般人一样在工作、学习或进行其他活动时自如应用视功能,这影响了他们的日常生活和社会参与。

在生活中,视障者通常被人们称为视力残疾人或盲人。

世界卫生组织(World Health Organization,简称 WHO)于 1973 年颁布了《盲和视力损伤的分类标准》,标准如下,

视力等级	视力(视野)数值	视障类型
1	$0.3 > a^* \geqslant 0.1$	低视力
2	$0.1 > a \geqslant 0.05$	
3	$0.05 > a \geqslant 0.02$ 或视野半径 $<10°$	全盲
4	$0.02 > a \geqslant$ 光感或视野半径 $<5°$	
5	无光感	
注:用 a 代表最佳矫正视力值		

我国参照世界卫生组织标准,于 1987 年制定了国内标准,具体内容如下表所示。

视力(视野)数值	视障等级
0.3＞a*≥0.1	二级低视力
0.1＞a≥0.05	一级低视力
0.05＞a≥0.02 或视野半径＜10°	二级盲
0.02＞a≥光感或视野半径＜5°	一级盲
注:用 a 代表最佳矫正视力值	

视觉的缺失,不是仅仅意味着看不见或看不清,其造成的影响是全方位的。视觉的障碍对视障者在生理和心理等方面造成的影响,都会对其参与戏剧教育活动带来严重障碍。根据需求,下文集中对学龄及学龄前儿童(出于行文需要,统一称为视障儿童)的状况作简单分析,并主要聚焦和戏剧相关的领域。

一、视障儿童身体及动作发展特点

从总体上来讲,视觉障碍儿童在身体发展上呈现以下特征。

(一) 发育速度缓慢

视障儿童的身体发育速度比同龄普通儿童缓慢。由于缺乏视觉刺激,早期抬头、抓握等动作的形成受影响,所以视障儿童普遍存在颈部肌肉发育迟缓的现象,并且也对其他部分肌肉的发育造成影响。研究表明,视障儿童的身高、体重、胸围、坐高、大腿围、肩宽、骨盆宽发育等级都较低,尤其是身高和骨盆宽明显偏低。视障儿童的青春发育突增期明显滞后于正常学生,平均要落后 2 年之多。

(二) 身体素质较差

视障儿童的身体素质比同龄普通儿童差。视障儿童的肺活量明显低于普通儿童。视障儿童中肺活量为上等和中上等的男女生比例分别为 16% 和 18%;而中下等和下等的男女生却分别占 55% 和 56%。视障儿童的心率在运动负荷后高于普通儿童,最大耗氧量明显低于普通儿童。

(三) 第二性征发育较晚

第二性征是青春期发育的标志,有研究表明,视障儿童第二性征的发育(胡须、乳房、腋毛等)均比普通儿童晚 2 年以上。由于行文的需要,本书在这方面不多作展开。

接下来,我们重点探讨一下视觉障碍对视障儿童在动作发展上的影响。

大家都知道,视觉是个体与外界联系的最重要通道之一,个体对外部世界的大多数感知信息都是由视觉提供的。虽然视觉障碍与动作发展没有必然的联系,但由于视觉感知是触发个体对信息产生行为反馈——包括对自我动作的感知,以及在环境中姿势控制等——的重要条件。因而视觉障碍会对动作发展存在显著的消极影响,而动作发展的缺陷又对个体在其他领域的发展产生不良影响。

国内外的研究表明,视觉障碍儿童的动作发展呈现出以下特点。

(一) 动作发展迟缓

研究表明,虽然少数视觉障碍儿童的动作发展与普通儿童没有明显差别,但其中迟缓者在行走等动作领域的发展要比普通儿童晚 2 年多。在低视力样本和普通儿童样本的对比研究中发现:普通儿童平均 6.1 个月学会坐,低视力儿童要 7.4 个月;普通儿童在 7.3 个月的时候可以爬行,低视力儿童要 8.5 个月;普通儿童 8.8 个月就可以沿着物体爬起,低视力儿童需要 10 个月才能做到;普通儿童能够站立与行走的时间分别是 8.6 个月和 12.2 个月,低视力儿童则需要 10.7 个月和 14.5 个月。可见,低视力儿童的动作发展明显晚于普通儿童。低视力属于视障群体中程度较轻的一类,结果尚且如此,那全盲所受的影响就更可想而知了。

(二) 精细动作与粗大动作均难以得到有效发展

由于视力问题,视障儿童无法通过手眼协调来学习、控制精细动作,因此,他们很难在没有经过系统训练的情况下完成像钉纽扣、穿珠子等需要有视觉信息协助的精细动作。而且,由于缺乏对环境的控制能力、缺乏明确的动作概念和恰当的动作运用实践,视障儿童会在诸如跨、跑、跳、举等粗大动作领域表现出更显著的不足。

由于视觉的缺陷,视障儿童无法像普通人那样通过视觉信息来做出或矫正身体动作,视觉缺陷所导致的空间认知问题也影响视障儿童肢体空间位置上的调整,进而影响他们在平衡性上的发展。

而戏剧表演恰恰是以舞台行动为基础的,需要肢体的平衡性,需要大量的粗大与精细动作呈现,所以视障儿童面临的难度就可想而知了。

(三) 盲相

和常人相比,视障儿童会有一些独特的表情、神态、动作,我们称之为盲相。

由于缺乏有效的视觉刺激,视障儿童往往很难通过学习和模仿,在神态、表情、肢体等领域建立起社会化的表达体系。同时,由于视觉反馈的缺失,他们也很难观察到并修正自身在这些领域的问题。所以,在他们身上往往可以明显看到有别于常人的表现。就拿最基本的哭与笑来说,我们能很容易看出全盲儿童的不同。

盲相不仅体现在表情与神态上,还体现在动作方面。在社会生活中,由于视障儿童很难在短时间内对周围纷繁的环境获得完整的了解,因而他们往往无法做出和各种环境相匹配的动作。这就更诱发、加剧了盲相的产生。所以,视障儿童往往在楼梯走完后还会再抬一下脚;在贴近房门时才能确定房间的入口,并以明显近于常人的距离贴着门摸到扶手后进入房间;至于在上下自动扶梯、上下车等更复杂环境中,他们表现出的差异性就更明显了。

盲相还体现在许多下意识的行为上。视觉的缺失、对环境控制力的下降,往往会使得他们随时做出自我保护的动作。比如,我们常见到视障儿童在走路时,双手朝前伸或脚在地上蹭等,这些均属于自我保护姿态。更有部分视障儿童还会有更严重的异常举动,如摇头晃脑、挤眼睛或用手指压眼睛、摆动身体、凝视光源、在一个地方绕圈子、不间断的重复同一动作等。

我们要明确的是,盲相并不是视障者与生俱来的特质,而是由视觉缺失所造成的伴随性结果。它不应该成为我们视视障者为异类的标签,而应该是我们在和视障者接触时建立接纳心和包容度的起点,是更好地去帮助他们的切入口。

当然,我们必须要认识到的一点是,这些都是戏剧舞台表演的大忌。因此,我们必须正视这些现状,只有缓解或控制这些特殊性,才能使戏剧教育活动得到有效的开展。

二、视障儿童心理及思维发展特点

(一) 心理发展特点

视障儿童心理发展的总体趋势与普通儿童相同,都遵循由简单到复杂、由具体到抽象、由被动到主动、由零乱到成体系的过程。同样,视觉障碍儿童的发展也受到先天因素和生理成熟度的制约,也会因环境和教育的不同而产生相应的变化。

然而这些共性的规律并不能消除不同类型群体之间的差异。我们知道,心理与客观世界有着密不可分的关系,心理是在客观世界的刺激下发生和发展的。视觉障碍儿童接受外界刺激的渠道比普通儿童少,对世界认识的广度和深度都比普通儿童差。因此,其心理发展会受到相应的影响,在注意、记忆、想象、思维、情感意志等方面均会与普通儿童表现出不同程度的差异——这种影响和差异不仅会存在于当下阶段,同时还会对下一阶段的发展产生持续的影响。

在日常生活中,常有一些形容视障者或由视障派生出的词语,如"盲目""盲信""盲从""盲人摸象"……如果忽略这些词语背后可能投射出的对视障者的歧视性含义的话,那么这些词语实际上在某种程度上表现出了包括视障儿童在内的视障者的共性心理特征。

毕飞宇在他的小说《推拿》中,对此有一段细致的描述:"说到底盲人总是弱势,他们对自己的那一套在骨子里并没有自信,只要和健全人相处在一起,他们会本能地放弃自己的那一套,本能地用健全人的'另一套'来替代自己的'那一套'。道理很简单,他们看不见,'真相'以及'事实'不在他们这一边。他们必须借助于'眼睛'来判断,来行事。最终,不知不觉地,盲人把自己的人际纳入到健全人的范畴里去了。他们一点都不知道自己的判断其实是别人的判断。但他们疑惑。一疑惑他们就必须同时面对两个世界。这一来要了命。怎么办呢？他们有办法。他们十分自尊、十分果断地把自己的内心撕成了两块：一半将信，另一半将疑。"这段描述既写出了视障者在信息处理过程中的缺陷，也写出了视障者在信息加工上的不稳定性，从某种层面上写出了他们的心理特征。

当然，我们仍要强调的是，这些心理特征并不是视障儿童与生俱来的本质特征，同样也不能成为视障儿童的标签。这只是由于缺乏与外界联系的视觉获取和反馈通道所造成的心理反应，其根本缘由还是在于视障儿童对许多事物和概念获取不完整、不准确——甚至不正确。所以，绝对不能因此就武断地给视障者下"偏激""自私""狭隘""多疑"等不负责任的论断，而应该设法给他们更多更完整的信息来源，帮助并引导他们作出更全面的、更符合社会价值和民俗伦理的判断，以此来帮助他们实现积极健全的人格养成。

从戏剧教育角度来看，这种心理状态会给参与者对角色的解读与定位带来比较明显的影响。因此，对视障儿童心理特点的探究与剖析，也是让视障儿童顺利参与戏剧教育活动的关键要素。

（二）思维发展特点

视觉障碍使得儿童对于世界的认知深度和广度均受到明显限制，并造成诸如生活经验匮乏、生活积累不足、生活参与度降低等一系列不良后果。简单来说，视障儿童的思维发展常表现出以下特点。

1. 形象思维缺乏

形象思维是以事物的具体形象和表象为支柱的思维。由于视觉通道受阻、缺乏足够的视觉材料储备，视障儿童形象思维的发展受到了很大的限制。这一点是显而易见的，就不多展开了。

2. 概念形成困难

视觉缺乏就如多米诺效应一般，产生的影响是一系列的，是连续和深远的。视障儿童因感觉输入通道不全，故概念发展亦可能受限——许多视障儿童可能很难真正地掌握某些概念，如颜色、图案、花纹、距离等，只是在机械地运用。而视觉表象的缺乏，使得视障儿童无法或很难通过辨析、比较等方式来区分事物之间的差异、明确事物的本质属性，故而在概念形成方面有着明显的局限。虽然他们能依靠听觉和触觉感知到一些事物的特征，但往往是不全面、不完整，甚至是不准确的。

3. 抽象思维不足

词汇是抽象思维的中介，抽象思维是用词汇进行判断、推理并得出结论的过程。抽象思维需要以概念为起点去进行思维，使认识从感性的具体进入到抽象的规定,形成概念,进而再由抽象概念上升到具体概念。形象思维的缺乏、概念的不足在此又继续产生连锁反应,在某种程度上继续影响视障儿童抽象思维能力的形成,造成他们思辨意识不足,影响他们各类逻辑思维的发展。

三、视障儿童认知等领域发展特点

视觉障碍对视障儿童在认知的速度、广度和深度等层面均造成巨大的影响。

(一) 感知觉发展特点

1. 听觉功能灵敏

视障儿童的听力与常人无异,然而出于视觉代偿的需要,视障儿童的听觉功能却非常发达。听觉是视障儿童与世界联络的最重要通道之一,视障儿童必须从纷繁复杂的环境声音中筛选出有用的信息,以保证日常学习和生活的顺利进行。长期的运用和训练使得他们的听觉功能变得异常灵敏。

在学校里,多数视障儿童能够通过脚步声准确辨认出不同的老师,能够通过咳嗽声轻易识别出各位同学。在生活中,他们能够借助周围的声音推测出所处环境的特点,进而确定自身所处的方位;能根据声音的传播判断出空间的大小,从而判断出是在室内还是在室外——听功能发达的儿童甚至还能判断出周围物体的介质和类型。在中央电视台的综艺节目《挑战不可能》中,甚至有成年视障者通过"回声定位"法准确地从 10 辆汽车中找出 3 个泡沫材质的熊猫玩偶(另外 7 个为毛绒玩偶)。

2. 触觉敏锐度高

视障儿童的触觉感受性显著高于普通儿童。触摸是他们了解外部世界的重要方式,通过触摸,他们可以感受物体的大小、形状、重量、温度、软硬等信息,从而识别物体。视障者对于触觉的运用频率和依赖度非常高,这都提升了他们的触觉敏锐度。其中,全盲儿童使用的文字就是需要通过手指触摸进行识别的盲文;盲道也是借助于脚部的触觉感知来对视障儿童起到引导作用的。路面介质和地形的区别,如草地、水泥路、柏油路、地板、地砖等的不同以及斜坡、阶梯等的变化,也是盲人定位的重要依据。

当然,我们必须认识到,视觉看物体是具有同时性和空间性的,触觉则更多是依赖于时间性的。这两种方式的差异也是造成视障儿童感知困难的原因。简单来说,对于同一个物体,视障儿童摸到的和普通人看到的在本质上是不同的,因为触摸在时效性和整体性上存在严重缺陷。

3. 存在特殊的"障碍感觉"

能力较强的视障儿童在行走时会对前方一定距离内的物体有所觉察。在行走过程中,如果遇到较大的障碍物,他们会突然停下或绕开,而不是撞上去。这就是

"障碍感觉"在起作用。

障碍感觉的形成是多种因素共同作用的结果,听觉信息中的音频、音强、音色的细微变化,声音碰到障碍物之后的反射波,以及气流对前庭形成的压迫感等,都可以使得视障儿童感受到前方物体的存在,而绝大多数普通人由于视觉的存在会忽略这种感觉。

4. 空间知觉较差

空间知觉是指对物体的形状、大小、距离、方位等空间特性的知觉。空间知觉的形成一般以视觉为主,而视障儿童则是通过触觉、听觉和动觉等形成空间知觉。在视障儿童的整个感知过程中,存在着速度慢、效率低、感知范围小、准确性差等问题。就日常活动来看,这可谓是对视障儿童活动最大的一种限制了。

法国现象学代表莫里斯·梅洛-庞蒂在《知觉现象学》中介绍复明盲人的研究之后,总结道:"(复明的)病人对他刚进入的这个视觉空间惊叹不已,与视觉空间相比较,他的触觉体验十分贫乏……""触觉在同一时间只能把握一个极小的空间——身体及其工具的空间——这个事实不仅与触觉空间的呈现有关,而且还改变了触觉空间的意义。"

这些困难使得视障儿童时刻面临着巨大的挑战,如判断空间的大小及形态;确定空间中物体的大小和位置;定位自己所处的具体地点;明确自己与他人及物体在空间层面的关联;掌握自己与所处空间之间的关系……

而这些,恰恰是戏剧教育活动中无法回避的重要因素。

5. 其他特点

由于缺乏视觉信息,视力障碍学生对许多事物和概念的知觉是不完整、不准确的,甚至是错误的。面临纷繁的听觉和触觉信息时,太多的干扰会妨碍视障儿童在主要信息、次要信息和无关信息中的判断和取舍,造成选择性困难。同时,对于过于巨大、过于微小的物体,视障儿童很难获得具体感知;而至于像平面图案(照片、图案、花纹等)、色彩、亮度、气态物体等这些无法通过触觉和听觉来感知的要素,全盲儿童是永远也无法获得感性认识的。

所以对于许多面向视障者的非视觉形式,应该保持适度的滥用警惕和宣传警惕。切莫以为简单地把视觉画面用凸点或线条突显出来,就能让视障者"看见"。健视者眼里的画面在视障者手下或许只是一群复杂的莫名的凸点而已。

对此,法国现象学代表莫里斯·梅洛-庞蒂在《知觉现象学》中有着比较独特的发现和详尽的论述,现择其中精要的内容引用于下:

"每一种感官以它自己的方式询问物体,每一种感官是某种综合的因素……如果没有最初的视知觉得以进入的一个准空间触觉场,那么真正的视觉在转变阶段的过程中和通过一种靠眼睛的触觉形成,就不能被理解……因此,触觉空间的联系一开始和后来都不会和视觉空间的联系处在一种同义关系中。

对动过手术的盲人来说,触觉物体不完全是真正的空间物体。在此,物体的感知仅仅是一种'部分间相互关系的知识',圆和正方形不是真正地通过触觉被感知的,而是靠某些'符号'——有或者没有'端点'——被辨认出的。我们知道,触觉场没有视觉场的广度,触觉物体不像视觉物体那样整个地呈现它的每一个部分。总而言之,触摸不是看。盲人和正常人也许能进行交谈,但不可能在颜色词汇中找到盲人能把一种十分简单的意义给予它的一个词语。

盲人世界和正常人世界的区别不仅仅在于盲人和正常人掌握的材料的数量,而且也在于整体的结构。一位盲人通过触觉能确切地了解什么是树叶和树枝,什么是手臂和手指。在手术之后,他惊讶地发现树和人体之间有'巨大差异'——显然,视觉不只是把一些新的细节添加到树的认识中。问题在于呈现的一种方式,使物体改变面貌的一种新的综合。

如果我们被剥夺了视觉,我们的生活的整个意义就将发生变化,而概念意义只不过是该意义的提取。有替代和取代功能,它能使我们理解我们没有感受到的体验的抽象意义,比如说,能使我们谈论我们没有看到的东西。但是,由于机体的替代功能不完全等于受到损伤的功能,并且只有表面的完整性,所以理解力只能保证不同的体验之间的一种表面联系……每一种感官本身都带有一种不能完全转换的存在结构。"

(二)注意发展特点

巴甫洛夫认为,大脑皮质最基本的活动是信号活动,从本质上可将条件刺激区分为两大类:一类是现实的具体的刺激,如声、光、电、味等刺激,称为第一信号;另一类是现实的抽象的刺激,即语言文字,称为第二信号。受视觉障碍的影响,视障儿童对第一信号的注意明显减少。而由于对听觉的依赖,语言输入成为视障儿童接受外界信息的重要途径,他们对第二信号系统的注意反而相对加强了。

与普通人用注视、面对等表示注意的方式有所不同,视障儿童集中注意力的表现通常是保持静止、侧耳倾听、停止不相关的活动。而引起视障儿童注意分散的主要因素也来自非视觉信号,如无关的声响、气味以及自身情绪等。

(三)记忆发展特点

1. 多以听觉记忆和触觉记忆为主

通过视觉获取信息对于视觉障碍儿童来讲是很困难的,视觉障碍迫使他们不得不从视觉通道以外的其他感觉通道获取信息,如听觉、触觉、嗅觉等。因此,视觉障碍者主要记忆方式为听觉记忆、触觉记忆、嗅觉记忆、运动觉记忆等。

所以在和他们相处的过程中,要设法通过这些渠道增强他们的记忆能力,同时也要尤其留心矫正他们由于缺乏视觉参与而造成的记忆完整性缺失和准确性失真等情形。

2. 机械识记能力较强

在识记过程中,即使不理解事物(识记材料)或其内在联系,单靠机械识记、重复识记——俗称"死记硬背"——也能完成记忆任务。视障儿童因为生活储备和生活经验的缺乏,常常需要记住一些需要识记而又不理解的对象,如物品的视觉特点、衣服颜色与款式、表述抽象内容的词语等。这使得他们形成了较强的机械识记能力。

(四) 语言发展特点

第一信号系统与第二信号系统间的不断互动、密切结合,促进了个体对语言的理解与运用;而第一信号系统的缺失,会造成个体在语言学习、理解、运用方面的困难。

因为缺少视觉表象,视障儿童的感性经验匮乏,事物形象积累速度很慢。固然,视障儿童可以通过听觉学习积累相当多的词汇,但他们对于积累的许多词汇都是没有表象基础的,所以容易出现词汇和事物表象之间发生脱节的现象。

在交流过程中,我们不仅通过语音和语调来表达思想,同时还会借助表情神态、肢体动作等身体语言。视障儿童由于无法捕捉或看清对方诸如表情、动作等体态语言,容易造成对于语言信息把握的偏差。有可能对诸如反讽之类的言辞难以辨识;或者是无法感受到表达者用温和语气表达出的严厉态度。

同时,视障儿童往往也很难有恰当的体态语言,甚至有时讲述的内容和呈现的表情是不匹配的,这往往也会干扰交流对象的信息获取。

不仅如此,有的视障儿童还会出现"多语症"现象——注重自己表达并占据主要话题,而忽视了对方的沟通与参与。

还有研究认为,视觉障碍者由于缺少一条语言习得的重要途径,因此他们容易发生构音障碍、出现冗言赘语等现象,但从我的教学经验来看,这些方面的问题并不突出。

在上文中,我们仅就视障儿童各方面的共性特点进行了简要分析。在具体生活中,视障发生时间、视力残疾程度、家庭教养方式、接受早期干预的时间和时长、社会环境等方面的不同因素,也会造成个体间的明显差异;同时,个体内也会存在各领域发展不平衡的差异。这里就不多进行展开了。

第二节 视障儿童戏剧教育的可行性及其原则

一、视障儿童戏剧教育的可行性分析

(一) 生活中存在大量非视觉信息

客观世界中存在着许多不需要经由视觉就可以作出判断的信息。在日常生活中,这样的情形比比皆是。根据菜肴的香气,我们不用进厨房就可以判断烧的是鱼还是肉;在房间里,听到水滴落在树上、窗上、地面上的声音,我们就可以得知外面下雨了;冬天或者夏天,商场里面吹来的热气或冷气可以提醒我们入口所在。

物体的非视觉属性是客观存在的。在物体的物理属性中,除了颜色、花纹、图案等纯视觉元素外,还有大小、轮廓、硬度、温度、光滑度等需要综合运用各类感知觉来作出判断的元素——在这过程中,视觉在许多场景下反而要退居次要位置,有时甚至可以被完全排除。

在许多综艺活动中,都有一种类似于"暗盒"触摸的游戏:把物体放在一个容器中,让触摸者在无法运用视觉进行观察的前提下,仅凭双手触摸,对物体作出判断。这就充分利用了物体本身的非视觉元素的物理属性。这些属性可以帮助人们在不使用视力的前提下,凭借物体本身的光滑或是粗糙、坚硬或是柔软、温度高低、形状变化等要素对物体作出区分与判定。对常人而言,即使单凭双手的感知,应该也能轻易地分辨出橘子和橙子这两类相似度极高的水果,更不用说区分那些差异明显的事物了。

因此,在日常生活与学习过程中,我们可以帮助视障儿童挖掘各事物本身固有的非视觉属性,强化这些非视觉属性与事物之间的联系,使之取代视觉要素成为确立和区分事物的重要标志。这种活动是非常有益的,在建立认知过程的同时帮助视障儿童与世界建立起广泛而正确的联系。

另外,对于不具备非视觉属性或非视觉属性不够清晰明了的物体,可以人为地用非视觉元素定义它。这方面的操作空间是非常广阔的。就拿戏剧活动来说,比如有时角色所穿的服装特色不够突出,容易和别的服装混淆起来,视障儿童往往很难作出准确地选择。这时,可以通过在服装指定位置夹上一个夹子,或把该服装挂在固定位置等方式,人为地赋予它非视觉定义,从而帮助视障儿童顺利地找到。又如,印有图案或文字的纸张本身之间是难以区分的。我们往往可以通过剪角、折

叠、别回形针等方式,人为地增加非视觉属性,帮助视障儿童顺利完成识别,降低选择和运用的障碍。

(二)视障儿可以获得视觉代偿

在生活中,人们常说:上帝为你关上了一扇门,同时也为你打开了一扇窗。对视障儿童来说,确实如此。

视觉通道缺损甚或失去以后,视障儿童仍可以利用其他感知觉渠道(如听觉、触觉、嗅觉、味觉、运动觉、本体觉等)获取信息,从而在某种程度上补偿了视觉上的不足、取代了视觉功能去加工处理外部世界信息。这种现象,我们称为视觉代偿。通过上文的分析,我们已经明确,听觉和触觉在这些感知觉类型中占有的地位最为重要。

根据多普勒效应(Doppler Effect),在波源接近观察者时观察者接收到的波的频率变高,而在波源远离观察者时观察者接收到的频率变低,当观察者移动时也能得到同样的结论。因而声音的高低可以帮助人们判断距离的远近。由于声源的不同,左右耳在捕捉信息过程中存在着时间上的差异,这可以帮助人们判断声音的方向。而对于持续发出的声音,人们通过身体或头部的转动及移动,对准声源,侧耳倾听,让双耳的距离差和时间差不断变化,由此对声音的方位作出更精准的判断。

通过自身长期的生活积累,经由外界的帮助与指导,视障儿童可以逐渐将声音与具体的事物建立神经联系,使得声音成为相关事物的重要标志。这有助于增强他们的判断、定向以及行动能力。通俗来说,就如许多武侠作品中所描述的"辨音定位"那样,许多武林高手可以蒙上眼睛比武,或者蒙上眼睛用弓箭射中目标,其依据就在于此。

视障儿童通过触摸获得物体的温度、大小、软硬、轮廓等物理属性信息,然后通过综合这些信息作出判断,实现定位和移动。以双脚触觉为例,视障儿童可以轻易地感受出橡胶地面、水泥地面、地砖地面和地板这些材质之间的差异,而这些材质往往铺设在不同的功能区域,标志着特定的信息。因此,这往往可以成为视障儿童实现定位的重要依据。这一点在生活中的应用非常普遍。楼梯或斜坡以及入口前的盲道警戒块就是通过这种方式提醒视障儿童注意路面的变化,让他们提早做好动作调整的准备。许多视障学校的操场,往往会通过中央草坪+四周塑胶跑道+边缘草坪(或其他不同于塑胶的介质)这类布局对视障儿童进行提示。让他们在运动——尤其是跑步——过程中,能通过塑胶和跑道两侧触觉信息的不同进行修正,既保证他们在规定跑道上完成运动任务,又避免他们由于缺乏信息反馈而撞上跑道边缘障碍物,造成运动伤害。

所以,视觉信息不是完全不可取代的。对于诸多视觉信息,视障儿童可以在很大程度上借助其他感觉获得代偿，这就使得视障儿童参与戏剧教育活动的设想成为可能。我们只要留意把戏剧中的视觉性元素加以凸显（以满足有剩余视力的视障儿童的需求），同时在可能的前提下设法把视觉信息转化为其他感知觉信息，减少对视觉运用的依赖，发挥视障儿童的其他优势感觉，扬长避短，为他们参与各类戏剧活动提供支持。

（三）专业训练可以增强视障儿童技能

克兹弗斯·雷内尔研究指出，视觉支配着几乎所有的早期学习阶段，并为许多更高的心智过程打下基础。对视障儿童来说，视觉的缺失导致他们失去了大量观察、模仿、再现等伴随性方式的学习，造成了他们生活积累与生活经验的明显匮乏，影响了他们概念的建立与能力的形成。这时，专业、系统的教育与训练就显得尤为重要。

这些年来，对视障儿童的训练（康复、治疗）越来越具有针对性，越来越专业化、精细化。"医教结合"的教育理念已经深入人心，并被证明是行之有效的。除了常规的文化课程，针对视障儿童特殊需要的专业课程越来越重要，所占比重越来越大。除了早期的定向行走训练、视功能训练之外，感统训练、运动康复、物理治疗、作业治疗、言语矫正等学科正越来越普及。如果是在经过对视障儿童科学评估前提下的、科学的、合理的、具有针对性的训练，无疑会对他们的成长发展起着积极的正面促进作用，帮助他们越来越好地感知世界、适应社会，增强能力、树立信心。这些训练可以从各个方面对视障及其伴生缺陷进行不同程度的弥补，能设法帮助视障儿童重新建立起与外界联系的新通道，使得视障儿童在行动能力、积极心理、社会适应等层面均获得提升。

要想在视障儿童中进行戏剧教育活动，这就要求相关教师应具有一定的跨学科能力，能在熟悉文学、表演、舞美、灯光等专业知识的基础上，了解甚至掌握上文所述的基本的康复矫正知识与技能；同时，还可以组织不同专业背景的老师进行合作，共同满足戏剧教育开展所需的条件。

在戏剧教育活动过程中，我们可以充分借鉴上述这些领域有价值的理念与实践，针对戏剧本身的需要，加以灵活调整与运用，并用戏剧化的方式作用于学生。从而在灵活多变的活动中，在潜移默化间，逐渐弥补视障儿童的不足，满足他们参与戏剧所必需的基本条件——如培养视障儿童语言的规范性，增强视障儿童的自我控制能力，提高视障儿童的环境掌握能力，提升视障儿童的肢体表达准确度等，使视障儿童参与戏剧教育成为可能。

在后文的具体分析中，我们分类列出了这些年探索总结出的各种策略方法，在此就不作具体展开了。

二、视障儿童戏剧教育的基本原则

（一）营造安全氛围

戏剧教育的魅力和价值在很大程度上可以归功于她的体验性特征。与其他以讲述、训教或示范为主的教育方式不同，戏剧教育鼓励每一个个体的主动参与，注重每一个个体的体验和感受。她能让参与者在活动中获得潜移默化的发展与成长，让参与者主动去扮演、去行动、去思考、去建立更积极向上的人格。

要实现这一切，首先要致力于营造出安全、民主、平等、和谐等积极向上而又宽松活泼的戏剧教育氛围。而"安全"是笔者认为其中最主要的一点，也是在长期实践中率先和重点营造的一点。这里所谓的"安全"，并不是单指物理环境上的"安全"——当然那也是必须考虑的前提；而更主要的是指心理上的"安全"。也就是参与者在活动的全程是觉得不会有威胁的，是可以信任和被信任的，人与人之间是友善的、包容的。在活动中"出丑"了，大家只是给予善意的笑声和掌声，没有谁会遭到奚落甚至攻击；在分享中说出的隐私，不会被传播出去，不会被当作话柄，更不会被利用；在角色扮演中说了敏感的话、表达了敏锐的观念、流露了隐藏的情感……都没有关系——因为那是在表演，是虚拟的，所发生的一切都是角色所做的，和扮演者本人的关系是可以切断的。这使得戏剧在走进儿童时具有了得天独厚的优势。

只有建立这样的氛围，才能使学生真正感到放松、舒适、自由，才有可能放下顾虑，打开自己，用开放和享受的心态真正投入到活动中去；才能实现我们一直所追求的真听、真看、真感觉！否则，当学生躲在自己所营造的安全区里，说出的是言不由衷的掩饰，展示的是精心编织的假象……那就使得戏剧教育只能作用于表面，而无关于人的心灵，可以说是失去了其最最主要、最最精华的价值。

从满足视障儿童需求角度看，这一点就更为重要了。在上文中，我们已经分析过视障儿童生理和心理上存在的不足，安全感对于他们的重要性是毋庸置疑的。安全的氛围可以让他们慢慢地从敏感、不安、自卑和疑虑中走出来。看不见的身影不再是威胁，听不清的声音不再是嘲谑，彼此间的互动不再是捉弄……没有异类、没有弱势、没有歧视或同情……各种固有的情绪和动作都是自然和顺理成章的、都是被接受和被承认的。这样，改变才有可能在他们身上发生，成长才有机会在他们身上出现。他们可以逐渐摆脱内心的猜测与顾虑，可以感受到被接纳的快乐，可以越来越敢于主动面对自身的诸多不足，可以放心去展现、主动去融入、自信去迎接欢呼与喝彩。

（二）强化语言输入

我们已经了解，视障儿童对第一信号系统的注意相对减弱，而对第二信号系统的注意相对加强了。对于视障儿童来讲，通过视觉获取信息是很困难的，视觉障碍迫使他们不得不从视觉通道以外的其他感觉通道获取信息，而听觉便是其中最重要的代偿通道之一。对听觉的依赖使得其第二信号系统的应用频率提高——语言输入成为视障儿童接受外界信息的重要途径。

因此，在开展戏剧教育活动时，教师应该有意识地规范语言表达，强化语言运用。

首先，教师语言应该做到准确清晰，没有歧义。要让参与者通过教师语言清楚活动的目的及过程，清楚自己可以做出的反应、需要承担的分工、应该完成的任务等。不要用含糊不清的指令，让参与者把握不住要领；更不要用前后冲突的表述，让他们无所适从；同时，还要尽量避免因为语言不清而导致的需要通过不断的补充、解释去完善等状况……对于主要根据语言来实现参与的视障儿童来说，越明确、越清晰、越简单的语言，越能让他们理解起来方便，执行起来高效。反之，都会增加他们解读和执行的困难。

语言的准确清晰还包括语言要符合视障儿童的认知方式。不要使用"这里""那里"等含糊不清的指示语；不要在他们无法明确所指的情况下用"你""他""她"等不定指示代词；减少使用"大""小""高""低""快""慢""轻""响"……这些存在不确定性的词语。比如你觉得视障儿童的声音太轻，与其要求他说话大声一点，不如让他模仿你的音量来得更有效。

其次，教师语言要起到经验补偿作用。

戏剧活动是一种再现和演绎的活动，是一种需要创造力的活动。其间需要调动个人的全部生活经验，需要大量的联想和想象。联想是不同事物之间的联结，想象的原型是客观事物，但想象的结果可以是千姿百态的。联想和想象是一种高级的、复杂的认识活动，具有形象性和新颖性。我们知道，个体的想象是以个体的生活经验为基础的。就像我们再怎么想象外星人，都是在我们所知道的人或物的基础上进行增添的。比如让他们长3只眼、有3条腿，或者让他们身上长满像章鱼一样的吸盘。

普通个体还在襁褓之中时，就开始观察事物，储备丰富的表象资源。而对多数视觉障碍儿童而言，由于缺乏足够的生活积累，缺乏（甚或完全没有）充足的视觉素材，他们很难产生丰富的联想与想象。对全盲者而言，"鲸鱼""鲨鱼"没有形象上的差异，"白云""烟雾"没有形态上的区别……他们所掌握的词汇和形象严重脱节，这在他们参与戏剧教育活动，进行角色塑造和演绎的时候，就会造成障碍。

这时教师就可以通过语言的描述,来补偿视障儿童缺乏的经验。视障儿童通过倾听教师的叙述,结合已有的知识经验、个人感受等进行想象再造,把教师的经验或教师的设计内容通过再造想象来组织产生新的体验,以获得大量的间接知识。

这种方法往往需要教师具有一定的观察力、感受力和表述技巧。如果让视障儿童表现乘电梯的情景,还可以通过带他们乘电梯去解决。如果是要表现飞机上的场景,总不能就真的带他们去乘飞机吧。这时教师就可以在事物之间建立联结,通过已有的经验帮助他们感知和理解新的事物。譬如就可以这样描述乘飞机:在飞机起飞的时候,有点像电梯的快速上升(也可以用学生普遍都玩过的过山车来代替);在空中平飞的时候,有点像我们坐在奔驰在高速公路上的汽车内的感受,有时候遇到气流,会像汽车经过颠簸的路面那样上下起伏;而飞机下降时,就像电梯快速从第二十、三十层楼一下子降到第一层一样,会感觉到失重……这样可以帮助视障儿童借助自己乘电梯、汽车的经验,联想和想象出自己所未曾有的乘飞机的感受。

这样通过语言帮助视障儿童完成经验迁移是非常重要的,其效果往往不仅是作用于戏剧本身,而且对他们的学习和生活都有着很好的补偿作用。

最后,教师语言越生动形象,效果就越好。

视障儿童通过语言来获取信息的需要比较迫切,倾听是他们的优势感觉方式。上文也已说明,他们的听觉记忆占据优先地位。因此,在面向视障儿童进行戏剧教育的过程中,要设法通过这些渠道来吸引他们并借此增强他们的记忆能力。

这时,优美的音色、恰当的节奏、富有吸引力的语言,往往就会具有很大的优势。在戏剧教育过程中,教师务必要有意识地提升自己的语音水平,增强语言表达的生动性和形象性,以提升对视障儿童的吸引力。教师的描述越形象、越有感染力,就越能增强视障儿童的代入感,就越有利于他们更积极更投入地参与到戏剧活动中来。

这对普通儿童来说也是如此,只是对视障儿童来说这种方式更为重要也更为有效。

(三)运用多感官模式

听觉输入是视障儿童具有优势的重要感觉通道,但在活动过程中仅注重听觉还是远远不够的,我们还要充分利用和开发他们的触摸觉、运动觉、视觉、嗅觉、本体感觉等,让多感官共同协作,完成各项戏剧任务。

比如视障儿童在扮演角色过程中,我们可以让学生通过触摸自己和示范者的脸部来判断不同,获得扮演角色的造型概念;再如,可以让学生通过触摸服装的款式和材质(如乞丐服)来判断饰演对象的特点和故事……这些都是触觉运用的有效手段,运用空间非常广泛。

通过运动觉可以帮助视障儿童形成肌肉记忆,判断出个人的行动路线,明确自己和伙伴之间的空间关系;可以让有剩余视力的儿童通过照镜子和游戏"照镜子"(即两人面对面,自己和对方做一样的动作表情)等方式,充分利用视觉来观察自己的表现和对方的变化。

我们常组织视障儿童在热身时玩一个"报数字"的游戏。首先要求大家静静地闭上眼,用心感知整个活动场,然后在没有任何指定的情况下进行随机报数——如果有两个人同时报,则游戏失败,必须从头再来。这个活动最大限度地要求视障儿童在极度安静的环境中,不光要判断别人的动作,更要体会别人的呼吸、心跳等生理节奏,感受任何细微的变化,从而作出准确的判断,选择好恰当的时机。

嗅觉的运用虽然相对较少,但往往也能起到意想不到的作用。在我们的一个作品中,有个环节是要求大家向剧中的"卖花姑娘"围拢。可是,由于扮演该角色的女生自身定位有偏差(每次走动的位置都存在差异),同时,其他角色要从舞台四面八方走到她身边并围成一个半圆,难度也相对较大。多次排练下来,效果都不好。后来,老师设法把"卖花姑娘"手中的假花换成一种具有强烈芬芳的玫瑰花,结果起到了意想不到的作用。大家首先寻着芳香的味道移动,然后再根据别的信息作调整,效果特别好。

总而言之,很难说在哪种戏剧活动样式或哪种戏剧表演过程中会用到哪种感官,因为这是需要因地制宜、相机而动的。作为组织者、引导者的教师,必须在全过程中留心各类视觉和非视觉信息(非视觉信息更为重要),有意识地把这些信息传递给视障儿童,引导他们运用相应的感官去发现、去探索。这既是解决难点的有效手段,也是培养视障儿童感官协作意识的重要途径。而这种意识和能力不仅能作用于戏剧教育活动中,更能延伸和迁移到他们的学习和生活中。

(四) 提供完整概念

研究表明,视觉信息输入要占整个信息输入的百分之八十左右。这就意味着视觉中蕴含着大量的信息元素。因而,视觉方面的障碍势必会使得所获取的信息有所损耗和缺失。这就造成了视障儿童知觉完整性的缺乏。

他们很难像健全儿童那样一目了然地看清整个环境、掌握整个空间。健全儿童利用视觉,可以让目光迅速从一点转移到另一点——从前到后、从上到下、从左到右,并且这都可以在刹那间完成。而对视障儿童来说,这是需要耗费大量时间和精力但仍无法有效完成的任务。

这时,教师就要设法把完整的概念提供给他们。比如,一个全盲的儿童很难完整地了解整个舞台的构造,也不容易准确把握自己在整个舞台中的地位以及和他人之间的位置关系。这时，教师就可以运用讲解板把整个舞台等比缩微，给视障儿童以完整的概念，让他们通过触摸讲解板了解舞台的形状；通过触摸凸出的赋予了含义的磁贴了解自身在舞台上的绝对位置以及和他人间的相对位置；通过附加元件了解舞台上的灯光设计、幕布构成、观众座席等要素。通过这种方式，让他们可以形成一个相对完整的舞台印象，再结合后期的实地行走和感知，从而建立起较为具体、清晰、准确、完整的概念。

这里所说的"提供完整概念"并不仅仅局限于空间的概念，它还包括了词汇、语言所指代的真实含义，观点、情感背后所蕴藏的丰富信息。上文曾提及，由于视障儿童感觉输入受阻，故概念发展亦可能受阻；由于生活经验的缺乏，他们可能未曾真正掌握某些概念。因此，教师需留心视障儿童在接受信息和作出反馈的过程中是否在人云亦云地、机械地运用或重复概念。如果出现这种情况，教师就应该加以解释，加以阐述，或充分展开描述，或是运用各种手段让视障儿童获得直观的感受和认识……直到帮助他们建立起较为正确、完整的概念为止。

如在戏剧活动过程中，视障儿童往往更容易对角色进行片面化、符号化的解读，从而使得角色失去了原有的复杂性和生活化。这就需要教师带领他们共同进行解读，从而帮助他们建立起趋于完整的人物认识。

再如，有个小品活动要求视障儿童完成"找地址，送快递"的任务。许多视障儿童就会努力把脸凑向自己想象中的门牌或路牌上，以为这样才是"看"和"找"。这时，教师就可以把语言描述和动作矫正等方式结合起来，让他们明白"看"有许多种：有凝视、注视、直视、扫视、环视、仰视、俯视、偷看、笑看、怒看、瞪着眼看、眯着眼看、斜着眼看等，让他们懂得不同场合不同需求下的"看"是不一样的，从而帮助他们在这方面建立起相对完整的概念。

（五）运用多学科理念

西方有名言道：上帝的归上帝，恺撒的归恺撒。这话在生活中经常被用到，有界限分明、各不干涉等意思。不过这对视障儿童的戏剧教育而言却是行不通的，因为这个领域恰恰需要用到交叉学科理念。

戏剧是指以语言、动作、舞蹈、音乐、木偶等形式达到叙事目的的舞台表演艺术的总称。这意味着她本身就是一个跨越多种艺术门类、结合多种艺术样式的综合性艺术。

而对于视障儿童的戏剧教育更绝不单单是戏剧的事，那需要兼顾更多的领域。假如仅仅就戏剧来谈戏剧，其对视障儿童的作用必然是甚微的。要想克服视障产生的各种障碍，减轻视觉缺失所带来的各种生理和心理上的影响，帮助视障儿童顺利地参与各类戏剧活动，就必须要借鉴、引入视障教育、康复、医疗等——如感统训练、运动康复、物理治疗、定向行走等——各领域的理念、策略与技术手段。要让他们完成空间行动,可以借助定向行走的技巧;要让他们增强粗大与精细动作的表现力,可以引入运动康复的手段;必要时,还可以通过物理治疗等方式,强制矫正他们形体上的不足……让这些跨学科跨领域的理念与技术为视障儿童开展戏剧教育活动保驾护航。只有这样,才有可能面向视障儿童开展戏剧教育,并且所开展的戏剧教育活动才有可能有效地作用于视障儿童的成长与发展。

所以,戏剧教育教师或者戏剧教育团队,是否具有跨领域的理念、是否具有扎实的专业知识、广阔的学科视野和丰富的视障教育素养,是能否开展视障戏剧教育以及决定戏剧教育开展质量高低的关键性制约因素。

第三章 戏剧教育的价值

第一节 多元智能及其他教育理论下的戏剧教育

一、多元智能理论

加德纳的多元智能理论不仅在某种层面上佐证了整个戏剧教育活动的价值，确立了戏剧教育活动在全体儿童发展过程中的重要意义；更是使得面向视障儿童的戏剧教育活动获得了鼓舞人心的指导依据，确立了更清晰明确的发展定位。因而，我们有必要花些时间先来系统地了解一下这一理论。

传统智力理论认为语言能力和数理逻辑能力是智力的核心，智力是以这两者整合方式而存在的一种能力。而加德纳所提出的多元智能理论认为智能是人在特定情景中解决问题并有所创造的能力，把人类智能扩展到八个领域，对传统的"一元智能"观提出了强有力的挑战。

（一）多元智能理论的内容

加德纳认为过去对智力的定义过于狭窄，未能正确反映一个人的真实能力。他认为，人的智力应该是测量其解决问题能力（ability to solve problems）的指标。根据这个定义，他在《智能的结构：多元智能理论》这本书里提出人类的智能至少可以分成七个范畴。在之后的著作《多元智能：实践中的理论》（1993年）、《重构多元智能》（1999年）、《多元智能新视野》（2007年）中，加德纳对他的智能理论不断进行完善。最终，他把人类智能领域扩充为八个半。

语言智能（Linguistic Intelligence）

有效运用口头语言及文字的技能，即指听说读写智能，表现为顺利而高效地利用语言描述事件、表达思想并与人交流的能力。

逻辑—数学智能(Logical Mathematical Intelligence)

从事与数字有关工作的人特别需要这种有效运用数字和推理的智能。他们学习时靠推理进行思考，喜欢提出问题并执行实验以寻求答案、寻找事物的规律及逻辑顺序，对科学的新发展有兴趣，比较容易接受可被测量、归类、分析的事物。

空间智能(Spatial Intelligence)

可以划分为形象的空间智能和抽象的空间智能两种能力。这两种能力强调人对色彩、线条、形状、形式、空间及它们之间关系的敏感性，表现为感受、辨别、记忆、改变物体的空间关系并借此表达思想和情感的能力比较强，对色彩、线条、形状、结构和空间关系以及通过平面图形和立体造型将它们表现出来的能力很高。利用空间智能，能准确地感觉视觉空间，并能把所知觉到的内容表现出来。

加德纳还特别提到视障者的表现特征："一个盲人能够通过间接的方法来判断物体的形状：他们用手沿着一个物体的边缘以固定的速度摸过去，根据所用时间的长短，计算出物体的大小。盲人的触觉系统相当于普通人的视觉系统。盲人的空间智能与聋哑人的言语智能极具相似性，值得我们注意。"

身体—动觉智能(Bodily Kinesthetic Intelligence)

指人调节身体运动及用双手改变物体的技能，表现为能够较好地控制自己的身体，对事件能够做出恰当的身体反应以及善于利用身体语言来表达自己的想法和感觉。这类人喜欢动手构建物品，喜欢户外活动，与人谈话时常用到手势或其他肢体语言。他们学习时常透过身体感觉来思考。

音乐智能(Musical Intelligence)

指人敏感地感知音调、旋律、节奏和音色等的能力，表现为个人对音乐节奏、音调、音色和旋律较为敏感，在作曲、演奏和歌唱领域拥有较强的音乐能力。

人际智能(Interpersonal Intelligence)

其核心能力是留意他人之间差异的能力，特别是观察他人的情绪、性格、动机、意向的能力。按照更高的要求，就是能够看到他人有意隐藏的意向和期望。人际智能包括四大要素：组织能力，包括群体动员与协调能力；协商能力，指仲裁与排解纷争的能力；分析能力，指能够敏锐察知他人的情感动向与想法，与他人建立密切关系的能力；人际联系，指对他人表现出关心，善解人意，适于团体合作的能力。

加德纳曾用大量篇幅介绍了安妮·莎莉文老师对海伦·凯勒教育的经典案例，他认为"产生奇迹的关键，是安妮具有看穿或洞悉海伦内心世界的眼光"。这里要特别指出的是莎莉文老师本身也是一名视障者。这表明视障者同样可以具有高超的人际智能。

自我认知智能（Intrapersonal Intelligence）

指认识到自己的能力，是有关人对自己内心世界的认知：了解自己的感情生活和情绪变化，有效地辨别这些感情，最后加以标识，成为理解自己和指导自己行为准则的能力。具有较好自我认知智能的人，会在脑中形成有关于自己的一个积极的、可行的、有效的行为模式。他们往往能正确把握自己的长处和短处，把握自己的情绪、意向、动机、欲望；对自己的生活有规划；会吸收他人的长处；喜欢独立工作，有自我选择的空间。

内省智能可以划分为两个层次：事件层次和价值层次。事件层次的内省是指对于事件成败的总结，价值层次的内省是指将事件的成败和价值观联系起来进行自审。

自然探索智能（Naturalist Intelligence）

这是后来新增加的智能领域，指的是认识植物、动物和其他自然环境的能力。自然探索智能应当进一步归结为探索智能，包括对于社会的探索和对于自然的探索两个方面。

加德纳曾举了荷兰博物学家、盲人海拉特·韦梅耶依靠触觉从事研究工作的事例，表明自然探索智能不仅仅只依赖于视觉。

存在智能（Existential Intelligence）

加德纳尚不能最终确定这是否是一种独立的智能，因此暂且称之为二分之一智能。存在智能指的是人们表现出的对生命、死亡和终极现实提出问题，并思考这些问题的倾向性。

（二）多元智能理论的价值

1. 促进对儿童的认知与评价体系的改变

根据多元智能理论，每个人都有其独特的智能结构和学习方法。儿童的差异性是一种宝贵的资源。人们应该用赏识和发现的目光去看待儿童，要重新认识到：只要经过正确的引导和挖掘，每个儿童都能成才。

多元智能理论帮助人们认识到智能的广泛性和多样性，使人们意识到培养和发展儿童各方面的智能占有同等重要的地位，而不是仅仅局限于语言智能和逻辑—数学智能。基于此，多元智能理论对传统的标准化智力测验和儿童成绩考查提出了严厉的批评。传统的智力测验过分强调语言和数理逻辑方面的能力，只采用纸笔测试的方式，过分强调死记硬背知识，缺乏对儿童理解能力、动手能力、应用能力和创造能力的客观考核。因此其结果必然是片面的、有局限性的，而单从以阅读和计算为主导的测试结果来评价儿童显然也是不公平的。多元智能理论认为，学校的评价指标、评价方式也应多元化，主张学校教育应从纸笔测试中解放出来，应更注重对儿童的综合评价。加德纳提出"智能本位评价"理念,扩展了学生学习评估的基础;主张"情景化"评估,改正了以前教育评估的功能和方法。这都是非常具有启发意义的。

2. 促进对儿童教育模式的转变

首先是教育目的的转变。按照加德纳的观点,学校教育的宗旨应该是开发儿童多种智能并帮助儿童发现适合其智能特点的职业和业余爱好。应该让儿童在接受学校教育的同时,发现自己某些智能领域的长处,激发儿童的发展热情,提升和完善儿童在相应智能领域的水平。

其次是教育策略和方法的转变。多元智能理论让教育工作者意识到,传统的"教师讲,儿童听""教师写,儿童看"的形式,对于多种智能的开发与运用存在较大的欠缺。这种形式既忽视了不同学科之间的差异,也抹杀了教育对象在个体认知方式上的优劣。根据多元智能理论,教学方法和手段应该根据教学对象和教学内容的变化而进行灵活多样的改变,更多地贴近儿童的智能强项,选择合适的输入和输出渠道,按需施教、因材施教。

最后是教学态度的转变。多元智能理论为教师们提供了一个积极乐观的儿童观。教师无须由于太执着于儿童的成绩而忧心忡忡(从育人角度而言,应试带来的压力另当别论),不再从传统评价角度去区分好生或者差生,而是能意识到每个儿童都有闪光点和可取之处,能发现每个儿童的智能长项。从而引导教师转变对于教学和儿童的态度,有助于教师减少挫败感,转而从多方面去发现和了解儿童的特长,并相应地采取适合其特点的有效方法,使其特长得到充分的发挥。

二、其他教育理论

除了多元智能理论之外,另有一些教育理论或主张也对如今的教育产生较大的影响,重塑了我们对于戏剧教育的认识与评价。限于篇幅,我们选取一些进行简要介绍。

(一)通用教学设计理念

美国通用设计理念最早源于建筑领域的无障碍设计思想,旨在让所有产品和环境的设计最大限度地便于所有人(包括障碍人士)使用,而在使用过程中尽量不再做调整或其他补充性的专门设计。其理念是面向所有人,使经过设计的环境、空间和产品能够满足各类人群的需要。

自 20 世纪 80 年代中期起,教育研究者开始把通用设计的概念应用到教育领域。由于通用设计包含了对残障群体人权的关注,因此它很快就在教育领域,尤其是特殊教育领域引起了很大的反响,这就产生了"通用教学设计"(Universal

Design for Learning，UDL）。通用教学设计的目的在于让更多的学生能够在融合教育中获得平等的学习机会；其理念是通过改进呈现内容（材料）、表达方式（沟通方法）和课堂参与（学生如何对课程做出反应），让更多类型的学生融入普通的教育教学之中。

通用教学设计通过精心设计教学资源和活动，使在听、看、说、读、写、行动、记忆、理解等方面有差异的学生都能够达到学习目标。这是通过给那些能力不同的学生提供灵活选择的课程资源和安排多样的活动来实现的。教学设计的起点在于最大化保障每个学生的学习权益，为每个学生提供平等的学习机会，在教学内容、教学工具、学习环境和学习支持系统等方面为学生提供多样化的选择。

（二）个别化教育理论

个别化教育是指在面向全体学生的基础上，依据个体身心间的差异和个体身心发展的需要，通过系统的教学设计、安排，最大程度实现每个学生个性发展的教育教学活动。

建构主义理论和人本主义理论为个别化教育提供了有力的理论支持。简而言之，建构主义理论强调学习者的认知主体作用，要求意义建构的过程要符合个体的差异性；人本主义理论主张教育应该以人为本，强调研究人的本性和价值、尊严和自由、成就与潜能。

从实践来看，产生于美国并且影响全世界的"道尔顿制"和"文纳特卡制"为个别化教育的开展提供了深入的实践范例。"道尔顿制"倡导自由原则与合作原则，探索如何将班级授课制改为个别化教学组织，以及如何将以教师为主的教学改为以学生自学研究为主的教学。"道尔顿制"对后世的教学发展影响巨大。"文纳特卡制"完全打破了传统的班级教学制度，谋求彻底的个别化教学，提倡在学校中无年级编制，学生根据自己的意愿自由地选择教室进行学习。

总之，各种心理理论在教学中的应用，各种思想在教学中的引入与嫁接，各类教育专家在教学活动中的实践，使得个别化教育的开展获得了强大的支撑和保障。

（三）个性化教育理论

简而言之，个性化教育就是结合社会环境和被教育对象的内外因，通过有组织的教育活动，帮助被教育对象形成完整独立人格和优化自身独特个性，释放生命潜能，突破生存限制，实现量身定制的自我成长、自我实现和自我超越的教育和培训系统。

个性化教育明确指出个性化教育的中心和主体是被教育对象。个性化教育追求受教育者的人格完整；根据教育对象的性向特征、兴趣爱好和最佳才能区来充分发展个人特长，使个人专长和能力更突出；注重"身体素质"和"心理素质"的和谐发展；提升教育对象的独立能力和创新能力。

个性化教育包括"目的个性化""过程个性化""结果个性化"和"前提个性化"。

(四) 差异教学理论

差异教学是指在教学中立足于学生个性的差异,满足学生不同的学习需要,以促进每个学生在原有基础上得到充分发展为目的的教学。实施差异教学意在引导教师改变教学速度、水平或类型以适应学习者的需要、学习风格和兴趣。

布鲁姆意识到在同一堂课上,天赋高的学生往往比天赋低的学生获得更多的表现机会,这对需要练习的差生是一种不平等。他认为教师应该给不同情况的学生以不同的要求和指导,使大多数学生在不同的要求下进步,有效地完成课程规定的任务。布鲁姆在他首创的"教育目标分类学"中,将教育目标划分为认知领域、情感领域和操作领域,并把认知领域的教育目标从低到高分成六个层次:知道(知识)(knowledge),是指认识并记忆事物;领会(理解)(comprehension),是指对事物的初步领会,可能是肤浅的;应用(application),是指对所学习的概念、法则、原理的运用;分析(analysis),是指把材料分解成它的组成要素,详细地阐明基础理论和基本原理;综合(synthesis)是以分析为基础,全面加工已分解的各要素,并再次把它们按要求重新组合成整体;评价(evaluation),这是认知领域里教育目标的最高层次,是综合内在与外在的资料、信息,作出符合客观事实的推断,是理性且深刻地对事物本质的价值作出有说服力的判断。六个层次的思维分类是教师进行差异教学,同时也是进行差异评估的基础。

差异教学提出应该了解学生的各种需要,例如,1.表达情绪或开展团队合作的需要;2.在某些技能上对额外教学的需要;3.深入讨论某个问题的需要;4.在阅读段落中得到指导的需要;等等。

(五) 合作学习理论

合作学习是指学生为了完成共同的任务,有明确责任分工的互助性学习。合作学习鼓励学生为集体和个人的利益而一起工作,在完成共同任务的过程中实现自我。

合作学习是在20世纪70年代初兴起于美国的一种教学理论与策略,并在70年代中期至80年代中期取得了实质性进展。由于它在改善课堂气氛、提高学生教学参与度、促进学生形成良好非认知品质等方面实效显著,很快引起了世界各国的关注,被人们誉为"近十几年来最重要和最成功的教学改革"。

合作学习是一种结构化的、系统的学习策略,由2~6名能力各异的学生组成一个小组,以合作和互助的方式进行学习活动,共同完成小组学习目标。在促进每个人学习的前提下,提高整体成绩,获取小组成功。

合作学习,追求在学习过程中培养学生的合作精神、交往能力、创新精神、竞争意识、平等意识和承受能力,并希望通过这样的方式激发学生学习的主动性。

（六）以脑为导向的教学

脑科学研究已经证实学习的本质是生物学的改变,教育的本质是对大脑的塑造。脑科学的发展,帮助我们从生理物质角度了解学习活动;让我们从之前对学习现象的观察,转移到对大脑学习系统的研究,从而看清各种学习行为背后的物质根源;帮助我们在尊重脑发展规律的前提下,改变教育手段,更新教育理念。

脑科学研究促进了教学模式的转变。以脑为导向的教学（Brain-Targeted Teaching,BTT）模式把脑科学研究成果带到教育中来,产生了较大的影响。BTT教学模式包括六个重要部分：为学习营造情绪氛围；为学习打造良好的物理环境；设计学习体验；教授掌握内容、技能和概念；教授知识的扩展和应用；评估学习。而且,BTT提倡使用积极的语言,提倡运用仪式与角色扮演等教学手段；倡导交流与合作,倡导对知识的整合、扩展与应用。以脑为导向的教学积极将视觉艺术和表演方式整合进学习活动中,力求为学生营造愉悦的情绪氛围,创设良好的学习环境,设计积极的学习体验,并运用多种形式的评估,来提高学习质量,培养学生的学习能力、创新能力、合作能力和探索精神等综合素养。

我们可以看出,这其中既蕴含了大量的戏剧表演元素,也完全和戏剧教育的诉求相吻合。

三、多种教育理论下的戏剧教育价值分析

无论是从形式角度还是就内容层面上看,戏剧教育都对上述理论做出了积极的回应。而且笔者作为一名戏剧教育工作者,对照这些教育理论——尤其是多元智能理论来审视戏剧教育,获得的发现无疑是令人欢欣鼓舞的。

第一,从多元智能教育理论来看,戏剧教育几乎涵盖了全部的智能领域。笔者按照关联的密切程度,把它们划分为核心智能、关联智能和蕴含智能三个层面。

核心智能,指的是和戏剧教育活动密不可分的智能,体现的是戏剧的核心要素,也是戏剧开展过程中必然会运用并获得发展的智能,主要包括语言智能、空间智能、身体—动觉智能、人际智能。前三者在戏剧中的作用应该都非常容易理解：戏剧中的角色借助对白或独白进行交流,展现思想,表达观点,抒发情感——运用和发展的是语言智能；在戏剧中的空间主要表现为戏剧活动的空间和戏剧表演的舞台空间,是高度符号化和具有特定代表性的空间,对空间的认知和控制是开展戏剧的重要条件——运用和发展的是空间智能；行动是戏剧的核心要素之一,角色扮演者通过身体语言,即表情和动作,进行表达,展开行动,增强各种戏剧性元素——对应的是身体—动觉智能。这里要解释一下人际智能在戏剧中的重要性。曾有著

名表演艺术家问过：戏剧的核心是什么？有回答是"表演"，有回答是"冲突"，有回答是"行动"……这位艺术家最终给出的答案是"关系"。姑且不讨论这答案是否唯一正确，但由此可以看出人物关系在戏剧中的重要性。在扮演一个角色的过程中，首先要理顺角色之间的关系，清楚该角色和谁关系亲密，和谁关系疏远，喜欢谁，讨厌谁，害怕谁……只有这样，才能准确地把握角色台词背后的语言，才能对角色有一个清晰的定位，并形成角色间的有效互动。这个过程其实就是一个重要的了解、体验人际关系的过程，是一个人际智能获得增长的过程。这是发展人际智能的第一个层面。第二个层面——也是更重要的层面——是发生在戏剧教育全过程中的。我们都知道，戏剧是一项需要团队共同努力去完成的活动。团队的整个形态就像一个小社会一样，有着各种角色，有着不同的分工：有负责组织的，有负责执行的；有分管服装、道具、音乐、灯光等技术性工作的，有只承担角色扮演的；在角色中有扮演主角的，有扮演配角的……这过程中充满了竞争与摩擦，充满了个性张扬与团队合作，存在各种冲突和各种依存，需要各种磨合和各种协调，直到达到最后的平衡。这对每一位参与者而言既是一个巨大的挑战，也是一个发展人际智能的良好契机。

  关联智能，指的是和戏剧存在较为密切关联的智能。它们不像核心智能那样对应着戏剧中不可或缺的要素，但是会体现在戏剧所运用较多的策略和手段中。关联智能主要包括音乐智能、逻辑—数学智能、自我认知智能。音乐是戏剧中运用较多的一种元素，对于推动情节、烘托情感、营造氛围有着不可替代的作用。在我们排练的戏剧作品中，都用到了音乐的元素，既展示了视障儿童的音乐才华，同时也培养、强化了他们的音乐智能。逻辑—数学智能在戏剧中并不是表现为简单地进行和数字有关的思考或运算，而是体现在情节梳理和故事逻辑探索等场合。简单来说，创设（文本创作）及探寻（文本解读）人物与情节内在合理性的过程其实就是运用和发展逻辑—数学智能的过程。戏剧讲述的内容、人物的关系设定、人物的发展变化都必须具有内在的逻辑联系。所以文本解读进行到一定阶段的时候，一定会探究其合理性，一定会思考文字前后的逻辑关系。这项智能虽然并不像核心智能那样运用得那么频繁和明显，但在高品质的戏剧活动中一定是不可或缺的。对于戏剧，我们常说"戏假情真""在别人的故事里抒发自己的情感"……实质都指向了自我认知智能。戏剧本身似乎是与参与者对自我的认知没有关联。然而戏剧的魅力恰恰在于，她往往在背后呈现出可以推而广之的、具有普世意义的思想、情感、命运以及冲突……这可以让旁观者在作品中看到自己的影子、看到生活的痕迹；可以让参与者与角色获得共生，在不同程度上受到正向或负向的影响，从而促进对自我评价与认知的建立，推动自我发展与成长。

蕴含智能，指的是并非戏剧必然具有的智能要素，而是可以经由特意的设计、通过戏剧方式表达出来的智能要素，主要包括自然探索智能、存在智能。在日常活动中，我们常说"戏剧是个筐，什么都能装"。事实也确实如此。戏剧只是提供了一种样式和手段，里面的内容可以因目的、过程、诉求等方面的变化进行自由的设计和调整。这也正是为什么戏剧教育在现代教育中会具有这么广阔的应用空间：戏剧教育可以用来进行语言教育（像早期英国戏剧教育所进行的那样），可以用来进行科学知识学习，可以用来了解历史事件或地理场景，可以用来传递思想、表达观点，可以帮助进行情感体验……几乎所有学科都有着和戏剧结合的广阔空间与多种可能。因此，像自然科学内容、像对人类存在的反思等领域，完全可以作为戏剧活动的主题，用戏剧的形式进行探究与分享。

我们似乎很难再找到第二种像戏剧这样，能涵盖几乎所有智能类型的学科或艺术样式了。

第二，戏剧教育所带来的是体验性的主动成长。

加德纳认为"智能是一种计算能力，即处理特定信息的能力"，强调无论是智能的发展还是对智能的评估都应该是在特定（具体）情境下进行的；对于个体体验的重视，也是个别化教育、差异化教育和以脑为导向的教学所倡导的。而这些恰恰也是戏剧教育最独特而鲜明的特征。

我们所接触的教育多属于"讲—听""写—看"等模式。我们固然不必给她们贴上"说教式""灌输式"教育的标签——当然也不能对这类模式一概否定。但不能否认的是，这样的教育生态所呈现出的是教师讲学生听、教师主动学生被动、教师发起学生响应的师生关系。虽然在具体实践中会有很多微观层面的调整和发展，师生关系也随之有不同程度的变化，但从宏观整体上来看，在这种教育模式的限制下，学生基本是作为思想、知识的接受对象而存在的。

与之相反，戏剧教育恰恰是以体验为出发并贯穿其始终的。在真正的戏剧教育过程中（这里排除了单以戏剧排练、演出、比赛等为目的，只以教师为主导的戏剧活动形式——当然这本身也不能算是完全的戏剧教育），没有旁观者，没有局外人。所有参与者都会接受不同的分工，都会担任不同的角色（不仅仅是表演中的角色，也包括在活动中的身份），每个人都会在其中发挥一定的作用，作出独特的贡献。最终，经过所有人的共同努力，实现最初的构思，达成最后的效果。这一点和传统教育的课堂生态是完全不同的。

所有人都会在不同的层面获得体验。而且在这过程中，不会有太多的道德和价值说教直接告诉他们哪个是对哪个是错，哪个是好哪个是坏；不会有太多的干扰教他们该怎么样不该怎么样。戏剧教育是把命题或价值观用情景化、情节化的方式呈现出来,让他们自己去发现、去感受、去消化……他们置身于的是一个和生活有着千丝万缕联系的、真实的故事和场景,他们面对(扮演)的是一个个鲜活的生命与个体。因而,在演绎一个真实发生的故事的时候,在扮演一个真实存在的生命的时候,他们既可以和人物共同呼吸,成为一体,像角色那样思考,那样爱、那样恨,那样痛苦、那样快乐、那样挣扎、那样选择……也能跳出剧情,从旁观者的角度审视这思考,这爱、这恨,这痛苦、这快乐、这挣扎、这选择……一切都是真实而自然的。一切发展和成长也都自然地在体验中真实地发生:他们随着故事去体会、去成长、去思考,他们透过角色主动观察、主动体验、主动反思……而这一切最终又会作用于他们自身,反哺他们的发展与成长。这,也许会让个体产生深层次的心灵触动,也许会触发个体发展的渴望与诉求,也许会提前给他们一种生活的准备,也许会埋下一个在明天必将开花结果的种子——而最奇妙的是,这一切都是在潜移默化、在主动学习中发生的,是由内而外的成长,是真正有效并能长久作用于教育对象的力量。

第三,戏剧教育所强调的是尊重差异下的个体成长。

上述的许多教育理念,如通用教学设计、个性化教育、个别化教育、差异教育、脑科学研究等教育理念,其背后所推崇的是作为受教育者的人的权益,主张的是教育应该以人为本,强调的是研究人的本性和价值,追求的是立足于受教育者本身的全人发展目标。加德纳也提出了"教育与评估的个性化",倡导"以个人为中心的教育"。这都和戏剧教育的过程和目的高度匹配,戏剧教育尊重个体差异,注重个体成长。

戏剧教育在西方有着悠久的历史传统,被视为一种"全人教育"。在近100年来,其发展尤为迅速。我们知道,作为一种综合性的教育样式,戏剧教育不仅能够提高参与者的语言能力,还能够培养他们的自我认知能力、换位思考能力、想象力、创造力、领导力、自信心,等等。而这一切的发生过程和结果都是因人而异的。

戏剧教育不追求千篇一律,她追求的是参与者独特的体验与发现,尊重的是他们独立思考与表达的权利。我们试以具体的实例来展现戏剧教育的这一特性。在我们日常的戏剧教育活动中,我们常会采用一种叫做"论坛剧"的戏剧样式。其形式简单来说,就是提出一个事件,让参与者充分发表意见,并在角色扮演中检验这些意见,最终帮助大家形成或完善各自的认识。我们曾针对师生冲突展开过一次戏剧教育活动。根据论坛剧的流程,首先是通过简短的演出来呈现事件,然后组织参与者充分发表意见。根据参与者的意见,活动按以下分支展开:第一步,先假设教师有问题。首先讨论问题出在哪里,作为教师该如何调整;其次场景重现,根据调整的设想进行表演,看能不能避免冲突(这过程可以根据调整点的变化进行好几遍）；最后根据场景进行反思，如果避免了，启发是什么？如果不能避免，症结又在哪里？第二步，假设问题在于学生。换一个视角重复上述的流程。第三步，思考还有没有其他原因。这时，往往会有新的发现，如周围同学的漠视、旁观者的暗示、沟通过程中的错位……综合这些观点，师生再重复上述的流程。在完成所有讨论后，组织所有参与者进行交流与分享，让大家在体验多个角色和视角之后作出自己的判断，发表各自的观点或感想。

我们可以发现，整个活动是开放和包容的，是真正由参与者去推动和完成的。在这过程中，没有任何一位同学的意见被忽视，更没有任何一位同学会因见解的不同而被冷落。每位同学都可以提出自己的想法，并通过表演（自己或指定别人）使之呈现在大家面前。每个意见都有价值，都可以拿出来讨论，都可以成为被关注的焦点。在活动中，观点与价值的差异会产生碰撞，会制造争鸣，但作为差异本身应该是被认可和接受的。

我们再换一个角度来审视戏剧教育对差异性和个别化的尊重与鼓励。我们都已熟知"一千个读者就有一千个哈姆雷特"这句话，其本意是为了说明读者的想象具有再造价值。而把这句话放在角色扮演上同样合适，稍加修改，就可以说为"一千个扮演者就有一千个哈姆雷特"。戏剧教育包含的样式非常之多，仅从大家熟知的表演层面来看，角色塑造可以发展参与者的创造力和想象力，丰富他们的体验和感受，引导他们的发现与思考，从而促进他们全面、可持续的发展。这其中参与者的自由度非常之大，只要符合人物特征和行为逻辑，扮演者完全可以根据自己的喜好和特长对角色进行再现。可以说，每个人的处理都是有差异的，都是结合自我理解以后的个性化呈现。但不管是怎样的处理，只要能完成最终的角色塑造，都是可以被接受和认可的。戏剧教育的目的不是仅仅为了让参与者了解戏剧、学会演戏，而是要通过戏剧的方式发展个性、提升素养。这就使得戏剧教育和其他追求标准化、唯一性的教育方式相比，存在着更大的优越性。

另外，戏剧本身就是一门综合的艺术样式。正因为如此，她在对教育对象"输入"和"输出"的过程中，就不像传统教育那样，仅仅或主要着眼于语言智能和逻辑—数学智能，而是面向并运用多种智能。这一点恰如在西方教育中被广为推崇的"通用教学设计"理论所奉行的那样——戏剧教育是面向且适合全体学生的：喜欢说的可以通过台词去说，喜欢画的可以画布景，愿意动手的可以做道具，喜欢动的可以增加舞台行动，擅长音乐的可以唱或弹，擅长信息技术的可以设计 LED 屏的背景……总而言之，在戏剧的天地中，总有一种样式可以对应你的优势认知通道，总有一种途径可以让你展示自身的优势智能。

第四，戏剧教育是培养团队合作精神的教育。

联合国教科文组织在 1996 年出版的报告《学习：内在的财富》(*Learning*：*The Treasure Within*)(亦称《德洛尔报告》，国内也曾译为《教育：财富蕴藏其中》)一书中，提出了教育的四大支柱——也可以说是教育的四大目标，即：学会求知(learning to know)，学会做事(learning to do)，学会共处(learning to live together)，学会生存与发展(learning to be)。这成为国际社会的一份学习宣言，全面阐述了国际社会对人类未来和学习问题的理解，提出了 21 世纪教育的整体愿景。其中，"学会共处"指的是在人类活动中，要学会与他人一起参与，学会与他人共同生活，学会与他人共同工作，包括要学会关心(learning to care)，学会分享(learning to share)，学会合作(learning to work with others)。

对现代人来说，这是尤为重要的一种能力——要学会在合作中竞争，在竞争中合作；既要尊重多样化的现实，又要尊重价值观的平等；增进相互了解、理解和谅解，加强对相互依存关系的认识。

曾有专家说过，现在的应试教育造成诸多不良后果——"过度的竞争不适当地强化了孩子的自我中心倾向，并使相当多的孩子不断面对失败，损害了孩子应有的自尊、自信，从而产生社会化方面的困难"，说的就是学生在团队意识、合作能力等方面的不足。而这恰恰是戏剧教育的强项。

戏剧教育是以团队合作为基础和主要形式的教育活动。可以说，没有团队就没有戏剧教育，团队建设是戏剧教育不可或缺的要素之一。在戏剧教育活动中，团队中的成员会接受不同的分工，承担不同的职责，只有每个个体真正融合成为了一个团队，高质量的戏剧教育活动才有可能开展。在初始阶段，团体中会存在个性间的冲突与摩擦，会存在价值观的差异，会有人争抢主导权、话语权，会有人显得被动和弱势……这都是自然而正常的，并且这恰恰给每一个成员提供了最好的学习合作场景。让他们直面冲突、自由协商、自我调整：学会竞争，学会让步；学会坚持，学会妥协；学会发声，学会沉默；学会指挥，学会服从……直到团队间达到和谐平衡的状态。在这个过程中，团队中就会慢慢出现具有领袖气质的领导者，出现擅长出谋划策的智囊团，出现踏实肯干的行动派……每个个体都在冲突与合作中找到各自的定位，明确自己在团队中所扮演的角色。直到进入新的阶段，直到产生新的变化，将会再次动态地产生新的冲突与协调，再次达到新的平衡。这是非常有意思的一个过程，也是儿童们在参与戏剧教育活动过程中成长显著的一种能力。

在戏剧表演中，团队的分工合作就体现得更明显了。要想呈现出完整的（还不是完美的）舞台表演，首先就必须各尽其能、各司其职。戏剧是集体创造的艺术，它将合作精神体现得尤为突出。我经常对视障儿童说的一句话就是："要想演好一出戏，需要每一个人都全力以赴；而要想演砸一出戏，只需要任何一个人就够了。"确实,戏剧表演需要所有参与者像精密的钟表一样运转。台上的演员既需要展现自己的角色魅力,也需要关注彼此间的配合与呼应;道具、服装、灯光、音响都需要幕后工作人员的紧密配合。也就是说,任何一个环节都是最重要的,任何一个环节出问题都不行。这个过程能让参与者明白,任何职责——出彩的或是不引人注目的——都同等重要;任何牺牲或承担——放弃自己所想要的,选择集体所需要的——都是了不起的贡献。这个过程和社会的分工、和社会团体中对个体的定位,从某种层面上来看是高度相似的。儿童们在戏剧中所体验到的、所获得的,可以为他们今后的工作与生活打下基础。

当然,戏剧教育蕴含的价值非常之多。杜威曾经说过:"戏剧作为一种重要的教学方法,对学生的学习、表达、合作、想象和社交等能力的培养具有不可替代的优势,是音乐、美术等其他艺术教育不能比拟的。"戏剧可以培养儿童的表达能力、交流意识;能帮助儿童更好地了解自身,更好地进行人格塑造;可以培养儿童的同理心、同情心,引导儿童发现他人、尊重他人;能增强儿童的人文素养,开拓儿童的视野;等等。限于篇幅,这里就不多作展开了。

第二节　戏剧教育对于视障儿童的康复价值探寻

一、戏剧教育的康复价值

上文已对视障儿童的身心发展特点进行了较为详细的分析,如果要提炼出比较明显的不足,可以简单概括为两点:形体感知和表现力差,空间感知及行动力差。这里再稍作简单分析。

视障儿童对于自己的神态和动作缺乏足够的支配力,容易表现出许多不协调的表情和行为。他们在成长过程中缺乏足够的模仿练习,表现出的喜怒哀笑都和常人有着明显的区别,表情的丰富性和准确性与常人相比存在很大的不足。视力的障碍还导致他们缺乏清晰准确的动作概念,对诸如"跑""跳""敬礼""抬脚"等基本动作都很难准确完成,至于复杂精细的动作就更可想而知了。

视觉上的障碍,极大地限制了视障儿童的感知和活动范围,导致他们缺乏对自身和周围环境的控制力。在短时间内,他们既无从获得所处空间的整体概念,也无法判断自己在某个空间中所处的具体位置。因而举手投足间多表现出由于不确定而引起的犹疑、胆怯、畏缩,生活中也经常出现与具体环境不符的各种滑稽、冒失、甚至是险象环生的动作行为。

空间感知能力缺失所带来的影响极其巨大,它甚至极大地影响了视障儿童的生理发育和心理发展。从生理上简单来说,因为缺乏有效的来源于环境信息的刺激,他们往往会显得缺乏行动意愿和探索热情,这使得他们在肌肉、力量、平衡觉、运动觉等方面的发育均会表现为迟缓及不足。从心理层面来看,信息获取的完整性和准确性的缺乏,影响了视障儿童对于世界与周围人与事的认识,影响了他们对周围世界的准确判断与理解,影响了他们与外界信息的交流与互换。

笔者经过十多年的戏剧教育实践,目睹了太多的发展与成长,见证了太多的改变与奇迹,充分感受到了戏剧教育对于视障儿童的意义所在。

首先,戏剧本身就蕴含着疗愈与康复功能,戏剧治疗已经成为一门专业学科。简单来说,戏剧治疗通过运用戏剧(排演)手段来达到一定的治疗身心的目的。早在古希腊时期,亚里士多德就在《诗学》中论述过戏剧的治疗效果,他认为:"悲剧是对于一个严肃、完整、有一定长度的行动的摹仿,以具有节奏和音调的语言作为媒介,借助剧中人物的动作进行情感表达。观众通过观看悲剧,对剧中人物变幻无常的命运产生怜悯和恐惧之情,进而得以宣泄感情、净化心灵。"这是现今发现最早的对于戏剧治疗作用的论述。1979 年,英国戏剧治疗师协会指出,戏剧治疗是一种手段,用以协助人们去了解与舒缓社会及心理上的压力,解决精神上的疾病与障碍。戏剧治疗以简单的象征性的表达、创作性的架构,包括口语与肢体的交流,使参与者借由个人与团体来认知自我。罗勃·蓝迪认为,典型的治疗对象包括:情绪障碍者,肢体残障者,聋、盲、心理发展残缺者,社会恐惧症患者或老年人,也适用于需要充分实现自我潜能或面临转折点的人。可见其适用范围之广。

当然,戏剧治疗是一门专业性非常强的学科。在欧美国家,戏剧治疗师需要接受心理学、戏剧等多方面的专门训练,并要通过相应的资格考试。笔者虽然不具备这方面的资质,但仅就个人的实践观察,也在许多层面感受到了戏剧对于视障儿童的康复与疗愈价值。

其次,视障儿童的戏剧教育并不是单学科的课程或科目,而是一门建立在戏剧活动专业性基础上,同时交叉了各类康复矫正技术的跨学科综合性教育活动(这一点在上文已经有所论述)。正因如此,这既意味着戏剧教育需要多学科支撑才能顺利开展,同时也意味着在戏剧教育活动的开展过程中,可以从各个领域对视障儿童进行有效的矫治与复健。这既是面向视障儿童开展戏剧教育的最大难点,同时也成为戏剧教育对于视障儿童不可替代的独特价值。

我们先借助一张表格来探寻戏剧教育活动和视障儿童身心发展之间的密切联系。

视障儿童特点	戏剧教育元素	涉及康复领域	相关康复项
视觉存在缺陷	大量视觉元素	视功能训练	视知觉
动作发展迟缓	注重行动性	感统训练 物理治疗 作业治疗	运动功能
形态上存在盲相	注重身形	感统训练 物理治疗	平衡、协调、松弛等身体机能
表现力差	注重表演性	感统训练 物理治疗	本体觉
空间知觉差	需要活动(表演)空间	定向行走训练	听觉、触觉、前庭觉等综合感知
语言交流弱	语言为主要载体	言语治疗 社会交往	语言发展
人际交往弱	团队协调;角色互动	心理辅导	社会适应性
较多消极人格	全员参与;角色体验	心理辅导	积极人格
……	……	……	……

显然,一张表格无法涵盖全部内容;同时,限于水平,表格中项目或内容设计的科学性也可能存在不足。不过,我们仍可以透过这张表格,了解戏剧教育活动对于视障儿童的康复意义。

对戏剧康复作用的挖掘与运用蕴含在我们所开展的各类戏剧教育活动中,后文有着详细的陈述,这里略选一项,稍作介绍。

我们知道,戏剧需要大量的空间行走。这既是对视障儿童接受戏剧教育活动的一大挑战,也是视障儿童增加环境控制力和提升自我活动能力的一大契机。我们以舞台演出为例,进行详细说明。

"内时钟定位法"可以协助弥补舞台空间感知的不足。内时钟定位法广泛应用于军事领域,是一种从自身出发来确定周围方位的方法。定位者身前方向为12点,身后方向为6点,左边为9点,右边为3点……这种定位法做到了平面位置的全覆盖。我们把这种方法广泛地运用于舞台定位上。舞台既有绝对的空间大小,也有相对的空间距离。因而,我们设想每位视障儿童都把彼此作为参照系,从自身出发,根据周围儿童所处的点位和距离来判断自己所处的位置。"内时钟定位"的运用摆脱了对视觉的依赖,降低了绝对空间感知所带来的难度。而且,这种方法可以广泛应用于生活的所有场景,能有效地增强学生对于环境的感知、判断和控制能力。其康复价值不言而喻。

戏剧教育活动在视障儿童心理领域的矫治与康复作用更为明显。

研究表明,集体的戏剧创作过程,有益于个人心理健康水平的提高。有质量的戏剧教育活动,通过不断转换的活动角色,通过丰富多彩的人物特性,通过多元化的视角和包容的形态,能帮助视障儿童渐渐地从特殊走向普通,从偏狭走向多元,从封闭走向开放,从而让他们得以跳出狭隘的视障思维,从更广阔的角度审视自己、定位自己。持续的戏剧教育,使视障儿童会在多种层面获得情感体验与价值认知,会在不断的自我实现过程中对自身产生信心与力量,会在体验与解读过程中获得身心重建,会在团队活动中获得发展与完善。并且,这一切经历会作用于他们的日常学习与生活,能引导其内在心理品质的提升,促进个人行为与人际关系的改进,能有效促进他们在情绪识别、情绪理解、情绪调节和情绪表达等方面的发展。这一点在下文中会有具体呈现。

二、戏剧教育的绩效呈现

戏剧教育活动蕴含着丰富的育人信息,为视障儿童打开了表达情感、体验生活、了解世界的窗户,弥补了他们社会认知的不足。为了确切掌握戏剧教育活动对于视障儿童发展的价值,我们曾经设计问卷,向参与戏剧教育活动的视障儿童进行调研。

我们发出50份问卷(包括所有能联系上的参加过戏剧教育活动的视障儿童),收回有效问卷48份。从问卷结果来看,100%的同学都表示享受戏剧教育活动,认为在活动过程中能体现自己的意志和价值,并且有明显收获;75%的同学认为主要收获体现在"自信心的提高"和"形体的变化"等方面;100%的毕业生认为在离开学校后仍然能从这段经历中受益,主要体现在"自信心的提高""积极心态的树立"和"沟通能力的增强"几个方面。

同学们认为,参与戏剧表演的过程不仅是一种学习的过程,更是一种成长的过程,是人生中难忘的经历。

小张(其时为华师大大三学生)在问卷中写道:剧社对我最大的意义就是个人自信的建立,在剧社排练的每一天都充满着欣喜和期待,和社员的沟通让我有一种很满足的归属感。在剧社无论是排练还是演出,对个人自信的提升和能力的挖掘让我受益匪浅。剧社是我个人成长中美丽的回忆。

小夏(其时为上师大大四学生)说道:对我来说,感觉剧社就像是一个大家庭,大家其乐融融,我为剧社一切的成长感到兴奋和骄傲。我喜欢大家在一起排练的每一刻,每当这时总会觉得特别幸福,觉得老师离我们特别特别的近。因为有了剧社,我觉得我的高中生活特别精彩,我想以后都不可能再有这么一个集体让我如此喜欢了吧。

小翟(其时为华师大大二学生)说道:我参加剧社也有 4 年了,在这 4 年里我觉得自己收获很大,一方面锻炼了自己的表达能力,另一方面自己的自信心增强了,也为现在在大学搞好人际关系打下了基础。

小孙(其时为华师大大四学生)深情地告白:剧社的氛围让我找到了归属。这里有我喜欢的老师和一些平时没太多机会接触的同学,我们经历的喜悦及艰难都印在我的脑子里,剧社的温馨现在想想心里还会甜甜一笑……我为自己是"感觉人"而荣耀,也为自己能参加剧社感到幸运。和大家在一起的日子真好!

小钱(已工作)回顾道:从"爱斯特拉冈"到"奥斯特洛夫斯基"再到"小刚"(笔者注:均为戏剧中角色),让我树立了自信心,这成为我刻入骨髓的美好回忆,也影响到我步入社会后对生活的态度。

……

我们总能惊讶地发现,参与一定时间的戏剧活动之后,多数视障儿童在身心方面均出现了可喜的变化,有的更是出现了 180 度的大转变。小唐同学原是学校出名的捣蛋鬼,现在竟然慢慢变成循规蹈矩的乖乖男;小曾虽是一个人见人烦的老油条,但在剧社里他能充分发挥出自己的组织才能和沟通能力,令人刮目相看;厌世悲观的小孙变得开朗乐观,以高分考入华东师范大学,并在大学里继续成为佼佼者。如今,他已成为一名出色的特教教师。

同时,令人意想不到的是,参与戏剧教育活动的视障儿童明显比不参加的儿童更热衷于文学创作。戏剧的人文氛围熏陶着他们,激发了他们的创作热情。几年来,笔者收集他们作品,编订了校内作品集 4 本,正式出版了《在灿烂的阳光下》和《春天的歌》作品集 2 本。他们的作品获得了几十个全国及市区级奖项,如"冰心杯"作文比赛全国一、二等奖,"恒源祥杯"中学生作文比赛上海赛区 4 个一等奖,"鲁迅杯"作文比赛多个全国二、三等奖,联合国教科文组织的"超越自我　超越梦想"作文比赛一、二、三等奖等各类奖项。

对视障儿童的持续跟踪研究表明,约有七成以上的参与戏剧教育活动的视障儿童在升入高一级院校或踏入社会以后表现更为积极主动,其社会融合度与、参与度也更高。

在高一级学府中,他们或参与甚至组建社团开展活动,或担任学生会或班级干部,或在校报及广播台任职,或在学业上表现出色……他们不仅明显优于没有戏剧经历的视障儿童,甚至和普通儿童相比也堪称佼佼者。

对于直接踏上社会的视障儿童而言,他们有的能较好地胜任现有工作;有的在工作之余自学充电；有的积极创业，历经磨难仍然坚持——独立创业的小仇在微信朋友圈中写道：如果我是一辆汽车，那剧社就是我疲倦时可以休息一下的停车场，更是鼓励我继续前进开往梦想的加油站。

第四章 视障儿童戏剧教育的开展

关于"戏剧"与"教育",在西方有 Theater in Education(通常译为"教育剧场")、Drama in Education(通常译为"教育戏剧")、Creative Drama(通常译为"创作性戏剧")等多种类别,除此之外,常用到的还有 Education through Drama、Educational Theater & Drama、Drama Education、Drama and Theatre Education、Creative Drama……概念众多,不一而足。

在国内,目前运用较多的主要有"戏剧教育""教育戏剧"与"教育剧场"等概念。一般来说,"戏剧教育"被认为指的是专才、精英教育,是戏剧普及和通识教育,其目的在于培养专业戏剧的编、导、演和舞台美术人才,以及具有戏剧鉴赏及评价能力的知识型人才。"教育戏剧"则是指将戏剧方法与戏剧元素应用在教学或社会文化活动中,让学习对象在戏剧实践中完成学习目标。学习对象不需要有特殊的演技,而是通过这个过程去经历、去体验,运用想象和调动自身经验,在戏剧活动中去开拓、发展、表达,交流彼此的理念与感觉,达到开启智力、增加知识、活跃身心的目的,从而在现实生活中可以更加自信,更具有创造性地去面对困难、解决问题。"教育剧场"则是指针对当下比较关注的话题进行表演,在表演过程中展现问题、引起思考,进而通过对话进行修改调整,并最终完成演出的艺术样式。其用意旨在使学习对象对文化、社会、道德、伦理的各个方面有更深的感知,从而能更好地去处理人与自身、人与他人、人与社会、人与自然之间的关系。

当然,在这些概念的许多问题上还存在着不同的解释。在实际应用过程中,几者间的内涵与外延也往往难以界定,经常出现混淆的情形。

在日常教育生活中,我们使用的是"德育教育""艺术教育""心理教育""语文教育(教学)"这样的说法。同时,我们也非常明确,"艺术教育""数学教育""物理教育",并不是培养艺术家、数学家或物理学家的教育,而是意在通过这样的学习体验,既发展学生的基本技能与专业素养,更启迪学生的智慧,锻炼学生的品质,培养学生对艺术的感知、对科学的信念、对美与真理的追求与热爱。这种教育方式并不会产生"数学教育"和"教育数学"之类的疑惑和纷争。

因而，权衡再三，笔者还是遵循教育界所惯用的构词方式与运用习惯，在本书中一律使用"戏剧教育"一词，以便于一般读者接受与理解。作为一本偏重于实务的书籍，也希望用这种方式来绕过概念的迷墙，不过多纠缠于术语的差异，从而免于陷入概念、词语混乱的泥沼之中。

本书所谓的"戏剧教育"，既包括采用戏剧方法和手段进行各类学科教学、开展各种形式活动、提升能力、补偿缺陷的教育，也涵盖了戏剧知识普及、戏剧素养训练、戏剧作品（包括语音作品）制作和舞台演出实践的教育。简而言之，既是透过戏剧的教育，也是为了戏剧的教育。

第一节 视障儿童戏剧教育的主要样式及途径

一、视障儿童戏剧教育的主要样式

在这些年的戏剧教育历程中，我们进行了广泛的学习研究，开展了多种实践探索，对戏剧教育的多种手段、方法及作品制作和演出类型进行了尝试。由于专业性的不足和知识获取方式的单一（多以文本学习为主），在这些尝试中难免会有错误的理解和运用，对于各类戏剧概念及类型的区分也难免会产生杂糅与混淆。

（一）主要样式

戏剧游戏。可以再细分为热身游戏和剧场游戏。借助戏剧游戏，能够激发视障儿童的兴趣和热情，帮助他们克服身心障碍，以积极、主动的姿态参与到戏剧教育的全过程中。好的戏剧游戏，本身往往就蕴含了多种戏剧元素，并且还能增加团队协作力，增加个体戏剧素养，提升个体观察力、创造力、表现力等各类综合素质，为他们未来的学习和发展奠定良好的基础。这些年来，我们开发和积累了大量的戏剧游戏，将其应用于从热身、暖场到各类戏剧素养训练等各个环节，广受欢迎。这在后面的内容中都将有详细的介绍。

戏剧习式。指的是戏剧教育过程中常用的策略和习惯形式。戏剧习式为戏剧教育的开展提供了简单可行的范式，是戏剧教育得以有效开展的坚实保证，可以和各类戏剧教育活动进行有机结合。戏剧教育从业者已对许多戏剧习式耳熟能详、应用自如了。这里举几例。

定镜（定格）：用身体构成一幅图画或一尊塑像，表现一个时刻、意念或主题的静止画面。也可以借助多个画面展现不同时刻或情景。

涟漪：按事件顺序逐一展开多个画面,形成整个事件的相关联发展,逐渐揭示谜底。

思路追踪：定格,让角色说出内心潜台词,以反思某个处境或角色思绪,从而产生情绪反应。

坐针毡：扮演者接受他人的质询或访问。

专家外衣：扮演为戏剧情境而设的具有专业知识的专家,在规定情境中运用专业技能尝试完成戏剧任务,通过采取专业态度体验不同的感受。赋予参与者以能力和责任,使他们受到尊重,从而去探索、认识、透析不同的专业知识。

教师入戏：教师进入活动,控制戏剧行动方向,引导参与者深思,帮助大家开展充分的交流讨论。

日记信札：根据所用故事编写角色日记、信札或个人反思,组织戏剧情景。

声效配衬：音响配合戏剧动作,烘托戏剧环境。

良心胡同：持两种对立看法的参与者,面对面排成两行,戏剧人物从中间通过,听取两边的意见,并作出决定。

即兴表演。依据简单的主题、人物、场景等基本素材,即兴进行表演,再现人物形象、动作与对话,推动故事情节发展。我们鼓励视障儿童进行即兴表演,希望通过这种方式,提升他们的临场反应能力和结构能力,培养他们的想象力、创造力和合作力。

角色扮演。视障儿童通过教师或同伴的描述,调动生活积累,借助想象,运用各类戏剧元素（服装、道具……）扮演某一个规定情境下的人或物,展现该角色的性格特点、思想感情、生活经历等,从而再现其所处的情境和面临的挑战。

创作性戏剧。美国儿童戏剧协会定义：创作性戏剧是一种即兴的、非展示的、以程序为中心的戏剧形式。这是现今国际上极为流行的教育理论与教学方法。教师把戏剧作为教学方法,引导视障儿童进行自由创作,让他们把文本材料直接展现出来。如语文课可以把人物、故事改写成剧本,直接表演；生物课可以把花虫鸟兽制作（绘画）成样品,并通过搭建相匹配的环境,再现其生活场景,进而做成展品陈列……对学科知识戏剧性的创造和再现,增加了视障儿童的学习趣味性,有助于其识记与理解。

过程剧及论坛剧。过程剧是一种非演出的、即兴的、重在过程的戏剧形式,常被用于课堂等教育活动中。论坛剧最大的特点是让观众按照自己的意见替代演员化解剧中的危机,使观众从被动的观演者转变为主动的参演者。我们开展了大量的过程剧和论坛剧的实践,在本书后面的内容中会对此有详细的介绍,在这里就不多作展开。

我们还尝试过一人一故事剧场样式,帮助视障儿童讲述自己的故事,透过故事进行讨论与思考;我们还排练过两出沉浸式戏剧,把剧社排练厅所在的职业楼布置成演出实景,绘制故事时间线,在多个房间里同步进行演出;我们把学习到的应用剧场、被压迫者剧场等思想在活动中进行渗透……

（二）戏剧表演类型

根据视障儿童的认知特点及学校条件,我们明确了适宜视障儿童的戏剧表演类型。主要包括以下四种:

1. 语音作品表演

我们所指的语音表演,既包括各种常规方式的朗诵表演,也包括各类通过广播、网络传播的语音作品。这充分发挥了视障儿童听觉优先的特点,有效促进了他们语言功能的开发。语音作品的制作极大限度地拓展了视障儿童戏剧表演的内涵,扩大了接受戏剧表演的儿童类型。

几年来,我们共组织开展校内广播 56 期,诵读文学作品 125 篇,制作长广播剧 19 部,录制由 60 部短剧构成的光盘《文明在身边》1 张,在上海市、区级的朗诵比赛中获得几十个一、二等奖。

2. 课本剧表演

这种方式具有短平快、要求低、效果好等特点,既能丰富语文课堂教学手段,更能增强儿童学习与表演的兴趣。我们选择适合视障儿童的经典作品,如《孔乙己》《表哥驾到》《周处》《一碗阳春面》《贤人的礼物》等,加以简单改编,结合语文课堂教学,因地制宜,组织表演。

3. 原创作品编演

原创作品可以更好地贴合视障儿童生活,满足他们的身心需要。几年来,笔者陆续创作了《生命之光》《在路上》《这些人　那些事》《挥舞青春》《祝福》《生活进行曲》等作品,或是展现视障人士在历史上的不朽贡献,激发视障儿童的自信心;或是以轻松诙谐的方式展现视障儿童的生活场景,表达他们的生活诉求;或是展现他们的才能,体现他们的积极力量。这些作品源自视障儿童熟悉的生活或话题,贴近他们内心,所以总能感染他们,影响他们,成为他们心声的代言,深受他们的喜爱。在社会演出过程中,这些作品也成为向社会宣传视障人士生活的窗口,引起社会对视障这个群体的关注和尊重。

4. 经典作品排演

在戏剧发展的历史长河中,留下了太多的经典篇目,它们或是具有强烈的人文色彩,或是具有极高的审美艺术。对于这些作品的解读或再现,可以提升视障儿童的人文素养,丰富他们的人生体验,影响他们的人格建立。笔者曾改编《等待戈多》《雷雨》《斗士参孙》《放下你的鞭子》等作品,很受大家欢迎。

二、视障儿童戏剧教育的主要途径

戏剧教育活动的开展有着形式多样、自由灵活等特点,其要求门槛很低,能够应用于绝大多数学校。一般来说,开展的具体途径有:与学科教学结合、组建戏剧社团、开设戏剧课程、组织校园戏剧活动等。

(一) 与学科教学结合

在英国,戏剧教育被广泛地用来进行英语语言教学,收效甚佳。事实上,戏剧几乎和所有的学科都存在着良好的契合点,可以在全学科教学中得到广泛的应用。其中,戏剧和语文、英语、历史、政治、地理等学科之间的黏性更明显。笔者多次在学科教学中结合戏剧元素、运用戏剧手段,效果非常好。

如在学习《项链》时,笔者在多个环节运用了多种戏剧手段帮助学生深入理解作品和人物。首先,笔者选择"收到请柬""借项链""舞会上""丢项链"4个片段,让学生进行定格,并表演玛蒂尔德的内心独白,以此帮助学生更好地理解这个女性形象的特点,而不是简单地站在道德制高点上去批判她的虚荣和不切实际。在主人公丢了项链以后,笔者运用"良心胡同"的技巧,让学生代替玛蒂尔德作出选择——究竟是还项链,还是一走了之或是赖掉?借此帮助学生认识到玛蒂尔德敢于承担、勇于面对的光辉一面。在学习到文章结尾、真相大白以后,笔者又让学生以玛蒂尔德的口吻给丈夫写一封信告诉丈夫真相,或者写一篇日记记录下当天的情形与感受。课堂气氛活跃,学生参与热情高涨,对于人物的解读也深入而丰富。最终,学生对于作品有了近十种不同的理解与阐释。

再如,学习《促织》一文时,笔者让学生尝试表演主人公成名"捉蟋蟀"以及"斗蟋蟀"这2个片段,要求学生忠实地再现原作中的动作与神态描写,尝试补充出人物的心理活动,以此更深地体会主人公"性迂讷"的特点,从而感受当时社会对于人性的扭曲和戕害,进而理解作者蒲松龄的愤懑与批判。

事实上,本校的绝大多数语文老师都会自觉或不自觉地在课堂教学中运用戏剧手段,常见的如分角色朗读、细节表演、课本剧表演等。在学习《孔乙己》时,几乎都会让学生表演"排出九文大钱"中"排"这个动作细节;在学习《我的叔叔于勒》时,也都会选择其中几个片段让学生进行表演。这种形式既有效地解决了教学难点,也很好地调动了学生的学习主动性与积极性,深受师生喜爱。

戏剧与学科相结合的空间是非常广阔的——笔者还曾领略过戏剧与美术教学、戏剧与音乐教学的完美结合。只要愿意展开探索,其中就可以存在无限的可能。

（二）组建戏剧社团

戏剧社团是戏剧教育开展的主阵地。教师可以不受班级和年级的限制，把具有相同爱好和需求的视障儿童集中在一起，集中力量，高效深入地进行戏剧教育活动。

以上海盲校为例，学校从 2002 年起开始戏剧教育的尝试，并在 2003 年成立学生剧社——"感觉剧社"。剧社面向从六年级到高中三年级整个中学阶段，剧社成员占了中学人数的近一半之多。

感觉剧社组织开展各类戏剧活动，进行各类戏剧实践，在各个方面展开了富有成效的探索。

例如，为剧社成员提供大量戏剧观摩机会。我们收集了大量戏剧视频如《雷雨》《茶馆》《暗恋桃花源》等，定期组织社员观看；同时，我们更设法组织大家去上海话剧艺术中心、现代戏剧谷、人民大舞台、上戏大剧场、上剧场等剧院观看了《安东尼与克里奥佩特拉》《守岁》《共和国掌柜》《战魂》《推拿》《辛德瑞拉》《蓝马》等十余部话剧，丰富了他们的观剧体验，增强了他们的戏剧素养。

再如，组织剧社成员开展各类戏剧学习与交流活动。剧社与上海市话剧艺术中心进行共建签约，与上海戏剧学院、上海交大影视学院开展合作。我们邀请专业的演员、大学教授来为视障儿童进行讲座，指导他们排练，和视障儿童分享表演经验和感悟。部分视障儿童甚至还收获了参与专业剧团的话剧排练经历，受益匪浅。

还如，剧社组织成员和华师大、上师大、二工大、谢晋恒通影视艺术学院、市三女中、洋泾中学、田园高级中学等大、中学生社团开展切磋交流，联谊互访，同台竞技。这些活动增进了视障儿童与同龄人之间的交往，开阔了他们的视野，提升了他们的信心。

当然，戏剧排练与演出更是感觉剧社的主要常规内容。自成立以来，剧社在上海话剧艺术中心、上海儿童艺术剧场、上海戏剧谷、上海戏剧学院剧场、上海音乐厅、马兰花剧场等各类专业剧场演出一百余场，并获得超五十余项的市区级奖项。如"全国第三届中小学生艺术展演（上海赛区）"一等奖；在历届上海市中学生戏剧比赛中，荣获两次一等奖，一次二等奖；在"上海市学生话剧展演季"中，更是先后囊括了包括一等奖、最佳导演奖、最佳男主角、最佳指导老师在内的多项大奖。此外，剧社获邀参加了上海市国际艺术节演出活动；作为唯一一个学生社团代表，参加了上海市"市民剧场"活动，开展了两个多小时的公开专场演出。

剧社还积极建立戏剧论坛、百度贴吧、微博、微信公众号，鼓励成员开通网络电台，借助网络普及戏剧知识、营造戏剧氛围、展示视障儿童风采、扩大剧社影响，取得了显著效果。

经过多年的建设,剧社形成了较为完善的社团文化,包括社标、社歌等隐性文化,以及由服装、奖杯、手环等实物构成的物质文化,营造出了较好的育人氛围。剧社以其自由的意识、向上的精神和民主的氛围,成为学校最具有吸引力的社团。

中央电视台、东方卫视、上海电视台、教育电视台、新华网、中新网、《人民日报》《解放日报》《文汇报》《新闻晨报》《东方早报》《新民晚报》《中学生报》《消费导刊》等几十家媒体先后对剧社进行报道,产生了良好的社会效益。

(三) 开设戏剧课程

当然,要做到这一点首先需要学校层面的重视和支持。目前上海市也只有少数几所学校开设了戏剧教育课程,绝大多数学校还是通过社团活动的形式开展戏剧教育。

戏剧课程的开设可以为开展戏剧教育提供坚实的保障,可以让更多的学生受益,同时也是培养更多更强师资力量的难得契机。

从课时安排来看,在起始阶段,戏剧教育课程可以安排在下午第一或第二节课后,每周2~4节课时,面向部分年级或学段学生。等到条件成熟后,则可以适当改变排课时间、增加排课量,把戏剧教育作为和音乐、手工等艺术课程并列的课程内容,纳入学校的课程体系。

就教学内容而言,戏剧课上可以有序地向学生普及戏剧基础知识,带领学生阅读经典戏剧作品,向学生介绍基本的戏剧发展历程和国内外各种有影响力的戏剧流派;也可以运用戏剧手段开展各种游戏活动,针对学生的成长和校内外事件排演戏剧作品、进行观点讨论;条件成熟时,更可以进行舞台作品排演。

(四) 组织校园戏剧活动

每学期,学校都会开展丰富多彩的文化活动与德育专题活动。对这些活动进行梳理可以发现,其中许多类型都可以和戏剧教育活动直接或间接地结合起来。

直接结合。有条件的话,可以直接在全校组织开展"课本剧竞赛"或"戏剧周"这样的戏剧专题活动,营造戏剧氛围。平时,语文学科的"诗歌大赛""朗诵比赛""诗词大会"等活动,德育专题的"传承经典""弘扬文化""感恩""孝道"等主题活动,都可以直接用戏剧的方式展现出来。这样既能提升作品的水平,也能增强学生的体验经历。

间接结合。在许多看上去不怎么直接相关的活动中,也可以用到戏剧教育手段和戏剧演出形式。如在学校的联欢活动中排练一出短剧进行演出;对参加学校各类比赛的选手运用戏剧的形式进行放松练习和舞台感训练;在班级团队中用戏剧游戏的方式来增加团队凝聚力;在主题班会中用戏剧的程式帮助大家进行思考与讨论。

第二节　视障儿童戏剧演出实务

本节内容主要以戏剧演出为例,包括从作品排练到舞台演出所历经的各个环节。虽然,其中的做法仅是个人的浅见积累,难免贻笑大方;然而,所谓不揣浅陋、敝帚自珍,还是希望可以给新入门的戏剧教育同行一点点启发与帮助。

一、策划与创作

1. 确定演出主题

征集视障儿童需求,和所有成员一起讨论演出的选题,并加以明确。

2. 选择和创作剧本

如果是排演现成的剧本,一般来说还需要进行二度创作,使之更符合视障儿童的认知和表达特点。如需要对过于成人化、过于晦涩、过于舞台腔的台词进行修改,对不适合视障儿童表现的片段进行调整,对儿童不宜的内容进行删除。另外,假如用的是今人的作品,还要考虑是否存在侵权问题。

如果是原创作品,一般会由教师承担具体创作任务。同时,可以鼓励有条件的儿童先完成剧本雏形或框架创作(哪怕再稚嫩),再由教师进行修改和完善,以激发他们的表达热情。原创作品耗时耗力,但优点也很多:作品会更贴合实际,因而演出效果会更好;创作过程中可以有意识地按照现有人员安排角色,可以根据演出需求控制剧本容量,因而更有针对性;语言表达更符合儿童表达特点,能减少后期排练时的修改工作;剧本的诉求表达更直接明确。

这里需要强调的是,如果原创内容和视障儿童生活有关,那么应该先询问视障儿童的感受。对于让他们觉得不适甚或反感的内容,要坚决更改或删去。

3. 初读剧本

向全体成员介绍剧本内容及角色情况,最好由教师完整地朗读一遍剧本。让所有视障儿童对于剧本情节、内容和人物有一个完整的了解。

4. 初步选出演员

根据剧本,初步确定演员名单。选拔方式可以由儿童自愿和教师指定相结合。

就笔者的经验来说,这个环节是竞争最激烈而又最微妙的环节。有时一个角色会有十几个人来角逐,少的也往往会有三四个人。教师要作出妥善的安排。

我一般会组织报名儿童公开面对大家,用台词朗读和片段再现的方式进行竞争。所有成员作出评论和选择,并由教师作最终确定。对于成功者,要肯定他们的表现;对于落选者,要保护他们的积极性。教师尤其要指出,入选或落选并不代表儿童本人好或不好,只是因为入选者更贴合角色需求而已。

同时要和所有人明确,直到演出前,演员都还有变动的可能——以保持参与儿童的热情,同时在具体操作中也确实会出现这种情况。

5. 准备所需物品

初步考虑服装、道具、音乐(音效)、灯光、背景(电子屏)等方面的需求,相关物品也可以逐步准备起来。

6. 合理规划时间

制作排练及演出时间表,张贴在排练厅中(发送到微信群里),让所有人都能有清晰的了解和明确的方向。

二、剧本与人物

1. 剧本朗读

根据人数打印剧本(注意字体、行距:一般以宋体四号字加粗,1.5 倍行距为宜);制作盲文版剧本;发送电子稿给有特别需求的儿童。发放剧本过程可适当增加些仪式感,要求儿童妥善保管并在各自剧本上签上姓名,以增强荣誉感。

全体成员参与剧本朗读活动。教师或由教师指定的儿童读舞台提示部分内容,演员读各自角色内容。朗读之后进行交流与评议活动。朗诵者谈感受,相互间进行点评,听众分享倾听的感受,教师从总体处理上进行指导(简单说戏)。

2. 走进"人物"

要求演员写出各自角色的"人物小传"——可以用数百字进行描述,也可以借助下面表格来完成对人物的构建。

×××(角色名)信息表					
姓名		性别		年龄	
身高		体重		星座	
性格		爱好		婚姻(感情)	
亲人		朋友			
居住环境		生活圈子			

（续表）

学习情形 （工作情形）	
正在经历的 事件及结果	
与剧中人物的关系	

3. 剧本修改

可根据朗读情况，对剧本（尤其是台词）进行适当修改。根据剧本的修改情况，考量有无必要把调整过的新剧本再次分发给相关人员。

4. 剧本处理

要求演员对各自台词进行相应的标记：标记出台词中的关键性语句，标记出对具体语句的处理——包括语调、重音和停顿。同时可以要求适当圈画出自己的台词，以及和自己扮演角色密切相关的"对手"的台词。

5. 剧本"细抠"

可以对整个剧本或一些重点段落进行深入打磨，重点品味关键语言，着力挖掘文字背后的潜台词，探求人物的情绪与感受。

当然，因为在后续排练过程中还会有更具体更深入的台词练习，在这个环节没必要也不可能做到面面俱到，抓住重点和主体即可。

6. 记背台词

熟悉台词，开始背诵。

7. 排练前准备

逐步准备服装、道具，着手搜集、制作音乐（音效）和背景，有基本的灯光设计构想。

三、戏剧排练

1. 人员分工

- 再次确定（调整）演员名单。
- 初步确定工作人员，主要包括音响、灯光、视频、道具（大道具、小道具）、服装、化妆、场务等专职人员。其中，尽量安排视力较好的同学担任音响和视频工作，尽量由教师本人担任灯光工作。

这里需要提示的是，人员明确之后就尽量不要再更改，以免出现混乱；同时，如果人手充足的话尽量不要让演员再分担别的任务,以免分心。当然,在无法保证充足人手的前提下,倾向于安排经验比较丰富的或者戏份相对较轻的视障儿童担任服装、道具、场务等工作。

- 分头开展工作,教师必须参与到所有环节的工作与指导中。

2. 初步排练

进行戏剧作品初步排练,完成戏剧作品的大致雏形。

- 首先要明确排练要求——专注、友善、安静,营造良好的排练氛围。
- 排练过程可以按照剧本顺序线性进行,也可以选择作品的关键性片段进行,还可以根据视障儿童情况(往往会出现缺席或其他无法保证排练的状况)错落组合排练内容,同时还要综合考虑到由于戏份较少而长时间没有轮到排练的儿童。
- 如果可能,排练过程要求全员出席。暂时没有排练任务的儿童必须全场关注排练进度,以了解作品全貌,并对场上人员形成支持。
- 可以在相对狭小的场地上进行,重点放在以下几个方面:设计人物的动作造型,确定大致的舞台走位,增强台词的表现力,关注人物间的呼应。
- 如果戏剧作品需要使用到大道具,则应该把大道具布置在场地中,或虚拟标志出相应的位置。
- 在排练过程中,悉心观察视障儿童存在的困难(往往较多集中在动作和行走方面),设法因地制宜地解决问题(后面有相应内容)。
- 有必要的话可以再次进行演员及剧本调整。

3. 深度排练

- 在之前的基础上,继续进行有重点的排练。一是前面排练过程中不尽如人意的环节;二是戏剧作品中的重点片段;三是戏剧作品中涉及人员较多、舞台调动较大的场面。
- 在这一轮排练过程中,对演员提出更高的要求。要求他们着眼于增加舞台的表现力、感染力,增强相互间的配合与呼应,关注环节间的过渡与衔接。
- 最晚在这个阶段,大道具必须到位,并且要求演员用上小道具(可以是替代品),随排练同步配上音效(音乐)。准备好收纳箱,协助场务发放和收纳各类演出用品。
- 随着排练进程的推进,教师要反复深入说戏,以帮助演职人员更好地把握人物特征、理解作品主题;演员间也要反复沟通、交流,以建立默契、形成合力。

4. 搜集演出舞台信息

在排练进行的同时,要尽早通过网站查询舞台资料,向演出组织方询问舞台具体信息。如果有可能的话，教师应该亲自去剧场（场地）进行考察。要想方设法明确以下信息：

- 舞台大小：舞台宽度和深度的具体数据——特别是有效演出空间的宽度和深度。
- 幕布：有几道幕，以及具体开合情况。
- 背景（天幕）：可否投影。
- 舞台地面材质及颜色：以明确诸多舞台行动的处理，并以此确定舞台贴的颜色（高对比度）。
- 灯光类型：舞台灯的位置（考虑是否避免直射光源，以减缓视障儿童的不适感）；除常规舞台光之外，重点关注有无定点光、追光及电脑灯。
- 音响：是否有天麦地麦，如果没有的话则尤其要关注可以提供的耳麦及手持等话筒的数量，以确定演出（话筒传递）方案；教师事先要对话筒进行编号（虚拟），并让演员明确各自编号情况。
- 位置：调音台、音控台、视频播放台的位置及相互间的距离，询问音乐和视频的介质（光盘/U 盘）及格式，询问音控和视频播放是否合在一起。
- 有否走台：是否安排走台时间，能否提前适应场地，能否制作舞台效果。
- 其他：包括后台情况、穿台通道、化妆间安排（甚至卫生间位置）、道具进出剧场的路线等方面。如果涉及自备餐饮的话还应留心剧场周边的快餐店、便利店等店铺信息。

5. 联排

- 根据演出舞台的大小等规划出排练场地（可以选择室内体育馆或室外区域），根据场地明确行动路线，帮助视障儿童建立对舞台的动作记忆。
- 所有演职员人就位，进行完整排练，排练过程要记得让儿童始终从上下台口上场表演，要记得排练谢幕环节。
- 继续打磨戏剧作品，重点关注儿童的表演，关注整出戏的效果。
- 道具、音响、视频必须全部到位，并配合演出。在联排过程中，专职音响人员在没有教师提示的情况下自主播放；准备手提电脑，让负责视频的儿童同步切换背景。
- 在耳麦传递方面的一点经验：由于一般演出或比赛往往只提供 8 个耳麦，这对我们来说往往是不够的（我们有一出作品，其中有 23 位儿童需要耳麦），我们需要有效地分配好这有限的 8 个耳麦。所以在排练前，需要根据演出进程，结合角色上下场、服装更换、穿台等具体情形，制定传递方案。在排练时，尽量选择用夹子（头戴式耳机）代替耳麦，让视障儿童根据教师设计的传递方案，用实物传递的方式练习"耳麦"的交接。这既能帮助他们清楚地记住各自的"上家"和"下家",也能帮助他们建立记忆,形成反射,效果非常好。

- 整体小结。演职人员反思出现的问题,及时进行调整。

6. 带妆彩排

- 为演员的服装袋进行编号,以便于区分和认领。要求所有演员把所有演出服装(尤其是一个演员扮演多个角色所涉及的多套服装)及小道具放到各自的服装袋里。
- 如果有演员要更换多套服装,首先要保证更换时间不能影响演出进程(该上场了服装还没换好),其次要留心服装更换时对耳麦的影响,作好应对方案,进行反复练习。
- 在上下场口安排人员(可以由道具、服装、场务承担),负责服装、道具的递接工作。
- 除灯光之外(由教师口头描述虚拟进行),所有一切均按照正式演出要求进行。
- 关注各个"部门"间的配合,对于出现的问题,要反复演练,直到解决。
- 对演出进行最后的微调。

7. 各项物品清点

- 准备多本剧本(台本),有必要的话提供给灯光、音响、视频等专职人员(尤其是外面的工作人员)一份。
- 演出服装分别放在演员各自的随身服装袋中,全程以个人保管为主。
- 检查大道具情况,安排大道具负责人员。
- 把小道具、演出光盘(U盘,建议两种格式及介质各准备一份)放在一个收纳箱中;把各种宽度和颜色的舞台贴、记号笔等物品放在另一个收纳箱里;分别在收纳箱上贴上醒目的标签(剧目名+用途:如"生命之光 道具")。如果物品较少,也可以放在同一个收纳箱里。安排专职负责人员。特别留心个别无法放入收纳箱却又不起眼的小道具,如竹竿、招贴、拐杖等,安排固定人员负责,以免遗漏。
- 适当准备瓶装水(如果主办方不提供的话),条件允许则可以到达剧院后现场购买。

8. 其他

- 务必要和参与儿童所在班级的班主任及任课老师及时沟通,作好请假、补习等安排。
- 如果涉及住宿问题,请和宿舍老师作好沟通,并在相关领导的支持下,作出妥善安排。

- 查清演出剧院(场地)到学校及各位儿童家庭的路线,以保证儿童演出结束后顺利返回。
- 要求儿童必须告知家长当日安排。
- 鼓励儿童邀请亲友和老师、同学去观看演出(如果主办方允许的话)。

四、舞台表演

1. 出发前准备工作

- 出发前,向全体成员宣讲演出具体流程;进行剧场礼仪及其他规范教育;不建议演职人员随身携带贵重物品。
- 再次检查道具、收纳箱、化妆包、服装袋、瓶装水等物品的准备情况。

2. 演出前准备工作

- 比约定时间略早到达剧场(演出场地),了解诸如化妆间分配、走台时间、演出(比赛)顺序等各项具体安排,向专职人员上交音效(音乐)素材、视频素材。
- 安排妥当之后,抓紧时间帮助视障儿童熟悉舞台。重点带领他们了解舞台上下台口环境,了解舞台的几道幕布位置(如果可以走台的话,这两项可以结合在走台过程中),重点了解穿台路线,重点提示舞台周围线缆、布景、各种设施、其他剧组的道具等可能存在的危险。通过语言描述、导盲随行、沿物独行、用剩余视力观察、触摸等各种方式,帮助视障儿童建立心理地图,适应演出环境。要记得告知儿童,在演出过程中后台及穿台通道可能会是一片漆黑,也可能会有微弱的场灯,帮助大家作好应对。
- 如果不安排走台,则利用其他剧组的演出时间,带领儿童在侧台观察,迅速选择台口灯光、观众席(摄像机或某个特殊装置)、天幕上的背景LOGO、舞台上已有的舞台贴等作为标记,帮助有剩余视力的视障儿童实现视觉定位,结合之前排练过程中形成的动作记忆,共同作用,以保证演出的顺利进行。
- 如果有走台安排,则必须高效紧凑地完成以下工作。
  - ✓ 标记舞台:教师用与舞台地面颜色形成高对比度的舞台贴(一般以白、黄为宜),在舞台中心位置贴上十字贴、在台口贴上T字贴;对于相应演员的站位,有必要的话可以贴上不同(颜色、大小、形状)的舞台贴;在大道具的具体位置,也要贴上不同的舞台贴。如果有条件的话,舞台贴可以使用荧光材料。全部完成之后,让所有演职人员分别确认,并在之后的走台过程中进行检验和调整。
  - ✓ 确定站位:让演员找到演出过程中的舞台位置;然后,让大家根据上场情况,分别从上下台口走到该位置;教师注意纠偏纠差。

✓ 确定控制台位置：专职人员了解视频、音频、灯光控制台的位置及行走路线，掌握控制台及周围的复杂环境。

✓ 对光：根据演出效果需求，完成灯光设计与编程。尤其要对定点光的位置、光圈大小、亮度等进行细致调整，对舞台光的亮度和角度进行设计。如果时间允许，则可以在完整的彩排过程中进行灯光调试；如果时间紧张，则主要选择需要灯光切换的演出环节进行调试。灯光调试的全过程中，都要时刻留心询问视障儿童的感受，防止造成严重不适（白化病、青光眼、白内障、黄斑变性等病症易对强光敏感，需要特别留心）。

✓ 音效（音乐）：音乐和彩排同步进行，注意音量以及渐响、减弱等需求设置。

✓ 视频：视频同步配合播放，留心有无延迟现象。视频及音乐均需全部进行尝试，以检验是否存在格式及声音、画质上的问题。

✓ 时间：注意控制走台时间，不要超时，不要影响其他剧组排练。

• 如果走台之后还有空余时间，则在休息时向所有演职人员说清接下来的具体安排，明确自由活动、集中、就餐、化妆及候场时间。

• 至少提早一小时就餐，如无须餐饮，则至少提早半小时完成更换演出服装及化妆等准备工作。

• 检视演员身上有没有携带手机或其他不合适的饰品，如果有的话统一交由教师保管；提醒所有人员把手机调至振动或者关机。

• 提早两个节目（主办方有特殊候场安排的除外）戴耳麦（有编号则按照排练时的编号顺序戴）；最后一次确认所有演出物品是否就位；共同打气，完成上台前的激励仪式；如果没有临场调整的话，一切按照之前彩排的安排进行——灯光、音响、视频播放人员前往控制台，场务（或负责老师）在上下台口，所有演员均在上下台口安安静静候场（禁止交谈）。

3. 正式演出

• 演出：全力投入，享受舞台，展现风采。

• 演出之后务必要谢幕，如果有可能，要记得表达对所有幕后人员的感谢。

4. 演出结束后整理工作

• 清点服装、道具、拿回光盘（U 盘）等物品，打包装箱，互相协助，带回学校。

5. 其他

• 记得用记号笔为每位儿童的瓶装水标上数字，以免混淆和浪费；在后台进餐时，注意保持卫生；演出结束后，记得收拾干净；离场前，记得组织儿童向相关人员道谢。

五、完结工作

1. 合理安排返程工作
- 如果有演出结束后自行回家的儿童,请尽量组织路线相近的几人同时行走,并务必要求每人在到家后发送平安消息。
- 如果返校时间是晚间,记得提醒所有儿童不要过于兴奋,以免影响其他同学休息。
- 如果涉及周末时间,务必事先请学校领导协调,安排好后续食宿问题,并对相应儿童作好行为教育。

2. 整理归还物品
- 回到学校后,再次清点服装、道具等物品——如有遗失,抓紧联络演出方。
- 所有物品从服装袋和收纳箱里拿出,放回指定位置(如时间过晚,则可安排在第二天)。

3. 总结与反思
- 请所有参与者从台前演出、幕后配合、活动参与等角度谈感受与发现。既要谈论自己,也要谈论印象深刻的同伴。
- 教师要对活动中的亮点和问题进行点评,对整个表演的得失进行总结;赞扬表现出色的儿童,指出存在不足的儿童——如果能够做到的话,应该尽量分别对每位儿童(包括专职人员)进行点评(这是演出之后每个人都非常期待的时刻,也是凝聚人心、培养自信的最好时机)——要记得以鼓励和表扬为主。如果不是特别大的问题,对于"不足之处"最好点到为止,以免打击士气、挫伤信心。

总之,小结的主要目的是为了帮助大家总结经验,引导大家弘扬先进精神,提醒大家发现问题,树立榜样,扬清激浊,保证之后的戏剧教育开展能获得更好氛围,取得更大进步。

4. 其他
- 如有演出照片或视频,记得发给每一位参与者。
- 如果因为演出影响课业,记得要代相关儿童向任课老师进行说明。

第五章　戏剧教育中的语言练习

中央戏剧学院教授、著名导演罗锦鳞曾在微博上发过一篇短文,对于语言作用及训练目标讲述得非常清楚。现部分引用如下。

"台词语言,在戏剧表演中是非常重要的环节。

……

语言是人类思想交流的工具,也是人物行动的重要组成部分。也有三个要素,即说什么,为什么说,怎么说。演员必须研究前两项,并寻找和处理怎么说的表现手段。在怎么说上必须运用台词的基本功和技巧,并可显示演员水平的高低。在怎么说的处理上,必须考虑到人物性格、人物关系、规定情境、矛盾冲突和剧场空间,更鲜明和清楚地表达人物台词的内容和台词的目的!创造有个性的人物语言!

曹禺要求演员的台词要做到:听得见、听得清、听得明白、听得好听……是非常重要的!

台词语言本身就是一门艺术,有基本功和技巧,从正音发声、吐字归音、唇皮嘴舌、呼吸停顿、节奏体裁、思想情感……都需要训练……不然的话,在舞台上台词就会有音无字、含混不清、无行动性、无目的性、少思想、无潜台词,仅仅是'背台词'的表演……"

罗教授这番话充分说明了语言之于戏剧的重要性。有别于生活中的用语,戏剧语言必须经由一定的训练,要能在短时间内,吸引观众的注意力,唤起观众的审美意识,激发观众的情感,直击观众的内心。

对视障儿童而言,虽然不至于有那么专业的要求,但口头语言对他们而言有更重要的价值——口头交流是他们和外界沟通的最主要渠道,是他们表达自我、展示自我的重要途径。因此,在我们的戏剧教育活动中,语言训练一直是非常重要的一个环节。我们积极尝试多种方法,发挥视障儿童语言上的优势,引导他们以语言表述的准确、清晰、生动、得体为目标,帮助他们努力提高自身的表达水平。

本章将会花比较多的篇幅整理语言语音的各种知识点,并介绍对视障儿童的训练方式。我们对视障儿童的各项训练,主要是遵循让视障儿童可感知、可控制、可自我反馈的原则,既借鉴调整了许多常用的练习技巧,也设计开发了许多有针对性的活动。

第一节 呼吸与发声练习

一、口腔放松练习

（一）舌部练习

1. 伸舌头

具体方法:舌头先伸出口腔(伸出过程中可以碰到上唇),然后再缩回去。可以由慢到快,有节奏地进行伸缩,并同时自然地发出"嘟嘟嘟……"的声音。

2. 顶腮帮

具体方法:舌头在口腔中进行左右运动。依次顶起左边和右边的腮帮(把手放在腮两侧,可以清晰地感受到舌头)。练习一段时间后,转移速度可以逐渐加快。

3. 舔牙齿

具体方法:用舌头依次舔上下牙齿的表面。舌头在口腔中 360 度转动,由左至右(或由右至左)、由上至下(或由下至上)依次舔过每颗牙齿,顺时针或逆时针进行运动。

4. 刮舌头

具体方法:舌尖抵下齿背,舌中用力,用上齿依次刮舌尖和舌面。

（二）唇部练习

1. "嘟"嘴唇

具体方法:嘴唇闭紧,用气流冲击嘴唇使之自然颤动,发出持续的"嘟——"声。同时可以增加诸如开摩托车、汽车等场景,以增加练习的趣味性。

2. "嗼"嘴唇

具体方法:嘴唇闭紧(注意是闭唇,不要撮唇,不要撅起嘴唇),快速用力地打开嘴唇,同时发出类似于"嗼——"的声音。可以由慢到快,有节奏地进行嘴唇开合。

（三）喉部练习

气泡音

具体方法：从高到低发"啊"音，当发音到最低音区时，就会听到如一串气泡冒出来的声音（类似漱口时含着一口水仰头发出"咕嘟咕嘟"的声音）。随着气息的调节，可以有意识地控制气泡的大小和疏密。练习气泡音，可以缓解疲劳，放松嗓子。

二、口腔控制练习

口腔不仅是咬字器官，也是专业用声的主要共鸣器官。口腔控制关系到吐字的清晰度、力度，也关系到声音的质量。

（一）唇部练习

1. u 到 i

具体方法：嘴唇聚拢，发出"u"声，持续一段时间；随后，在保持稳定的状态下，仅通过改变唇部位置，使唇部努力向两边展开，发出"i"声，持续一段时间；再转为"u"声……依此循环往复。

2. ü 到 i

具体方法：嘴唇撮起，发出"ü"声，感觉似乎是在控制一匹马，持续一段时间；随后，在保持稳定的状态下，仅通过改变唇部位置，使唇部努力向两边展开，发出"i"声，持续一段时间；再转为"ü"声……依此循环往复。

3. 吹蜡烛

具体方法：在面前与鼻子同高位置处点一根蜡烛。先双唇紧闭，阻住气流；再突然打开双唇，同时爆发出"p"音，观察是否吹灭蜡烛。

为增加趣味性，可以通过改变蜡烛与人的距离，或者增加蜡烛的数量，在几位儿童之间开展竞赛活动。

如果没有蜡烛，也可以把手放在嘴前，感知嘴部喷出的气流强弱。

4. 放"爆竹"

具体方法：模仿爆竹的声音，嘴里分别发出"噼里啪啦"的声音，由慢到快。

5. 窸窣声

具体方法：嘴里发"窸呖窣啰"的声音，注意口型到位，由慢到快。

6. 绕口令

- 八百标兵奔北坡，炮兵并排北边跑。
  炮兵怕把标兵碰，标兵怕碰炮兵炮。
- 白庙外有白猫，白庙里有白帽。
  白猫叼起白帽，白帽套上白猫。

- 白石塔,白石搭,
  白石搭白塔,白塔白石搭,
  搭了白石塔,白塔白又大。
- 吃葡萄不吐葡萄皮,不吃葡萄倒吐葡萄皮。

(二) 舌部练习

1. 弹舌头

具体方法:卷起舌头,用舌尖轻抵口腔上部(位置可以从上齿一直向内到上颚,体验不同的感觉),轻弹舌头,同时发出"嘚嘚嘚嘚"声。

2. 打"机枪"

具体方法:模仿打机枪的动作,同时嘴里用短促的声音发"DADADA——"的声效。

3. 下"蛋"

具体方法:两手叉腰,晃动身体,嘴里模仿母鸡下蛋的声音,发"GGGGG——DA"的声音。

4. 绕口令

- 谭家谭老汉,卖蛋穿新衫。
  挑蛋到蛋摊,卖了半担蛋,
  挑蛋到炭摊,买了半担炭。
  老汉往家赶,脚下绊一绊,
  跌了谭老汉,破了半担蛋,
  翻了半担炭,脏了新衣衫。
- 六十六岁刘老六,修了六十六座走马楼,楼上摆了六十六瓶苏合油,门前栽了六十六棵垂杨柳,柳上拴了六十六个大马猴。

忽然一阵狂风起,吹倒了六十六座走马楼,打翻了六十六瓶苏合油,压倒了六十六棵垂杨柳,吓跑了六十六个大马猴,气死了六十六岁刘老六。

(三) 口腔打开练习

1. 打哈欠

具体方法:模仿打哈欠时的口腔动作(注意观察视障儿童的肩部和胸部,防止他们出现抬肩、挺胸动作),体会口腔前后部都打开时的感觉。

2. 青蛙吃蛋糕

具体方法:嘴里说"青蛙吃蛋糕"这一短语,说到"蛙"和"蛋"两个字时,语速放慢,口型夸张,音量提高,声音延长。另外三个字可以以正常方式说,也可以在心里默念,不发出声音。

3. 吓一跳

具体方法:似乎被突然吓了一跳,猛地张开嘴,吸气,自然而然地发出"啊——"的声音。

4. 嚼一嚼

具体方法:给视障儿童吃牛肉干、猪肉脯,或者芒果干之类富含纤维的食物。要求他们微微张口,只能用后面牙齿咀嚼,不能使用门牙,以此进行打牙关练习。

5. 绕口令

- 老方扛着黄幌子,
  老黄扛着方幌子。
  老方要拿老黄的方幌子,
  老黄要拿老方的黄幌子。
  不知是方幌子碰破了黄幌子,
  还是黄幌子碰破了方幌子。

- 蓝海湾,海湾蓝,
  蓝海湾里飘白帆。
  风吹帆,帆儿弯,
  风吹船帆船向前。

- 高高山上有座庙,庙里住着两老道,
  一个年纪老,一个年纪少。
  庙前长着许多山草药,
  有时候老老道煎药,小老道采药;
  有时候小老道煎药,老老道采药。

三、呼吸与发声练习

"气者音之帅也",没有气息,声带就不能颤动发声。戏剧中的呼吸与平时生活中的呼吸有很大的不同。只有控制好气息,才能控制好声音。声音的强弱、高低、长短及共鸣状况,与呼出气息的速度、流量、压力大小都有直接关系。气流的变化关系到声音的响亮度、清晰度、音色的优美圆润、嗓音的持久性。因此,气息控制训练是学习发声的重要步骤。

同时,声音效果如何,还和声带、共鸣有着直接关系。在此,我们不多进行理论研究分析,而是用具体游戏练习等活动方式展示我们的训练过程。

(一) 呼吸练习

1. 躺着呼吸

具体方法：在地上铺上垫子（有条件的话给每位儿童一张瑜伽垫）。让儿童静静地仰卧，双手轻轻地放在腹部，身心放松，缓慢自由地呼吸。借助双手的帮助，感受呼吸时的起伏，体会此时的呼吸状态。同时也可以播放舒缓的音乐进行辅助。

2. 坐着呼吸

具体方法：坐在椅子上，上身贴住椅背。控制肩部和胸部，保持静止，深深吸气，似乎是沿着背将气吸入，感受腹部在渐渐鼓起；保持一段时间后，把气体吐出，腹部慢慢缩小。

(二) 吸气练习

1. 打哈欠

具体方法：直立，背部挺直，双脚与肩同宽站立（也可以让视障儿童靠墙或者靠门站立）。模仿平时打哈欠那样，动作更夸张、更持久，长长深深地吸一口气。注意力放在打开的两肋上（千万留心，视障儿童容易同时做抬肩、挺胸等附加动作，要及时指出纠正），感受肋骨往两边扩张和收缩的变化。可以把手放在小腹部，也可以两手叉腰，体会气息的运行。

2. 吹气球

具体方法：直立，背部挺直，双手轻轻放在腹部，双脚与肩同宽站立。把肚子想象成一个气球（多数视障儿童在生活中有过吹气球的经验，如果没有的话也可以提供气球让他们体验），慢慢吸入气体把"气球"吹大，保持一段时间，再缓慢吐出。

为了提高这个练习的趣味性，也可以适当调整为两人形式。

具体方法：面对面站立，每位视障儿童把一只手（可以指定为左手或右手）放在自己腹部，同时把另一只手放在对方腹部。调整呼吸直到同步，通过手的触觉同时感知自己和对方"气球"的变化。

3. 闻花香

具体方法：想象手中正拿着一株小花，小花散发着若有若无的芳香，需要静静地、深深地吸气才能闻到。让视障儿童体会从鼻腔直接吸气到腹腔的感觉。

也可以在空气中略微喷些香水（有条件的话，可以用如茉莉花、桂花等不同花香），让视障儿童去闻（分辨）。

4. 遇熟人

具体方法：想象在熙熙攘攘的人群中（或在陌生的地方），突然间看到多年未见的老朋友，心中充满了讶异和惊喜。在伸手打招呼前的一瞬间，自然而然地张开嘴，猛吸入一口气。

在练习过程中,教师积极设立情境,帮助视障儿童体验开口说话前的吸气状态,并反复进行练习揣摩。同时,还可以根据具体情形指导视障儿童扬起眉毛、睁大眼睛、咧嘴微笑,体会喜悦的状态,从而更好地配合完成练习,并为之后的表演作准备。

类似的练习方式还有"吸冷气"。练习目的相似,具体区别在于教师所设置的情境迥然不同(此种为惊悚或恐惧等),对视障儿童的神情指导也不相同(略微抬起眉毛,瞪大眼睛,嘴微微张开如发"o"音)。

5. 抽泣

具体方法:模仿人们痛苦难过哭不出声音时的抽泣状态。一边用鼻子和嘴往里吸气,同时一边让腹部产生明显的抖动(在整个过程中,注意引导视障儿童控制住肩部和胸部的动作)。

6. 搬"石头"

具体方法:选择较重的桌椅(在保证安全的前提下也可以选择体重最重的视障儿童;如果在室外的话也可以选择大树、健身设施等固定物体),把它想象为大石头,让视障儿童用力去搬起。引导视障儿童留意整个过程中吸气和憋气的感觉和身体状态。

7. 闻臭气

具体方法:在正常呼吸过程中,突然闻到了一阵臭气(教师可以把事先准备好的有异味的物体拿出来),必须连忙屏住呼吸,等臭气消失再恢复正常呼吸。引导视障儿童留意憋气时的感觉和身体状态。

也可以通过竞赛的方式,看哪位视障儿童憋气时间最长(时间长短不是最终目的,要防止为了憋气而出现紧喉等僵硬状态,要引导他们始终保持自然和松弛)。

(三) 呼气练习

1. "漏"气

具体方法:吸足气,想象自己是被放气的车胎(气球、煤气罐),嘴里发出"嘶——"的音,让气息平稳缓慢地"漏"出。整个过程中,也可以让视障儿童把手放在嘴前,以获得更好的感知。

练习一段时间后,也可以让视障儿童拿薄薄的餐巾纸放在嘴前,一边发"嘶——"音,一边观察纸巾的变化(有剩余视力的儿童用剩余视力观察,全盲儿童则通过手部肌肉及其他感官判断纸巾是否有起伏),从而判断气流的吐出是不是均匀稳定。

可以组成小组,五六个人围成一圈,比比哪个持续的时间最长。

2. 吹灰尘

具体方法:想象面前的物体上落满了灰尘,要轻轻地吹去。吹的过程要轻柔、有控制,不能让灰尘四散。

在吹的过程中,可以通过教师引导,给视障儿童以不同物体大小的提示。可以从小到大,逐渐扩大物体面积,从书上的灰尘,到窗台上的灰尘,到电脑屏幕上的灰尘,到桌子上的灰尘等,帮助他们体验气息的调整与分配,并树立起初步的空间意识。整个过程中可以借助想象元素,也可以运用具体实物。

3. 吹蒲公英

具体方法:假装手中拿着一朵蒲公英,用各种方式(急促地呼气或者长长地呼气等)把它的种子吹高吹远。

4. 哈热气

具体方法:假装在寒冷的天气里,用嘴里哈出的热气为双手取暖。

也可以两人面对面站立,双手握在一起,手在双方的嘴前移动,由两人依次轮流对着手哈热气。

5. 叹气

具体方法:以叹气的方式把气呼出,不用发出任何语音,用这种方式体会喉部放松的感觉。

(四) 发声练习

1. 小狗喘气

具体方法:模仿小狗伸出舌头喘气的方式。微微张嘴,朝前吐气,连续发出"呵呵呵呵……"的声音(尽量一口气完成),并留心感受腹部(膈肌)有规律的颤动(也可以把手放在腹部配合感知),注意观察视障儿童胸部是否有较大起伏。刚开始的时候,发的"呵"音次数不要太多,声音可以持续一定时间,"呵"与"呵"之间的间隔可以略长。随着训练的深入,根据视障儿童的情况逐渐增加次数,缩短音长,增加频率。

在练习过程中,开始可以以个人单独练习为主,掌握一定技巧之后,可以集体按照一定的节奏和频率共同练习。

2. 假笑

具体方法:面部不做表情,在喉部发出干硬的"哈哈"笑声。在一口气中完成数次"笑",并留心感受腹部(膈肌)有规律的颤动(也可以把手放在腹部配合感知)。"笑"的次数由少及多,频率由慢而快。

在练习过程中,可以设定情境(比如坏蛋人设),让视障儿童在角色及与同伴的互动中笑,以增加练习的趣味性。

3. 拉"警报"

具体方法：模仿救护车（警车、消防车）的声音变化，发出"咦——"的声音。要求在声音连续不间断的前提下，在音高、音长、音色、节奏等方面都作出变化，转换圆润流畅，一口气完成。

4. 唱"大戏"

具体方法：总体要求与"拉警报"要求一致，不同的是模仿对象改为戏曲演员。要求像戏曲演员练声（吊高音）或者在舞台上唱戏一样，发出抑扬顿挫的"啊——"的声音。同样一口气完成，声音在转换过程中不能断。

5. 劳动号子

具体方法：选择一位视障儿童领喊——"嘿哟嘿哟"（也可以加入其他富有鼓动力的语句，如"同学们呀，嘿哟嘿哟；一起来啊，嘿哟嘿哟……"），其他儿童一起附和"嘿哟嘿哟"。整个感觉像是在从事一场集体劳作，要充满热情，充满干劲。

整个过程中，可以制造出各种节奏变化。

练习也可以和表演结合起来，让大家配合声音，独自或数人合作，模拟各种场景，做出各种动作。

6. "哼""哈"二将

具体方法：直立，背部挺直，双脚与肩同宽站立，双手叉腰。首先吸一口气，猛地吐出，同时发出"哈"音。气要顺畅，音要透彻，声要响亮，直接从丹田出，不要从喉部或胸部出（注意在整个过程中，提醒视障儿童保持肩部和胸部不动）。整个感觉像是武侠片中出拳时的声音。

在完成"哈"的练习之后，再练习新的声音"哼"。站立方法及姿势同上。吸一口气，让气息从鼻腔里冲出，同时发出"哼"音。同样，气要顺畅，音要透彻，声要响亮，直接从丹田出，不要从喉部或胸部出（注意整个过程中，提醒视障儿童保持肩部和胸部不动）。

练习完成后，可以"哼""哈""哼""哈"交替进行。

用这种方式进行集体练习的话，气势将会非常大。往往还可以增加动作，以加强整体感。如在发"哈"音之前先踮起脚尖，双手平放胸前，手掌朝下；发出"哈"音时，脚部落下，双手同时用力下压到腰部——感觉似乎把气息从丹田中压出来。而在发"哼"音时，则可以踮起脚尖，双手手掌朝上，从腰部用力抬到胸部——感觉似乎把气息赶到鼻腔中迸发出来。

两个动作连贯起来，进行反复练习。这种练习，也可以成为戏剧教育活动中的热身方式。

（五）配合练习

吸与呼

具体内容：吸与呼的配合有多种方式，每种方式都可以配有多种场景（也可以采用上述的多种方式），以帮助视障儿童更好地理解和完成。

- 慢吸慢呼：慢慢地、深深地把气吸入腹部，再匀速而缓慢地把气体呼出。
- 慢吸快呼：慢慢地、深深地把气吸入腹部，猛地一下子全部呼出。
- 快吸慢呼：口鼻并用，迅速吸入尽可能多的气体，再匀速而缓慢地把气体呼出。
- 快吸快呼：口鼻并用，迅速吸入尽可能多的气体，猛地一下子全部呼出。

反复练习，为之后的台词表演和情绪表达作好准备。

（六）绕口令练习

1. 数枣

说出东门，过大桥，大桥下面一树枣，拿着竹竿去打枣，青的多红的少，一颗枣、两颗枣、三颗枣、四颗枣、五颗枣、六颗枣、七颗枣、八颗枣、九颗枣、十颗枣、十颗枣、九颗枣、八颗枣、七颗枣、六颗枣、五颗枣、四颗枣、三颗枣、两颗枣、一颗枣……（循环往复，看能数几遍）

具体要求：一口气数完，发音要清晰。

2. 数葫芦

金葫芦，银葫芦，一口气数不完 N（视具体情况改为合适的数字，如"二十"）个葫芦。一个葫芦，两个葫芦，三个葫芦……（数到规定的数字为止）

具体要求：一口气数完，发音要清晰。

3. 数青蛙

一只青蛙一张嘴，两个眼睛四条腿，"噗通"一声跳下水；两只青蛙两张嘴，四个眼睛八条腿，"噗通""噗通"跳下水；三只青蛙三张嘴，六个眼睛十二条腿，"噗通""噗通""噗通"跳下水……（以此类推数下去）

具体要求：一口气数完，发音要清晰。

呼吸与发声的练习方式非常多，这里就不一一列举了。另外，在气息的运用过程中，还有非常重要的换气技巧。比如，换气多是在语音停顿时进行，一般说来，句中有语意停顿的地方都可以换气。在句、逗处可以大口换气，吸入的气要充足；在语法和逻辑停顿处，可根据需要决定是否换气，即使换也是小口换气——用鼻子或嘴迅速吸进一小口气，或者吐完前一个字时不易察觉地带回一点气。需要注意的是，无论哪一种换气方法都必须不露痕迹，做到字断气不断，意连气也连。再如，在换气时既可以短时无声地吸气(偷气);也可以不顾及有无声去吸气(抢气);还可以在停顿时,不真的吸气,而是调动体内的余气来支持(就气)等。

这些需要结合以后的语言练习来帮助视障儿童慢慢获得体验。在现阶段,让他们对此有个初步的认识就可以了。

第二节 语音练习

一、语音知识

(一) 音节和音素

音节,是语音的基本单位,是从听觉上可以分辨出的语音片断。音节有声母、韵母、声调三部分组成。一个汉字的读音就是一个音节(儿化音除外,如"今儿")。

音素,是从音节中分析出来的最小语音单位。一个音节可以由一个或几个音素构成。语音分析到音素就不能再细分了。

(二) 元音和辅音

音素可以分为元音和辅音两大类。

元音:发音时,气流在口腔不受阻碍而发出的音。

辅音:发音时,气流在口腔和咽头受到阻碍而发出的音。

元音的发音要比辅音响亮。

汉语拼音系统一般不说元音、辅音,只说声韵、韵母。

(三) 声母、韵母和声调

汉语音节由声母、韵母和声调三部分组成。

声母,汉语音节开头的辅音。普通话有 21 个声母:b、p、m、f、d、t、n、l、g、k、h、j、q、x、z、c、s、zh、ch、sh、r,此外还有零声母(没有声母或声母不发音,如 an、uei、üan 等)。

韵母,汉语音节中声母后面的部分。普通话的韵母共有 39 个,包括单韵母 a、o、e、i、u、ü 等,复韵母 ai、ei、ui、ao、ou、iu 等和鼻韵母 an、en、in 等。韵母分为韵头、韵腹和韵尾三部分。一个韵母,可以没有韵头、韵尾,但不能没有韵腹。

声调,是汉语音节的音高变化,包括阴平、阳平、上声、去声、轻声等五种。许多方言中存在入声等声调。

（四）字头、字腹和字尾

一个音节的发音过程可分为字头、字腹、字尾三个阶段。

字头：是发音的起始阶段，它包括声母和介音（韵头）两个音素部分。

字腹：是发音的中间阶段，即韵腹，指的是韵母中的主要元音。

字尾：是发音的收结阶段，即韵尾，一般由韵母末尾的元音，或者由韵尾的鼻辅音 n 和 ng 充当。

（五）吐字归音

吐字归音，是传统戏曲中的一种发音方法，它将一个音节的发音过程分为"出字""立字""归音"三阶段。

出字：是对字头的处理。字头的发音对于整个字音的清晰响亮起着关键作用。出字要求唇形正确，部位准确，弹发干净有力。

立字：是指韵腹的发音过程。字腹和声调一起构成抑扬顿挫。与头尾的发音相比，韵腹的发音过程最长，发音共鸣最丰满，声音开口度最大最响亮。

归音：是对韵尾的处理。语言中感情色彩的变化与延伸，多体现在韵尾上。归音要求到位恰当，干净利索。归音时口腔由开到闭，肌肉由紧渐松，声音由强到弱，韵尾要弱收到位。

（六）练习：四声歌

《四声歌》涵盖了基本的语音知识，可以让儿童牢记。

学好声韵辨四声，阴阳上去要分明。部位方法需找准，开齐合撮属口形。
双唇班报必百波，舌尖当地斗点丁。舌根高狗工耕故，舌面积结教坚精。
翘舌主争真志照，平舌资则早在增。擦音发翻飞分复，送气查柴产彻称。
合口呼午枯胡古，开口河波歌安争。嘴撮虚学寻徐刷，齐齿衣优摇业英。
前鼻恩因烟弯稳，后鼻昂迎中拥生。咬紧字头归字尾，不难达到纯和清。

二、声母

（一）声母的分类

按发音部位，声母可分为七类：双唇音、唇齿音、舌尖前音、舌尖中音、舌尖后音、舌面音、舌根音；按发音方法，声母可分为五类：塞音、擦音、塞擦音、鼻音、边音；按发音时声带是否振动，又分为清音和浊音；按所需气流的强弱，又分为送气音和不送气音。

声母的具体分类情况可见下表。

发音方法		双唇音	唇齿音	舌尖前音	舌尖中音	舌尖后音	舌面音	舌根音
塞音	不送气清音	b			d			g
	送气清音	p			t			k
塞擦音	不送气清音			z		zh	j	
	送气清音			c		ch	q	
擦音	清音		f	s		sh	x	h
	浊音					r		
鼻音	浊音	m			n			ng
边音	浊音				l			

（二）声母难点练习

1. 平翘舌音

• 对比练习

z	zh	c	ch	s	sh
自愿	志愿	鱼刺	鱼翅	私人	诗人
资源	支援	粗布	初步	近似	近视
造就	照旧	新村	新春	搜集	收集
自动	制动	从来	重来	桑叶	商业
阻力	主力	木材	木柴	申诉	申述
栽花	摘花	残品	产品	五岁	午睡
姿势	知识	八层	八成	肃立	竖立
物资	物质	乱草	乱炒	私欲	食欲
糟了	招了	操场	超常	散心	善心
宗旨	中止	粗气	出气	丧气	上期
增订	征订	粗浅	出钱	森林	深林
早稻	找到	推辞	推迟	撕单	十单
仿造	仿照	餐盒	掺和	笋尖	瞬间

- 绕口令
  - ☑ 四是四,十是十,
    十四是十四,四十是四十,
    不要把十四说成四十,也不要把四十说成十四。
  - ☑ 要想说对四和十,得靠舌头和牙齿,
    要想说对四,舌头碰牙齿;要想说对十,舌头别伸直。
    要想说对常练习,十四、四十、四十四。
  - ☑ 石狮寺前有四十四个石狮子,寺前树上结了四十四个涩柿子,
    四十四个石狮子不吃四十四个涩柿子,四十四个涩柿子不知四十四个石狮子。
  - ☑ 我说四个石狮子,你说十个纸狮子。
    石狮子是死狮子,四个石狮子不能撕;
    纸狮子也是死狮子,十个纸狮子不能嘶。狮子嘶,撕狮子;死狮子,狮子尸。
    要想说清这几个字,读准四、十、石、死、嘶。
  - ☑ 早招租,晚招租,总找周邹郑曾朱。
  - ☑ 孙三娘在山上放三只山羊。
    三只山羊翻山梁。
    孙三娘,翻山梁,找山羊,
    在山寺前的杉树旁,
    总算找到三只羊。

2. 鼻音 n 和边音 l 的分辨
- 对比练习

n	l
年代	连带
大娘	大梁
男女	褴褛
挠头	牢头
脑子	老子
三年	三联
男子	篮子
女客	旅客

- 绕口令
  ✓ 你用泥巴糊篱笆，
    我用篱笆围泥巴。
    我为你围了一圈篱笆泥，
    你帮我全都糊成泥篱笆。
  ✓ 牛牛要吃河边柳，
    妞妞扭牛牛不走，
    妞妞扭牛牛更拗。
    牛牛要顶小妞妞，
    妞妞捡起小石头，
    吓得牛牛扭头走。
  ✓ 老龙恼怒闹老农，老农恼怒闹老龙。
    农怒龙恼农更怒，龙恼农怒龙怕农。
  ✓ 牛郎恋刘娘，刘娘念牛郎。
    牛郎连连恋刘娘，刘娘连连恋牛郎。
    牛郎年年念刘娘，刘娘年年念牛郎。
    郎恋娘来娘恋郎，念娘恋郎念郎恋娘。
    牛恋刘来刘恋牛，牛念刘来刘念牛。
    娘恋郎来郎恋娘，郎念娘来娘念郎。
  ✓ 新郎和新娘，柳林里面来乘凉。
    新娘问新郎，你是下湖去挖泥，还是下田去扶犁？
    新郎问新娘，你是柳下把书念，还是下湖去采莲？
    新娘新郎商量定，我采莲，你挖泥；我拉牛，你扶犁。

3. 唇齿音 f 和舌根音 h
- 对比练习

发挥 fā huī	发火 fā huǒ	发话 fā huà
发黄 fā huáng	反悔 fǎn huǐ	返航 fǎn háng
繁花 fán huā	防滑 fáng huá	防患 fáng huàn
粉红 fěn hóng	丰厚 fēng hòu	富豪 fù háo
哈佛 hā fó	汉服 hàn fú	行风 háng fēng
后方 hòu fāng	洪福 hóng fú	画风 huà fēng
会费 huì fèi	混饭 hùn fàn	伙夫 huǒ fū

- 绕口令

- ✓ 粉红墙上画凤凰,凤凰画在粉红墙。
  红凤凰、粉凤凰,红粉凤凰、花凤凰。
  红凤凰,黄凤凰,红粉凤凰,粉红凤凰,花粉花凤凰。
- ✓ 黄飞芳扫灰灰乱飞,方芳飞扫灰乱飞灰。
  灰乱飞,乱飞灰,乱灰又飞一房灰。
- ✓ 黑化肥发灰,灰化肥发黑。
  黑化肥发灰会挥发,灰化肥挥发会发黑。
  黑化肥挥发发灰会花飞,灰化肥挥发发黑会飞花。

(三) 其他声母绕口令练习

1. b 音练习
- b-p:
- ✓ 补破皮褥子不如不补破皮褥子。
- ✓ 桌上放个盆,盆里放个瓶。
  乒乒乓乓,不知是盆碰瓶,还是瓶碰盆。
- ✓ 半盆冰棒半盆瓶,冰棒碰盆盆碰瓶。
  盆碰冰棒盆不怕,冰棒碰瓶瓶必崩。
- b-m:
- ✓ 白庙外蹲一只白猫,白庙里有一顶白帽。
  白庙外的白猫看见了白帽,叼着白庙里的白帽跑出了白庙。

2. d 音练习
- d:
- ✓ 会炖我的炖冻豆腐,来炖我的炖冻豆腐;
  不会炖我的炖冻豆腐,就别炖我的炖冻豆腐。
  要是混充会炖我的炖冻豆腐,炖坏了我的炖冻豆腐,
  那就吃不成我的炖冻豆腐。
- ✓ 大刀对单刀,单刀对大刀。
  大刀斗单刀,单刀夺大刀。
- d-t:
- ✓ 大兔子,大肚子,大肚子的大兔子,要咬大兔子的大肚子。
- ✓ 东洞庭,西洞庭,
  洞庭山上一条藤,
  藤条头上挂铜铃。
  风吹藤动铜铃鸣,

风停藤定铜铃静。
- 唐家唐老汉，
  挑担到蛋摊，买了半担蛋；
  挑蛋到炭摊，买了半担炭。
  满担是蛋炭，老汉忙回赶。
  回家炒蛋饭，进门跨门槛。
  脚下绊一绊，跌了唐老汉。
  破了半担蛋，翻了半担炭，脏了木门槛。
  老汉看一看，急的满头汗，连说怎么办，
  蛋炭完了蛋，老汉怎吃蛋炒饭？

3. g 音练习
- g-k：
- 哥挎瓜筐过宽沟，赶快过沟看怪狗。
  光看怪狗瓜筐扣，瓜滚筐空哥怪狗。

4. j、x 音练习
- j、q、x：
- 七巷一个漆匠，西巷一个锡匠。
  七巷漆匠用了西巷锡匠的锡，
  西巷锡匠拿了七巷漆匠的漆，
  七巷漆匠气西巷锡匠用了漆，
  西巷锡匠讥七巷漆匠拿了锡。

- z、c、s-j、x：
- 司机买雌鸡，仔细看雌鸡，
  四只小雌鸡，叽叽好欢喜，司机笑嘻嘻。

5. r 音练习
- r：
- 夏日无日日亦热，冬日有日日亦寒；
  春日日出天渐暖，晒衣晒被晒褥单；
  秋日天高复云淡，遥看红日迫西山。

- zh、sh、r：
- 天上有个日头，地下有块石头，嘴里有个舌头，手上五个手指头。
  不管是天上的热日头，地下的硬石头，嘴里的软舌头，手上的手指头，
  还是热日头，硬石头，软舌头，手指头，反正都是练舌头。

三、韵母

(一) 韵母的分类

普通话的韵母共有 39 个,按发音特点可分为开口、齐齿、合口、撮口呼;按结构特点又可分为单韵母、复韵母和鼻韵母。

常见韵母及发音情况见下表(阴影部分表示复韵母)。

	开口	齐齿	合口	撮口
单韵母		i	u	ü
	a	ia	ua	
	o		uo	
	e	ie		üe
复韵母	ai		uai	
	ei		uei	
	ao	iao		
	ou	iou		
鼻韵母	an	ian	uan	üan
	en	in	uen	ün
	ang	iang	uang	
	eng	ing	ueng	
			ong	iong
特殊韵母	er			

(二) 韵母难点练习

1. 韵母 an、ang

- an、ang 的对比练习

an	ang	ian	iang	uan	uang
扳手	帮手	先生	乡绅	船上	床上
女篮	女郎	显瘦	享受	传译	创意
反问	访问	铅球	强求	官名	光明
担心	当心	前戏	抢戏	款式	旷世
闪光	赏光	贱人	匠人	欢心	黄心

（续表）

an	ang	ian	iang	uan	uang
粘贴	张贴	尖刻	讲课	转门	撞门
干净	刚劲	廉吏	靓丽	栓子	双子
担当、反抗、繁忙、站长、傍晚、商贩、乡间		面相、坚强、念想、现象、乡间、两遍、象限		观光、钻床、短装、宽广、双关、撞断、装船	

- 绕口令
✓ 海水长,长长长,长长长消。
✓ 出前门,往正南,有个面铺面冲南,门口挂着蓝布棉门帘。
　摘了它的蓝布棉门帘,面铺面冲南,给他挂上蓝布棉门帘,面铺还是面冲南。
✓ 张康当段长,詹丹当厂长。
　张康帮助詹丹,詹丹帮助张康。
✓ 小光和小刚,抬着水桶上山岗。
　上山岗,歇歇凉,拿起竹竿玩打仗。
　乒乒乓,乒乒乓,打来打去砸了缸。
　小光怪小刚,小刚怪小光,小光小刚都怪竹竿和水缸。
✓ 杨家养了一只羊,蒋家修了一道墙。
　杨家的羊撞倒了蒋家的墙,蒋家的墙压死了杨家的羊。
　杨家要蒋家赔杨家的羊,蒋家要杨家赔蒋家的墙。
✓ 大帆船,小帆船,竖起桅杆撑起船。
　风吹帆,帆引船,帆船顺风转海湾
✓ 半边莲,莲半边,半边莲长在山涧边。
　半边天路过山涧边,发现这片半边莲。
　半边天拿来一把镰,割了半筐半边莲。
　半筐半边莲,送给边防连。
✓ 王庄卖筐,匡庄卖网。
　王庄卖筐不卖网,匡庄卖网不卖筐。
　你要买筐别去匡庄去王庄,你要买网别去王庄去匡庄。
✓ 那边划来一艘船,这边漂去一张床。
　船床河中互相撞,不知船撞床,还是床撞船。

2. 韵母 en、eng
- en、eng 的对比练习

en	eng
趁机	乘机
陈旧	成就
尘封	成风
同门	同盟
出身	出声
人参	人生
划分	画风
分针	风筝
震中	正中
本能　奔腾	纷争　神圣
成本　风尘	等人　征尘

- 绕口令
  ✓ 陈庄程庄都有城,陈庄城通程庄城。
    陈庄城和程庄城,两庄城墙都有门。
    陈庄城进程庄人,陈庄人进程庄城。
    请问陈程两庄城,两庄城门都进人,
    哪个城进陈庄人,程庄人进哪个城?
  ✓ 老彭捧着一个盆,路过老庞住的棚。
    老庞的棚碰了老彭的盆。
    盆碎棚倒盆撞棚,棚倒盆碎棚砸盆。
    老彭要赔老庞的棚,老庞要赔老彭的盆。
    老庞陪着老彭去买盆,老彭陪着老庞来修棚。
  ✓ 陈诚捧门门很沉,程晨捧盆盆盛粉。
    陈诚的门碰程晨的盆,盆里的粉被碰出了盆。
    碰出的粉,弄脏了门。
    程晨恨,陈诚哼:怪盆,怪粉,还是怪沉门?

3. 韵母 in、ing
- in、ing 的对比练习

in	ing
缤纷	冰封
民意	名义
您好	拧好
红心	红星
临时	零食
劲头	镜头
禁赛	竞赛
弹琴	谈情
亲近	清静
金星　品行　心境　新兴 精心　静音　灵敏　行进	

- 绕口令
✓ 小青和小琴，
  小琴手很勤，小青人很精，
  手勤人精，琴勤青精。
✓ 京剧叫京剧，警句叫警句。
  京剧不能叫警句，警句不能叫京剧。
✓ 天上七颗星，树上七只鹰，梁上七个钉，台上七盏灯。
  拿扇扇了灯，用手拔了钉，举枪打了鹰，乌云盖了星。
✓ 一平盆面，烙一平盆饼，盆平饼，饼平盆。

（三）其他韵母绕口令练习

1. 单元音韵母

- a：
✓ 门前有八匹大伊犁马，你爱拉哪匹马拉哪匹马。
✓ 从南边来了个喇嘛，提拉着五斤鳎犸。
  从北边来个哑巴，腰里别着个喇叭。
  提拉鳎犸的喇嘛，要拿鳎犸换别喇叭哑巴的喇叭；
  别喇叭的哑巴，不愿意拿喇叭换提拉鳎犸喇嘛的鳎犸。
  提拉鳎犸的喇嘛拿鳎犸打了别喇叭的哑巴一鳎犸，
  别喇叭的哑巴拿喇叭打了提拉鳎犸的喇嘛一喇叭。
  也不知提拉鳎犸的喇嘛拿鳎犸打坏了别喇叭哑巴的喇叭，

还是别喇叭的哑巴拿喇叭打坏了提拉鳎犸喇嘛的鳎犸。
提拉鳎犸的喇嘛炖鳎犸，别喇叭的哑巴吹喇叭。

- o：
  - ✓ 马大伯家老婆婆，今年年末八十多。
    背不驼，腿不跛，为晒太阳爬坡坡。
    爱吃菠萝、菠菜、胡萝卜，
    白天馍馍蘸芥末，晚上芥末夹饽饽。
    捧着笸簸一簸，簸出茶叶剩下末儿。
  - ✓ 张伯伯，李伯伯，饽饽铺里买饽饽，
    张伯伯买了个饽饽大，李伯伯买了个大饽饽。
    拿回家里喂婆婆，婆婆又去比饽饽，
    也不知是张伯伯买的饽饽大，还是李伯伯买的大饽饽。
- e：
  - ✓ 坡上立着一只鹅，坡下就是一条河。
    宽宽的河，肥肥的鹅。
    鹅要过河，河要渡鹅。
    不知是鹅过河，还是河渡鹅。
- e、o：
  - ✓ 我是我，鹅是鹅，
    我不是鹅，鹅不是我。
    鹅肚饿，我喂鹅，
    我爱鹅，鹅亲我。
  - ✓ 婆婆和嬷嬷，来到山坡坡，
    婆婆默默采小蘑，嬷嬷默默拔萝卜。
    婆婆拿了一个破箕簸，嬷嬷带了一个薄笸箩。
    婆婆采了半箕簸小蘑，嬷嬷拔了一笸箩大萝。
    婆婆采了蘑菇换饽饽，嬷嬷卖了萝卜买馍馍。
- i：
  - ✓ 老狄拉了一车梨，老李拉了一车栗。
    老狄人称大力狄，老李人称李大力。
    老狄拉梨做梨汁，老李拉栗去换梨。
  - ✓ 一二三，三二一，一二三四五六七。
    七个阿姨来摘果，七个花篮儿手中提。

七棵树上结七样儿,苹果、桃儿、石榴、柿子、李子、栗子、梨。
- u：
✓ 鼓上画只虎,破了拿布补。
　　不知布补鼓,还是布补虎。
✓ 山上五棵树,架上五壶醋,
　　林中五只鹿,箱里五条裤。
　　伐了山上树,搬下架上醋,
　　射死林中鹿,取出箱中裤。
- ü：
✓ 这天天下雨,
　　体育局穿绿雨衣的女小吕,去找穿绿运动衣的女老李。
　　穿绿雨衣的女小吕,没找到穿绿运动衣的女老李,
　　穿绿运动衣的女老李,也没见着穿绿雨衣的女小吕。
✓ 社里新开一条渠,弯弯曲曲上山去。
　　河水雨水渠里流,满山庄稼一片绿。
- i、ü：
✓ 红鲤鱼、绿鲤鱼与驴。

2. 复韵母
- ai、ei：
✓ 大妹和小妹,一起去收麦。
　　大妹割大麦,小妹割小麦。
　　大妹帮小妹挑小麦,小妹帮大妹挑大麦。
　　大妹小妹收完麦,噼噼啪啪齐打麦。
- an、eng
✓ 扁担长,板凳宽,
　　扁担没有板凳宽,板凳没有扁担长。
　　扁担要绑在板凳上,板凳不让扁担绑在板凳上。
- ou：
✓ 南北街,东西走,路上看见人咬狗,
　　捡起狗来打砖头,反被砖头咬了手。
- ian、uan：
✓ 山前有个严圆眼,山后有个严眼圆。
　　二人山前来比眼。

不知是严圆眼和严眼圆比圆眼,还是严眼圆和严圆眼比眼圆。

四、声调

(一) 声调

声调,是指有区别意义的音高变化。这是汉语区别于其他语言的重要特点之一。除了区别意义,声调同时还有区别词性以及产生韵律美等多方面的作用。普通话有四个声调:阴平、阳平、上声、去声,简称四声。

著名的语言学家赵元任先生发明了"五度标记法"来标记声调(见下图)。在练习的过程中,可以借鉴这一方法来更准确到位地指导儿童发声。

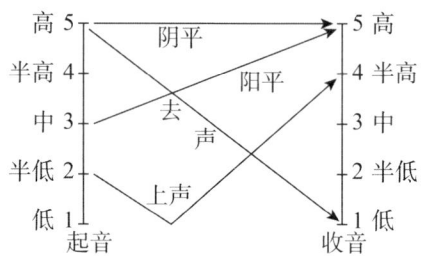

(二) 变调

相邻音节的影响会造成该音节的声母、韵母或声调变化,这就属于变调,包括轻声、儿化、上声变调、去声变调、"一"变调、"不"变调和"啊"变声,等等。

在应用语言的过程中,这些变化是不可避免的。一定要让儿童掌握这些要求,从而使表达更清晰、更规范。

1. 轻声

轻声是在一定的条件下使用既短又轻的调子。普通话中的轻声往往有区别词性和词义的作用。

试朗读以下词语:哥哥、骗子、你们、我的、这个、和尚、奴才。

有些轻声音节具有区别意义和区分词性的作用。试用字的本来声调和轻声来分别朗读下列词语,体会不同含义:老子、生气、兄弟、买卖、地道。

2. 儿化

普通话中有许多词语的字音韵母因卷舌动作而发生音变现象,这种现象就叫做儿化。儿化的韵母就叫儿化韵,其标志是在韵母后面加上"r"。儿化往往表示细小和细微的物品,也有着区别词义和词性、表示喜爱和亲切等作用。

试朗读下列词语:小辫儿、小鱼儿、尖儿、玩意儿、有趣儿、哪儿、老头儿。

3. 上声变调

上声读原调的机会很少,一般在单念或没有后续音节影响时才读原调。多数情况下都会发生变调。

• 上声+非上声

上声音节的调值由降升调变成只降不升的低降调,丢掉了本来要上升的后半段,变成了半上声,即调值由 214 变为 21。

试朗读以下词语:老师、感激、古人、简洁、渴望、美丽、耳朵、影子。

• 上声+上声

前面一个上声音节调值由降升调变为由高升调,后一个上声读原调,调值为 35+214。

试朗读以下词语:古老、饱满、粉笔、美好、远景、简短、鼓舞、可以。

• 上声+上声+上声

√ 前两个音节的意义关系密切,前两个上声变成"直上",第三个上声读原调,调值为 24+24+214。

试朗读:展览/馆、管理/组、手写/体、举手/礼、蒙古/语、演讲/稿。

√ 后两个音节的意义关系密切,第一个上声变为前半上,第二个上声变为直上,第三个上声读原调,调值为 21+24+214。

试朗读:小/组长、老/保姆、党/小组、纸/老虎、小/两口、马/小姐。

4. 去声变调

两个去声音节相连,前面的调值由全降变为半降,后面不变,调值为 53+51;三个去声音节相连,前两个调值由全降变为半降,后一个不变,调值为 53+53+51。

试朗读:试验、扩大、正确、录像带、奥运会、大陆架。

5. "一""不"变调

"一"的原调是阴平,"不"的原调是去声。它们在单独使用和用在词句末尾时(包括"一"作为序数"第一"的省略时)不变调。

• "一""不"+去声,变调为阳平。

试朗读以下词语:一致、一道、一样、一再、不错、不是、不去、不要。

• "一"+非去声,变调为去声。

试朗读以下词语:一只、大吃一惊、一丝不挂、一年、一五一十、一尘不染。

• "一""不"夹在词语中间,读轻声。

试朗读以下词语:走一走、读一读、说一说、要不要、说不定、差不多。

6. "啊"的音变

• 声调变

"啊"字在句首,声调有以下变化。

- ✓ 当表示惊异和赞叹时,变调为阴平。

啊(ā),今晚月色可真美呀!

- ✓ 当表示追问或难以相信的情感时,变调为阳平。

啊(á)?是你啊?

- ✓ 表示惊疑、为难时,变为上声。

啊(ǎ),这可怎么办呢?

- ✓ 表示应诺、认可、明白过来了,或表示较强烈的惊异赞叹时,变为去声。

啊(à),祖国,母亲!

- 读音变
- ✓ 前面音节末尾是 a、o、e、i、ü 时,读作"ya","呀"。
- ✓ 前面音节末尾是 u 或 ao、iao 时,读作"ua","哇"。
- ✓ 前面音节末尾是 n 时,读作"na","哪"。
- ✓ 前面音节末尾是 ng 时,读作"nga"。
- ✓ 前面音节是 zhi、chi、shi、ri 时,读作"ra"。
- ✓ 前面音节是 zi、ci、si 时,读作"za"。

(三)朗读练习

1. 反复朗读以下词语,留心变调的地方。要注意发音是否到位。

阴+阴	江山	咖啡	分钟	参加	西安	听说	发声
阴+阳	观察	中国	星球	发言	天堂	加强	坚决
阴+上	方法	山谷	艰苦	歌舞	千古	根本	思想
阴+去	飞快	真正	欢乐	登记	庄重	中外	希望
阳+阴	国歌	联欢	长江	南方	阳光	黄山	名家
阳+阳	滑翔	联合	儿童	从容	吉祥	团结	学习
阳+上	民主	即使	没有	华北	遥远	情感	平坦
阳+去	文化	学校	豪迈	辽阔	模范	球赛	雄厚
上+阴	北方	广播	讲师	取消	演出	掌声	统一
上+阳	讲完	普及	指南	朗读	考察	反常	起航
上+上	美好	勇敢	奖品	古典	领导	鼓掌	展览
上+去	土地	主要	想象	考试	总务	友善	典故
去+阴	乐观	健康	贵宾	列车	事先	卫星	认真
去+阳	未来	会谈	适合	化学	措辞	不能	乐园
去+上	剧本	电影	历史	汉语	信仰	大海	赞美
去+去	报告	现代	日月	庆贺	示范	画像	热烈

- 阴阳上去　　花红柳绿　　山河美丽　　英雄好汉　　胸怀广阔　　千锤百炼
- 去上阳阴　　异口同声　　信以为真　　妙手回春　　调虎离山　　破釜沉舟

2. 施氏嗜狮

下面这篇短文本是赵元任反驳"汉字拼音化"的游戏之作，无意间却成了一篇奇文。全文除了声调不同，发音完全一样。朗读一下，就能感受到其奇妙之处了。

石室诗士施氏，嗜狮，誓食十狮。施氏时时适市视狮。十时，适十狮适市。是时，适施氏适市。氏视是十狮，恃矢势，使是十狮逝世。氏拾是十狮尸，适石室。石室湿，氏使侍拭石室。石室拭，氏始试食是十狮尸。食时，始识是十狮尸，实十石狮尸。试释是事。

第三节　表达与沟通练习

本章我们选择了生活中应用场景比较多，同时和视障儿童关联也比较密切的几种语言技巧，希望通过这章的学习，让他们能初步掌握和运用这些语言表达艺术。

一、表达技巧与综合练习

这里所运用的"表达"一词，是个比较广泛的概念，它既包括生活中的口语运用，也涵盖诸如朗诵、演讲、辩论等特定的语言样式。限于本书的主题和篇幅，我们主要介绍几种共通的基本表达手法：停顿、重音、语速、语调、语气，以此来帮助视障儿童提高表达水平。

（一）停顿

停顿就是说话时声音的间歇，包括逻辑停顿和心理停顿。

1. 逻辑停顿

逻辑停顿体现的是语句的语法和逻辑关系，它能帮助我们把字词句组织起来，阐明语句的意思，使我们说话文理通顺，清楚易懂。

我们试读一下这句话："无鸡鸭亦可无鱼肉亦可白菜豆腐不可少不得三两纹银。"这句话出自一个传统笑话，私塾先生在和东家斗智斗勇时写下这段话。东家的逻辑停顿是："无鸡鸭亦可，无鱼肉亦可，白菜豆腐不可少，不得三两纹银。"这样的好事到哪去找！东家自然大喜。聘定之后，私塾先生点上句读，变为"无鸡，鸭亦可；无鱼，肉亦可；白菜豆腐不可，少不得三两纹银。"这其中的差别就是源于逻辑停顿,逻辑停顿一变,意思也就有了分歧。

类似的语句还有"下雨天留客天留我不留"。根据逻辑,可以有多种停顿,同时也就产生了多种含义,如"下雨天,留客天,留我不留?""下雨,天留客,天留,我不留。""下雨天,留客。天留我?不留!"等。

逻辑停顿在诗歌上的体现更为明显,通过停顿分成严整的节拍群,使诗歌读起来音韵和谐,给人以美的享受。

我们试以白居易的《忆江柳》为例,可以很明显地感受到这一点。

曾栽/杨柳//江南岸,一别/江南//两度春。

遥忆//青青/江岸上,不知//攀折/是何人。

逻辑上的停顿造就了诗歌独有的节奏音韵之美。

逻辑停顿时间上的长短同标点符号相关,从长到短排序大体为:句号、分号、冒号、逗号、顿号。至于省略号、破折号、感叹号、问号等符号的时间长短,则要根据其含义和表情达意的具体情况来判定。同样,章节间的停顿长于段落,段落间的停顿长于句子。

2. 心理停顿

心理停顿是由心理情绪决定的,是为了强调某一事物、突出某个语意或某种感情,而在书面上没有标点、在生理上也可不作停顿的地方作了停顿,或者作了不同于逻辑处理的停顿。心理停顿需要建立在对作品正确解读和整体把握的基础上,它体现出来的是朗诵者的整体素养。

如在《最后一课》中,可以进行这样的处理:"他待在那儿,头靠着墙壁,话也不说,只向我们做了一个手势:放学了//你们/走吧。"

"放学了"后有较长停顿,表现了韩麦尔先生的无限感慨与悲伤,强调了将要结束这"最后一课"的百感交集;"走吧"之前稍稍顿一下,能够表现此时的不舍与惜别之情。

再如,在史铁生的散文《合欢树》中,"有一天那个孩子长大了,会想到童年的事,会想起那些晃动的树影儿,会想起他自己的妈妈,他会跑去看看那棵树。但/他不会知道/那棵树//是谁种的,是//怎么种的。"

在"那棵树"后面作较长停顿处理,表现作者对于合欢树所寄予的复杂的丰富的情感和对目前压抑不住的爱与怀念;在"怎么种"的之前也作较长停顿,同样能更好地表达出作者对母亲的愧疚、依恋与爱。

心理停顿的方式不是唯一的,它因人、因文而异,不同的心理停顿产生的效果是不同的。当然,运用心理停顿也要注意语法关系。一个词的内部一般不能停顿,大多数虚词也要同它前后关系密切的实词或词组连起来读。

(二) 重音

重音指朗诵、说话时将句子里某些词语念得比较重的现象。它是通过声音的强调来突出意义,给色彩鲜明、形象生动的词增加分量。重音可分为语法重音和强调重音两种。

1. 语法重音

在不表示特殊的思想和情感的情况下,根据语法结构的特点,把句子的某些部分重读,叫语法重音。

语法重音的位置比较固定,常常是对谓语、定语、状语、补语等成分读重音,有些代词也常重读;如果成分较多,重读的地方也就不止一处。语法重音的强度并不十分强,只是同语句的其他部分相比较,读得比较重一些罢了。

2. 强调重音

强调重音指的是为了表达某种特殊的感情和强调某种特殊的意义而故意说得重一些的音,目的在于引起听者注意朗读者所要强调的某个部分。斯坦尼斯拉夫斯基说:"……被打上重音的那个字包含着潜台词的灵魂、内在实质和主要因素。"

例如,对朱自清先生的《背影》,可以这样处理:"哎,我现在想想,那时真是太聪明了。"强调"太"字,和前文对父亲的不耐烦相对应,突出朱自清先生的后悔之情。

当然,什么地方该用强调重音并没有固定的规律,而是受说话的环境、内容和感情支配。而且,同一句话,强调重音不同,表达的意思往往也不同。

例如,

我乘飞机去过拉萨。(谁去)

我**乘**飞机去过拉萨。(怎么去)

我**乘**飞机去过拉萨。(作为乘客乘,不是作为飞行员开)

我乘飞机**去过**拉萨。(回答去没去过)

我乘飞机去过**拉萨**。(去哪里)

一般来看,语法重音服从于强调重音,强调重音要大于语法重音。

最常用的强调重音的方式为增加声音的强度和力度。除此之外,还有其他多种技巧,如用更轻柔的声音来进行强调处理等。变换音色、调整音长、停顿等都可以起到强调的效果。这需要结合具体语言材料进行深入揣摩。

(三) 语速

语速是指说话或朗诵时每个音节的长短及音节之间连接的快慢。语速的快慢是由内容表达的需要决定的,它直接影响表达的效果。语速大体分快速、中速、慢速三种情形。

一般说来,表现欢快、热烈、兴奋、焦急、慌乱、紧张、激动、害怕、愤怒等内容宜加快语速;表达平静、庄严、沉重、悲伤、忧郁、追忆等内容宜慢一些;而处理叙述、说明、议论等表达方式则一般用中速。

决定语速的因素还有许多,描述不同的场景、描写不同的心情、展现不同的性格、传递不同的语言风格……都可以借助不同的语速呈现出来。总之,朗诵时,要注意节奏鲜明,并根据作品的基本节奏采取相应的语速。该欢快的地方要朗诵得轻快些,该沉重的地方要朗诵得沉稳、稍慢些。

当然,快和慢都是相对的。而且,无论是快还是慢,都必须清晰明了,让受众听得真切明白。

我们以艾青的经典诗歌《我爱这土地》为例,初步体会一下语速的选择与变化。这首诗表达的是深深的爱国之情,就整体来讲,语速应该稍慢。

假如我是一只鸟,(叙述口吻,可用中速)
我也应该用嘶哑的喉咙歌唱:(具有抒情性,速度宜稍慢)
这被暴风雨所打击着的土地,
这永远汹涌着我们的悲愤的河流,
这无止息地吹刮着的激怒的风,(三句构成排比,速度宜渐快)
和那来自林间的无比温柔的黎明……(向往光明,充满抒情意味,宜稍慢)
——然后我死了,
连羽毛也腐烂在土地里面。(叙述口吻,并非强调"死",可用中速)
为什么我的眼里常含泪水?
因为我对这土地爱得深沉……(直抒胸臆,宜稍快)

当然,上述的分析只是一家之言,并不一定恰当,更不表示不可以作别的处理。我们知道,诗歌的演绎方式从来就不是唯一的,只要符合诗歌的主题,符合诗人的情感,不同方式包括充满朗诵者个性色彩的处理都是可以并存的。

(四)语调

语调,是指语句的高低升降。一般以音的高低变化来表现不同的语意内容。根据语气和感情态度的不同,可分为四种:升调、降调、平调、曲调。

1. 升调(↑)

句子语势先低(平)后高,句末语气明显上扬,常表示号召、鼓动、反问、设问、疑问、惊异、兴奋等感情。部分疑问句可用升调,一般句子中暂停的地方也用升调。例如,

翠翠,我来慢了,你就哭,这还成吗?↑ 我死了呢?↑(《边城》)
天下兴亡,匹夫有责。↑

孩子不哭不闹,↑光是瞪着眼睛看窗户上的树影儿。(《合欢树》)

2. 降调(↓)

前高后低,语势渐降,表示肯定、坚决、赞美、祝福等感情。一般用于陈述句、感叹句、祈使句。例如,

请勿吸烟。↓

在宁静的无知山谷里,人们过着幸福的生活。↓(《宽容〈序言〉》)

天上的神明啊,救救我,用你们的翅膀覆盖我的头顶!↓(《哈姆莱特》)

3. 平调(→)

这种调子,语势平稳舒缓,没有明显的升降变化,用于不带特殊感情的陈述和说明,还可表示庄严、悲痛、冷淡等感情。例如,

别里科夫把他的思想也极力藏在一个套子里。→(《套中人》)

大雪压青松,青松挺且直。→(《青松》)

因为我要看那最后的藤叶掉下来。→(《最后的常春藤叶》)

4. 曲调

句子的高低有曲折变化,常用来表示惊讶、怀疑、讽刺、双关、幽默等感情。例如,

生存还是毁灭,这是一个值得考虑的问题。(《哈姆莱特》)

惨象,已使我目不忍视了;流言,尤使我耳不忍闻。我还有什么话可说呢?(《记念刘和珍君》)

这里,我们以叶挺的《囚歌》为例,体会一下语调的处理。

为人进出的门紧锁着,(→平调)

为狗爬出的洞敞开着。(→平调)

一个声音高叫着:(↗曲调)

——爬出来吧,给你自由!(↘曲调)

我渴望自由,(→平调)

但我深深地知道——(↓降调)

人的身躯怎能从狗洞子里爬出!(↑升调)

我希望有一天,(→平调)

地下的烈火,(↓降调)

将我连这活棺材一齐烧掉,(↓降调)

我应该在烈火与热血中得到永生!(↓降调)

(五)语气

简单来说,语气就是说话的口气。语气是表达语义的重要手段,也是抒发感情

的重要方式。它体现了表达者的立场、态度、个性、情感、心境等信息,是思想感情、词句篇章、语音形式的统一体。同样一句话,运用不同的语气,就会表达出不同的含义,产生不同的效果。

根据句式的不同,有相应的陈述语气、疑问语气、感叹语气和祈使语气;从表达方式来说,对于叙述、描写、抒情、议论、说明等不同的方式,语气处理也是各不相同的;从内容来说,可运用不同的语气来表达情感、表达意见、表明态度等。

例如,

我要给阿Q做传,已经不止一两年了。(《阿Q正传》)(陈述句,用平铺直叙的陈述语气)

"打虫豸,好不好? 我是虫豸——还不放么?"(《阿Q正传》)(疑问句,带有哀求地问)

"你怎么会姓赵! ——你那里配姓赵!"(《阿Q正传》)(感叹句,强烈的不满和气愤的语气)

"站着说! 不要跪!"长衫人物都吆喝说。(《阿Q正传》)(祈使句,表达命令的口吻和不屑的语气)

但我们被"送来"的东西吓怕了。(《拿来主义》)(表明情感,叹息)

总之,活人替代了古董,我敢说,也可以算得显出一点进步了。(《拿来主义》)(表明态度,讽刺、否定)

那么,怎么办呢? 我想,首先是不管三七二十一,"拿来"! (《拿来主义》)(表达意见,设问,给出结论)

语气是语言能力强弱的重要衡量标准,需要花大力气练习。有了恰当的语气,才能增强语言的魅力,才能恰当地表达思想感情,才能调动听众的情绪、引起听众的共鸣。

停顿、重音、语速、语调和语气是五种基本技巧。在生活和表演中,如果能综合地运用好这些技巧,就可以使得富有表现力和感染力的表达成为可能。

(六) 综合练习

1. 悄悄话

具体方法:将视障儿童分组(2～4人一组),让他们假装谈论的是隐私话题(实际话题与隐私无关,可由学生选择或教师指定),用说悄悄话的方式展示交谈内容。

2. 喊麦

具体方法:本活动建议安排在室外开展。把视障儿童随机分成两组。根据具体情形,安排两组成员分别相距10米、20米……50米甚至更远距离,或者是安排在楼上楼下等空间站立,让两组成员一一进行对话。以双方听清彼此说话内容为下限要求。

3. 我是小宝贝

具体方法：所有人模仿婴幼儿说话方式及语音特点进行交流，或者牙牙学语，或者奶声奶气……可以选择任何内容或话题展开。（如有必要，教师可以事先准备些婴幼儿的说话音频，需要的话供大家借鉴模仿。）

4. 当我老了

具体方法：所有人想象自己几十年后老了的情形，用年老者的说话方式及语音特点进行交流。可以选择任何内容或话题展开。（如有必要，教师可以事先准备些不同年龄层的老人说话音频，需要的话供大家借鉴模仿。）

5. 变声期

具体方法：男生模仿女生的语气、音调及口吻说话；女生模仿男生的语气、音调及口吻说话。大家自由走动，随机组合交谈。教师不叫停不得改变性别角色。

6. 动物农场

具体方法：所有人都改变人类身份，化身为农场里的牛、羊、猪、狗、猫、鸭等动物。牛发出"哞哞哞……"的声音，羊发出"咩咩咩……"的声音，猪发出"吼吼吼……"的声音，狗发出"汪汪汪……"的声音，猫发出"喵喵喵……"的声音，鸭发出"嘎嘎嘎……"的声音。给大家随意分配动物身份。要求在活动全过程中，大家只能用角色的声音进行交流（声音可以有高低快慢等处理）。教师不叫停不得改变动物角色。

一轮活动结束后让儿童改变动物身份，继续进行交流。

7. 名家仿读

具体方法：a. 教师精选名家朗诵的音频材料——为便于视障儿童记忆和模仿，宜以古诗词和短小的散文为主——于每次集中活动时播放；

b. 师生结合，对朗诵作品进行点评，悉心揣摩朗诵者的具体处理方法并评析最终表达效果的优劣；

c. 让视障儿童进行模仿朗诵，也允许进行个性化的调整或全新演绎；

d. 组织大家点评，肯定成功之处，提出改进建议。

8. 节目回放

具体方法：a. 布置视障儿童有选择地观看（或者在网上回看）《我是演说家》《演员的诞生》《声音其境》《朗读者》等语言类节目；

b. 集中活动时选择其中一个或多个精彩（或者大家感兴趣的）片段，进行点评；

c. 如果条件许可，教师现场集中播放（再现）某个精彩片段，让大家边听（看）边用心体会；

d. 视障儿童根据准备情况依次进行模仿（可独自进行，也可多人配合），再现节

目中的情景,也可对节目内容作个性化的新演绎;

　　e. 组织大家点评,肯定成功之处,提出改进建议。

9. 克隆明星

具体方法:a. 让视障儿童任意选一位或几位自己喜欢的明星,但事先不要透露具体姓名;

　　b1. 模仿该明星的语言特点说话(在语言练习阶段注意指导学生只在语言上进行模仿,尽量不用肢体动作辅助,在后续阶段则可以综合运用);

　　b2. 也可以增加难度,由教师提供一段文字材料,让他们用所模仿的明星的口吻读出;

　　c. 其他人猜,以能否猜中来评判模仿得像不像(为增加精彩程度,也可用分组竞赛的方式进行这两个环节的活动);

　　d. 组织大家点评,肯定成功之处,提出改进建议。

10. 娱乐现场

具体方法:a. 选择视障儿童熟悉程度较高的电视娱乐节目类型,如《欢乐喜剧人》《快乐大本营》《中国好声音》《中国诗词大会》等(可根据学生的关注情况灵活调整节目);

　　b. 轮流上台,模仿各节目的主持风格,进行现场虚拟主持;

　　c. 组织大家点评,肯定成功之处,提出改进建议。

11. 校园新闻播报

具体方法:a. 布置任务,让视障儿童收集班级和校园里发生的各类大小事情;

　　b. 把这些事情写成新闻稿;

　　c. 集中活动时,在观众(同学)面前进行新闻播报;

　　d. 一人播报结束后,由另一人继续下去,直到结束;

　　e. 全部结束后,进行集中点评,选出当轮最佳播音员。

12. 发布会

具体方法:a. 虚拟发布会现场,进行各类发布活动。发布会类型可以设置为:新闻发布(郑重声明、事件通报、体育比赛等)、新书发布、新片发布、研究成果发布,等等;

　　b. 指定视障儿童依据发布会的不同类型,进行不同内容和形式的表述(发布内容可以虚构);

　　c. 其他儿童作为观众进行配合(进行情绪反馈及提问等);

　　d. 组织大家点评,肯定成功之处,提出改进建议。

13. 事迹报告

具体方法：a. 让视障儿童事先写好事迹材料（可以虚构），或者由教师提供文字材料；

b. 虚拟召开模范人物（英雄、先进工作者、见义勇为个人、三好学生、优秀少先队员）先进事迹报告会；

c1. 按照常规模式进行报告；

c2. 指定听讲对象（如儿童、老人、高学识的人、文化程度较低的人等），让视障儿童根据对象的变化，调整讲述方式；

d. 其他儿童作为观众进行配合，营造气氛；

e. 组织大家点评，肯定成功之处，提出改进建议。

14. 虚拟导游

具体方法：a. 随机选择（或大家推举）一名视障儿童担任导游，其他人作为旅游团游客；

b. 教师试根据情形和目的给出关键词，如校园、××路（最好是学生熟悉的）、人民广场、外滩、海岛、沙漠、高山等；

c. 导游带领大家游玩教师所指定的地点（虚拟），同时进行景点介绍（可以有虚构）——要求用描述性的语言，尽量生动形象，有画面感；

d. 组织大家点评，肯定成功之处，提出改进建议；

e. 轮流担当导游角色。

15. 实况解说

具体方法：a. 根据视障儿童的兴趣选择某类活动（开闭幕式、花车巡游、阅兵式、体育比赛、电竞游戏直播等）；

b. 根据活动场景（可以播放视频，也可以凭想象虚拟），进行现场解说；

c. 组织大家点评，肯定成功之处，提出改进建议；

d. 轮流担当解说角色。

16. 竞赛及展示活动

具体方法：结合学校活动安排，选定主题（传承、励志、自强……），选择形式（朗诵、演讲、辩论……），组织面向校内的展示或比赛活动。

17. 每周广播

具体方法：为视障儿童选定主题或篇目（也可由他们自主选择），组织大家在校园广播里进行朗诵。每周至少一次。

18. 网络播出

具体方法：利用各网络平台，上传语音作品或组织视障儿童在直播间进行朗诵直播。

二、沟通练习

每一个个体的成长其实就是一个不断发展自我的社会化过程,而社会化的重要形式和社会适应能力的重要基础就是人际沟通与交往能力——尤其是语言交流能力。没有良好的人际交往能力往往很难有良好的社会适应行为。因此,对于视障儿童来说,要适当提高语言交流技能,学习倾听技巧,学会规范表达,学会适当反馈。

俗语道"良言一句暖人心,恶语伤人六月寒",这形象地说出了语言的力量。而反观当今社会,"杠精"遍地,令人避之唯恐不及;"尬聊"频发,令人无奈无味;更有许多所谓的"话题终结者""聊天灭霸"等现象出现。其背后的社会与个体原因有很多,缺乏沟通意识和语言能力就是其中很重要的一点。

当然,对视障儿童来说,除了社会影响之外,在沟通方面的主要问题还是在于视觉障碍。

(一) 存在的障碍

1. 体态语的表达与接收存在不足

自身体态语表达能力的不足与对沟通对象体态语观察的匮乏,直接影响了视障儿童沟通的准确性。

有研究表明,当人们在交换语言信息时,语言所起的作用只占7%,声音所起的作用占38%,表情、动作、综合感觉所起的作用占55%。其数据是否准确姑且不论,体态语言的作用之大由此可见一斑。而视障儿童由于无法对交流对象进行有效观察,所以很难把握对方的体态语,这就造成了信息获取的缺失,直接影响了对信息的接受。所以,对于对方的语言——尤其是伴随着大量体态语或者是用了反讽等手法的语言(同时会伴随呈现丰富的表情),视障儿童往往会在理解上产生偏差,甚至是错误。

这方面的例子比比皆是。

有一次,校园里桂花开了,香气四溢。老师看见几位视障小朋友围在树下折桂花,就走向前去,满脸严肃地说:"桂花是不是很香啊?"老师很年轻,声音也很柔和。她的言外之意,是在阻止和批评这些小朋友。如果是视力好的小朋友,见到老师的神色,早就一哄而散,或者是立刻停下折花动作,规规矩矩地道歉认错了。然而,这几位视障小朋友,由于光从语气上听不出老师生气和批评的感觉,就一边继续折花一边笑嘻嘻地回答道:"是很香的。老师,要不要给你也折一枝啊?"弄得老师哭笑不得。

在盲校校园里往往还会看到这样的情形。老师在严肃地批评教育小朋友,小朋友(尤其是全盲学生)会面露奇怪的微笑来应对,而不是像多数有视力的小朋友那样,面露惭色,不安地低下头。这并不是因为视障儿童不知道错误,而是因为许多视障儿童的面部表达存在着不足。由于缺乏后天模仿和恰当的外在指导,他们很难表现出恰当的神情,因而往往会传递出错误的信号。这影响了他们表达的准确性,对沟通造成了干扰。

2. 缺乏充足的社交锻炼机会

与人交往是需要在大量生活化的场景中进行的。而视障儿童的生活圈子往往较小(现在确实有不少家长经常带孩子参加各类社会活动,增加他们的社交机会。然而,就总体来说,这一部分人群仍占少数),且学习又局限于盲校里——甚至一直到接受高等级别教育或走向社会之前都长时间处在同一所盲校(事实上,绝大多数视障儿童在踏上社会之后,主要的交往圈子仍局限在视障群体之中)。这就使得他们极度缺少正常的社交活动,失去了足够多的与常人交流练习的机会,进而直接影响了他们社交技能的形成。

3. 生活素材占有缺乏

现阶段,随着信息技术的普及,视障儿童通过网络获取信息的机会越来越多,占有资源的丰富性与时效性也较以前不可同日而语。可是,视觉信息的缺乏,生活积累的不足,让他们和普通儿童比起来,在这些方面仍存在很大不足。他们永远无法从许多信息中获得感性认识;他们加工许多信息时会存在偏差(我们在第二章中对此已经有了较为详尽的论述);个体的阅历和经验的积累相对不足;信息获取的广度和深度及便捷性与普通群体相比,仍存在着差距。而这些都会对他们的人际交往造成障碍。

试想,当大家都在谈论一个视障儿童并不熟悉的话题,或是在话题中涉及视障儿童并不曾有过的感性体验,那作为视障儿童自然就很难加入进去,更不要说进一步去展开社交了。

4. 沉溺于自我满足的表达,忽视对听众需求的捕捉

我在和视障儿童交流的过程中,发现他们非常喜欢说——尤其是聊到他们擅长的话题时。喜欢说并不是问题——从某些层面来说那甚至还是一种优势,可问题是在说的过程中,许多视障儿童往往只照顾自己的情绪与感受,只顾把自己想说的话说完,却忽略了对对方反馈的接收。

比如晚自修时,经常会有视障儿童来办公室找老师谈心,而且往往一说就说到宿舍要关门才回去。他们完全不管老师是否在忙着备课或是改作业,也不会从老师"嗯""啊"的简短回复语中,或者是频繁走动、倒水、喝水等动作中,感受到交谈对象焦躁的心情,捕捉到结束谈话的信息。除非老师直截了当地说,"不好意思,老师

正在做事,今晚就不聊了"或者"你去教室看书吧,老师要写些东西",这才能勉强结束谈话。

许多时候,视障儿童和你说一个话题,哪怕你毫无兴趣,听得昏昏欲睡、哈欠连篇,可是只要你不明确地表示不想听,他们往往会一直兴致勃勃地说下去。

最有意思的是,在开车时,如果接到视障儿童的电话,他们往往会一边说"老师,那你开车要小心哦",一边滔滔不绝地说下去。

这些年来,遇到类似情形的次数数不胜数。我不清楚这些是我独有的经历还是普遍现象,但是我想,这起码代表了一定数量的视障儿童的表现。其原因,固然有之前所说的对非语言信息感知的缺乏,但我认为主要还是在于他们缺乏"听"的意识,缺乏"听"的注意加工能力。所以他们才会忽略交往对象的各种信息反馈,为有效沟通制造了又一个障碍。

综合以上现象来看,对视障儿童沟通能力的训练就显得尤为重要了。

(二)沟通的基本要点

我们来看一下沟通。人与人之间的语言沟通,包括了诉说者、倾听者(两者的角色是动态交换的)和诉说内容这三大要素。

作为"诉说者"来说,要想提高表达的吸引力,保证沟通的有效性,可以从以下几方面入手。

1. 心中有人

在整个交流过程中,首先心里要能想着交流对象——也就是倾听者。要根据倾听者身份的不同,调整交流方式,变换交流语气。比如,对长辈说话宜保持尊敬的语态,对小朋友讲话则要注意儿童化的语言。同时,要留意倾听者对于话题的态度——是赞同、反对、还是想改变话题——以作出相应的调整(这里所谓的调整,并不是指一味地迎合对方的态度,而是指要敏锐地捕捉到对方的价值倾向,以作出合适的表述),使双方的交谈能保持一种开放且融洽的氛围,而不是陷入"尬聊"的泥沼之中。最后,还要留意倾听者对于这次交流本身的态度,如果对方表现出焦躁、厌烦的情绪,或者对于对话不那么积极地进行反馈,那就要考虑是否该尽快结束话题了。也可以试探性地表述"你现在忙的话我就先不打搅了……"如果对方作出肯定的回应,那就应该马上有礼貌地结束话题。

2. 言之有物

就是要明确沟通的目的。双方的交谈是为了商讨工作、解决问题,还是为了联络感情、交流情感,抑或是纯粹闲聊、八卦……无论是哪一种,都应该有一个相对明确的话题内容。写作有所谓的"意在笔先"之说,意思是下笔之前要先有立意。说话也是如此。要作一个有效的沟通,自己的意思必须清楚,必须首先想好要说什么,最好还能想好怎么说。只有自己心里先明确了,才有可能把信息准确地传递给倾听者,同时也有助于自身对于沟通进程的把握,有助于自身对于是否达到沟通目的进行衡量。

如果说自己对于表述内容都不清楚,或者说双方的交流内容始终无法聚焦在相同的范畴之内,那沟通交流的质量就可想而知了。

3. 言之有时

就是必须知道什么时候说,要掌握好沟通的时间。在对方正忙于工作或心情烦躁时去交谈,显然不合时宜。所以,如果判断不出对方状态的话,不妨先用"请问您(你)现在方便吗"或者"占用您(你)10分钟时间可以吗"之类的询问语。

4. 言之有道

这里的"道",指的是方法的意思,就是要掌握沟通的方法。在生活中,这方面的培训机构特别多,培训材料也特别丰富。许多人总结出了好多话术,如有话直说、实话实说、使用有建设性的语言、和颜悦色的体态语等,不一而足。这些固然有很大的作用。不过,我认为,不管是怎样的技巧,首先必须建立在真诚沟通的前提之下。在言语中要体现出自己的真诚,要让对方感受到你的友善,感受到你诉求的合理性,要展现出你对于话题的开放性。我想这是比任何"话术"都更有效的"道"。

5. 言听结合

我们重点说说"听"。在生活中,一个合适的倾听者往往比一个滔滔不绝的"诉说者"更受欢迎。有时候,"听"往往比"说"的力量还要强大。

关于"听",必须要清楚的一点是,它绝不是被动地接受,或只是简单地应对。高质量的"听"是一种主动的呼应,其深层次中还带有对于诉说者情绪、情感的理解与共鸣。

听,首先应该保持专注。一般来说,在正常的交流过程中,应该和对方保持体态呼应,并认真倾听。切不可在对方表达时心不在焉、东张西望,甚至低头玩手机(除非是想借此来表达自己的沟通态度)……这些行为严重影响了听的质量。听的过程中,最好能够进行换位思考,可以设身处地为对方着想;也可以更进一步,通过倾听挖掘出对方的潜台词,理解对方藏在语言之下的情绪与感受。这样的听,往往能更好地建立起双方的信任感,更容易让诉说者敞开心扉,更有助于诉说者的真实诉求与情感的表达。

当然,这里只是罗列了沟通的最基础内容。沟通能否顺利进行还涉及沟通个体的素养、身份、文化背景、社会倾向等要素,哪怕是沟通语言的运用也是千变万化、各有巧妙的。这显然是本书所无法全部涵盖的。只是最后需要再强调一下,真正的沟通能力是在生活中培养出来的,是在具体实践中得来的。

（三）综合练习

1. 一句话

具体方法：a. 任意指定一句话，如"你好啊""我等了很久了""再见吧"等；

b. 教师给出差别较大的各种情境，如恋人、仇人、陌生人、外星人、久别重逢的人、天天见面的人（也可以从情绪角度指定要求：甜蜜、温柔、满足、气愤、憎恶、仇恨……）；

c. 选定一或几位视障儿童，让他们用这一句话表达指定的情绪；

d. 其他儿童判断情境（情绪）类型；

e. 轮流进行表演。

2. 一真一假

具体方法：a. 全体成员围成一个圆圈；

b. 所有人准备两件和自己有关的事（最好由教师明确话题，如周末、春游、考试、异性交往等），要求其中一件是真实发生的，一件是虚构的；

c. 任选一人站在圆圈当中，向大家讲述这两件事；

d. 所有成员依次发表意见，对两件事的真假作出判断，并陈述理由；

e. 陈述者揭晓真实情况；

f. 所有人展开讨论，分享各人作出判断的理由并总结经验；

g. 指定新成员继续讲述。

3. 记者发布会

具体方法：a. 准备新闻事件题材（最好由教师有意识地针对学生现状或社会热点选择一些有探讨价值的事件）；

b. 模拟举行新闻事件的记者发布会（可由一人或多人担当）；

c. 指定其他成员随机分成针锋相对的两派，针对发布内容提出问题（质疑）；

d. 发布人员进行应答；

e. 讨论、点评。

4. 打电话

具体方法：a. 教师指定通话内容（如向老师请假，让家长提早来接，告诉家长考试失利的消息，邀请同学参加生日聚会等）；

b1. 任意选择两人，根据指定内容进行虚拟打电话活动；

b2. 增加对话难度，指定两人在对话过程中保持适度对抗；

c. 其他成员留心双方通话内容及进程；

d. 以打电话儿童是否完成任务为基本评判依据；

e. 讨论、点评。

5. 只能说"好"话

具体方法：a. 所有成员随机分组；

b. 指定一方为话题发起者，另一方为话题响应者；

c. 要求发起者随机发起带有观点性的话题；

d. 要求响应者在回答发起者时，首先必须保持自己的观点（不能曲从），但始终不能直接表达反对意见，而是先用"好""是的""对的"之类肯定的词语接口，之后再设法表达自己的观点，始终用赞同的态度来保证话题的持续进行；

e. 如响应者做出否定的应答或话题无法持续，则宣布结束；

f. 任请一或几组成员进行展示；

g. 讨论、点评。

6. 谈论第三人

具体方法：a. 任意选择一位同学或老师——如果不方便的话也可以选择大家都熟悉的公众人物（要求讨论双方都熟悉），作为谈论对象；

b. 所有成员随机分组，两两组合；

c. 要求双方各列出谈论对象的五个优点和一个需要改进的地方；

d. 小组讨论完成后，面向全体成员分享各自有了哪些新的认识。

7. 针锋相对

具体方法：a. 选定一位视障儿童 A（也可由老师担任），营造情境，让他陷入两难的处境之中（如视力在变差，是继续用明眼文字呢，还是改用盲文；非上海户籍，是留在上海读职业学校呢〈上海不对非沪籍学生开放高中教育〉，还是回外地读高中；高考以后，是选择一个差一点大学的心仪专业呢，还是选一个好大学的个人不喜欢的专业呢……）；

b. 把所有成员随机分成两组，并指定每组各持一种观点；

c. 全体围成圆圈，陷入两难处境的儿童 A 站在圆心位置；

d. 双方交错发表意见（要求一个隔一个说，即前面表达了一种意见，则下一个必须由持另一种意见者发言）；

e. 双方发言结束后，儿童 A 根据大家的意见作出选择，被选中的一方则为获胜者；

f. 所有成员进行讨论，站在各自本来的立场上（即不受教师强制指定立场的约束，而是各人本来的态度倾向）交流意见。

8. 生活再现

具体方法：a. 选择生活中的任意交流主题，如赞扬、鼓励、慰问、恳求、道歉、通知等；

b. 所有成员随机分组,两两组合;

c. 教师随机指定主题,小组中一人作为沟通的发起方,另一人作为响应方;

d. 双方扮演、交流;

e. 选择小组进行交流展示;

f. 以实现沟通目的为成功标志;

g. 点评讨论。

9. 当我说……其实我是在说……

具体方法:a. 让所有成员在心里想好要说的话(如"我想和你到操场上散散步""我想要好好复习功课"……);

b. 规定他们用其他语句把本来要说的意思表达出来,而不能说出原句,或者和原句意思太相近的句子(如"教室里的空气好闷啊""我答应妈妈要考个好成绩"……);

c. 任请一位成员,说出替代自己本来意思的语句;

d. 其他成员猜测其本来的用意;

e. 该成员用"当我说……其实我是在说……"这样的句式公布答案(如当我说"教室里的空气好闷啊"的时候,其实我是在说"我想和你到操场上散散步");

f. 依次轮流进行。

10. 挑战不可能

具体方法:a. 指定全体成员,在校园内完成看上去难以完成的任务(如要求一位老师说出"我爱你们";征集三位同学对自己的赞美……),完成过程用手机或其他方式记录下来;

b. 完成后,集中交流心得体会,分析成败缘由。

第六章 戏剧教育中的基本素质练习

就专业的戏剧表演要求而言,"七力四感"是从业者所应具备的基本条件。"七力"指的是:敏锐而又细致的观察力,积极而又稳定的注意力,丰富而又活跃的想象力,敏锐而又真挚的感受力,准确而又合理的判断与思考力,灵敏而又细腻的适应力,鲜明的形体与语言的表现力。"四感"指的是:真实感、形象感、幽默感、节奏感。

我们开展戏剧教育,固然不需要这样高的专业标准,但还是应该通过各种方式,对视障儿童进行基础的基本素质训练。是否具备相应的基本素质,是决定戏剧教育质量高低的关键因素。

在日常训练中,我们主要把一些戏剧要素糅合在戏剧游戏和活动中。在本章中我们就来介绍一下部分游戏与练习活动。

第一节 自我控制练习

一、自我控制

斯坦尼斯拉夫斯基曾经说过:"演员进入创作状态的基本条件应该是形体松弛,没有多余的肌肉紧张,身体器官完全受演员的意志支配。只有这样,演员才能用身体表达他心灵中所感觉到的东西。"

自我控制,简单说就是能够做到放松与紧张。放松与紧张是肌肉的特性,是当众表达所需要具有的素质。放松不是松懈,紧张不是僵硬。肌肉的放松与紧张,对应的是大脑皮层的抑制与兴奋。大脑过于兴奋(警戒),会造成动作的失控;大脑的适度抑制,可以增强肌肉反应的敏锐性和准确性。用一定的控制力来调整大脑与肌肉,可以自如地表现形体动作,可以较好地实现身心的松弛,可以恰当地塑造舞台形象。

二、综合练习

(一) 呼吸练习

呼吸

具体方法：a. 为每位参与者准备一块瑜伽垫，让他们采用仰卧姿势，双手放在身体两侧，手心向上，闭眼，放松身心；

b. 用鼻子缓慢地吸气；

c. 再缓慢地通过口鼻完全吐出；

d. 注意力集中在气息的进出和身体的轻微起伏上；

e. 用心体验全过程，记住这种感觉。

(二) 身体练习

1. 苏醒

具体方法：a. 姿势同"呼吸练习"；

b. 感觉自己仿佛是熟睡中的婴儿一般；

c. 让身体按照下列要求一点点醒过来；

d. 脚趾轻轻地动；

e. 手指轻轻地动；

f. 嘴巴轻轻地动；

g. 舌头微微抬起；

h. 继续闭着眼，轻轻眨眼或者微微抬起眉毛；

i. 用心体验全过程。

2. 松紧

具体方法：a. 姿势同上；

b. 根据教师的提示语，完成全身的紧张与松弛体验，可以选用下述部位进行；

c. 脚尖朝身体方向用力勾绷，保持一段时间，然后放松，重复3～5次；

d. 腿部肌肉绷紧，保持一段时间，然后放松，重复3～5次；

e. 提臀，保持一段时间，然后放松，重复3～5次；

f. 收腹，保持一段时间，然后放松，重复3～5次；

g. 五指用力分开，保持一段时间，然后放松，重复3～5次；

h. 肩部肌肉收紧（注意不是耸肩或抬肩），保持一段时间，然后放松（注意不是垂肩），重复3～5次；

i. 注意力集中在头顶上方（体外），保持一段时间，然后放松，重复3～5次；

j. 用心体验全过程,记住这种感觉。

3. 拉伸

具体方法:a. 所有参与者自由站立,双手举过头顶,十指交叉,手心向上;

b. 朝左侧尽力拉伸,直到感到肌肉完全绷紧,保持 15～30 秒,然后放松;

c. 朝右侧尽力拉伸,直到感到肌肉完全绷紧,保持 15～30 秒,然后放松;

d. 朝背部尽力拉伸,直到感到肌肉完全绷紧,保持 15～30 秒,然后放松;

e. 放下手臂,放松全身;

f. 用心体验全过程,记住这种感觉。

4. 皱眉舒眉

具体方法:a. 所有参与者自由采用站、坐或躺等放松状态;

b. 用力皱起眉头,并用手指触摸(有剩余视力者再用照镜子的方式辅助观察,后面均如此,不再特别说明),感受额头肌肉状态,发现紧张信号;

c. 不要皱眉,使前额肌肉处于放松的状态,用手指触摸,感受松弛与紧张的区别;

d. 反复练习;

e. 记住松弛的状态,避免紧张状态的出现。

5. 闭口松口

具体方法:a. 所有参与者自由站立;

b. 让口部肌肉处于紧张状态,如紧闭双唇、咬住嘴唇、撇嘴等,可以用手指进行触摸,多角度体验这种感受;

c. 放松口部肌肉,体会差别;

d. 反复练习;

e. 记住松弛的状态,避免紧张状态的出现。

6. 控制手指

具体方法:a. 所有参与者自由站立;

b. 双手自然放在身体两侧;

c. 用力握紧拳头,保持 15～30 秒,然后放松;

d. 捻手指(用大拇指指腹捻搓其他手指),持续 30 秒以上,然后归位;

e. 捏衣角,持续 30 秒以上,然后归位;

f. 双手自由放在身体两侧;

g. 用心体验全过程,记住紧张与放松的感觉。

7. 压抑与张扬

具体方法:a. 所有参与者两两组合;

b. 儿童 A 尽力把身体缩到最小,儿童 B 再用外力对儿童 A 进行束缚或压制,保持一段时间;

c. 儿童 B 撤去外力,儿童 A 尽力舒展身体,感觉似乎要填满整个空间;

d. 双方角色互换;

e. 交流两种情形下的不同身心感受;

f. 用心体验全过程,体会压抑与放松的感觉。

8. 吹气球

具体方法:a. 所有参与者先选择自由空间;

b. 想象自身是没有气的气球,缩成一团;

c. 随着气息的注入,气球逐渐扩大——身体逐步舒展(动作慢而变化细微);

d. 一直到气充足——身体舒展到最大,似乎能填满整个空间;

e. 用心体验全过程,体会逐渐舒展的感觉。

9. 平衡

具体方法:a. 所有参与者自由站立;

b. 根据教师口令,用指定的身体部位触碰地面,在教师改变口令之前,必须保持原来动作不变;

c. 教师发出各种口令,如双脚、双手单脚、单手单脚、双肘单脚、单肘膝盖、单肩双脚等;

d. 可以单人完成,也可以 2～3 人共同完成(需要调整口令)。

(三) 模仿游戏

1. 动物变异

具体方法:a. 所有参与者在场地上自由站立;

b. 想象自己是弱小的蚊子,随时会被拍死,全身蜷缩,轻声"嗡嗡",随意游走,四处躲避;

c. 想象自己变成了世界上巨大的猛兽(哥斯拉),大声吼叫,四处出击,肆意"破坏";

d. 体会两种不同的感受。

2. 飞鸟

具体方法:a. 选择户外相对空旷的场地;

b. 让所有人张开双臂,舒展体型,做出飞翔的姿态;

c. 开始时,先调整呼吸,双臂上举时吸气,双臂下沉时呼气,沉浸在飞翔的感觉中;

d. 根据教师的提示,高度(树林上空、低空、高空……)、环境(草原、森林、山谷、雪山、城市……）和气候（下雪、下雨、刮大风、沙尘暴、寒冷、炎热……）不断在变化；

　　e. 参与者根据变化调整各自的"飞行"体态；

　　f. 彼此间也可以用高低、粗细、长短不同的声音打招呼，如"你好吗——""好——啊——"。

　　3. 动物模仿

　　具体方法：a. 选择操场或者草坪作为活动空间；

　　b. 所有人根据教师的提示，运用形体、动作和声音，将各自的理解表现出来；

　　c. 教师轮流报出各种动物，如温柔的猫、调皮的狗、饥饿的老鹰、吸饱血的蚊子、可怕的蛇、凶猛的老虎、憨厚的熊猫等；

　　d. 选出每种动物中表现最出色的同学，进行展示；

　　e. 互相交流。

（四）体操游戏

　　1. 拍手歌

　　具体方法：a. 教师准备歌曲《幸福拍手歌》；

　　b. 参与者自由站立，保持放松，可以随旋律轻轻摇动身体；

　　c. 根据歌词，有节奏地做出相应的动作——拍手、跺脚、伸腰、挤眼、拍肩；

　　d. 可以播放两次，第一次自己拍自己，第二次两人面对面，一起做，互相拍。

　　2. 快速健康操

　　具体方法：a. 教师准备歌曲《健康歌》；

　　b. 参与者自由站立，保持放松；

　　c. 要求用类似于视频快进的方式，根据歌词快速地做出动作；

　　d. 可以自由地做，也可以所有人站成两排，面对面做。

　　3. 慢跑比赛

　　具体方法：a. 把所有参与者分成人数相等的两组（若人数不足，则教师加入）；

　　b. 每组内再分成两队，分立于场地两侧；

　　c. 两组之间进行接力比赛；

　　d. 要求参赛者把所有的动作都做到最大，用最慢的动作跑向对方；

　　e. 同时嘴里发出延长变声的"啊——"或者"哇——"声，声音停止时必须换下一个动作；

　　f. 如果在慢动作过程中，有动作停止，则视为出局；

　　g. 最慢完成的小组获胜。

　　4. 自由游走

　　具体方法：a. 所有参与者在场地中自由站立；

b. 教师介绍规则，用数字 1、2、3、4、5 对应从慢到快的行走速度，"1"为最慢，"5"为最快；

c. 教师任意报出 5 个数字中的一个，参与者按照对应的速度行走；

d. 教师改变数字，参与者相应地改变行走速度；

e. 如果能够做到，则要求大家安静地行走，用心体会这种控制的感觉，如果有发生碰撞的危险，则可以允许大家发出无意义的声符，但严禁彼此交谈；

f. 注意保持自己的行走路线，避免从众。

5. 交通工具

具体方法：a. 选择户外相对空旷的场地；

b. 参与者想象自己为任意交通工具，如自行车、摩托车、汽车、飞机、邮轮等，做出相应的造型，并发出相应的声音；

c. 教师约定：用数字 1 表示启动，数字 2 表示加速，数字 3 表示匀速，数字 4 表示减速，数字 5 表示停止；

d. 根据教师的指令活动。

（五）互动游戏

1. 打招呼

具体方法：a. 所有参与者 2~5 人一组围成圈；

b. 自由选择组内任意对象发起招呼，接收到的一方用同样的方式回应；

c1. 用手打招呼，辅以组内约定的声音（以保证视障儿童的参与，下同）；

c2. 用脚打招呼；

c3. 用膝盖打招呼；

c4. 用屁股打招呼；

c5. 用肩膀打招呼；

c6. 用下巴打招呼；

d. 还可以用到更细小的身体部位，对自己假想中的人物打招呼；

e. 交流活动过程中的感受。

2. 连体人

具体方法：a. 教师事先准备好哨子、铃鼓或其他发声物品；

b. 组织所有参与者互搭臂膀，围成一圈坐下；

c. 教师约定行动记号，如击一下掌表示整体向中心聚拢，击两下掌表示整体向身后拉伸，吹一下哨子表示整体顺时针拉伸，吹两下哨子表示整体逆时针拉伸；

d. 体验身体在自身和外力共同作用下的感觉。

3. 按开关

具体方法：a. 所有参与者两两组合；

b. 假设身体的主要关节都存在着按键开关；

c. 儿童 A 全身处在松弛状态；

d. 儿童 B 依次触按儿童 A 身体的关节部位；

e. 儿童 A 被接触到的部位迅速展开或弹起；

f. 两人互换角色；

g. 体验松弛与控制的感觉。

4. 向后倒

具体方法：a. 按照身形，为所有参与者两两分组；

b. 儿童 A 背对儿童 B 站立，儿童 B 面对儿童 A，保持半步到一步左右的距离；

c. 儿童 A 双臂交叉，抱在胸前，不受控制地向后倒去；

d. 儿童 B 双手手掌朝前，以弓步站立，全力托住儿童 A，并轻轻把他（她）推正；

e. 每组倒 5 次左右；

f. 角色互换；

g. 体验每次的不同感觉；

h. 交流分享活动感受。

5. 当众发呆

具体方法：a. 排练厅前方留下空场地，所有参与者面对场地坐下；

b. 所有儿童轮流站在场地上，面对大家，什么也不能做，什么也不能说，持续 1 分钟时间；

c. 分享各自感受；

d. 在场地上放一把椅子，再次要求所有儿童轮流上场，坐下，面对大家，什么也不能做，什么也不能说，持续 1 分钟时间；

e. 分享各自感受；

f. 要求所有儿童准备台词或动作，依次上场，面对大家表演；

g. 分享各自感受；

h. 用心体验并记住这些感受。

6. 走红毯

具体方法：a. 所有参与者分成两排，面对面站立，中间留出能容一人走过的通道（红地毯）；

b. 要求站立者面无表情，不做任何动作；

c. 从排首儿童开始，大家依次从"红毯"上走过（走过的人则继续站到队伍后

面),行走过程中保持沉默;

　　d. 分享各自感受;

　　e. 让站立者大声欢呼,用手拉扯,求合影、求签名;

　　f. 让行走儿童带着明星的感觉,和两旁人群呼应,从"红毯"上走过;

　　g. 分享各自感受。

第二节　注意力练习

一、注意力

　　注意力是斯坦尼斯拉夫斯基表演体系中的重要元素。他认为:注意力集中应当完全占据整个演员——包括他的思想、才智、意志、感情、记忆和想象。只有演员的聚精会神,才能引起观众的聚精会神,才能使观众全身心投入到舞台上去。

　　因而,注意力练习也是戏剧基本素质练习中的重要内容。积极、稳定、高质量的注意力是戏剧教育活动开展的保证,它可以帮助活动参与者排除外界的干扰,克服戏剧虚拟情境的影响,提升个人的专注程度,从而全身心地投入到活动中来。

二、综合练习

（一）身体练习

1. 手指"8"打"4"

具体方法:a. 所有参与者自由站立;

b. 左手比画出数字"8",右手同时比画出数字"4";

c. 右手换成数字"8",左手同时换成数字"4";

d. 反复交换,速度越快越好。

也可以不断变化双手比画的数字,增加难度。

2. 搭脉

具体方法:a. 所有参与者围成一圈坐下;

b. 每人搭自己的脉搏,并默默计数;

c. 教师计时 30 秒或 1 分钟;

d. 伸出左手让左侧同伴搭自己的脉搏,同时用右手搭右侧同伴的脉搏;

e. 教师再次计时;

f. 依次报出测得的数字；

g. 和之前由本人测得的结果进行比较；

h. 有条件的话也可以戴上电子手环进行测量。

3. 发功

具体方法：a. 所有参与者两两分组；

b. 两人面对面坐下或站立，相距大于两人手臂的距离；

c. 同时伸出手臂，手掌相对（动作像武侠电影里高手比拼内力一般）；

d. 感受对方手掌里发出的热量。

4. 背靠背

具体方法：a. 所有参与者两两分组；

b. 两人背靠背坐下；

c. 一人通过背部传递动作或感受；

d. 另一人接收并回应；

e. 进行多次之后，交换角色；

f. 交流与分享其间的感受。

（二）信息传递

1. 传递信息 1

具体方法：a. 所有参与者手拉手围成一圈；

b. 任意儿童 A 通过手将信息（手指轻点或捏手等）传递给相邻儿童 B；

c. 儿童 B 再传递给相邻儿童 C；

d. 依次传递下去，直到传回给儿童 A；

e. 如果儿童 A 判断出反馈信息错误，则传递暂停，并追溯错误根源；

f. 重新开始，直到信息能够正确返回到儿童 A；

g. 儿童 A 改变信息，继续传递；

h. 教师统计每次传递时间，指出用时最少的一次。

2. 传递信息 2

具体方法：a. 所有参与者手拉手围成一圈；

b. 任意儿童 A 通过双手将信息传递给两侧的儿童 B、儿童 C；

c. 儿童 B、儿童 C 分别按顺时针和逆时针方向往下传递信息；

d. 儿童 A 等待两种信息返回，并判断是否正确，如果错误，则传递暂停，并追溯错误根源；

e. 重新开始，直到两组信息都正确返回到儿童 A；

f. 儿童 A 改变两组信息，继续传递；

g. 教师统计每次传递时间,指出用时最少的一次。

3. 传递信息 3

具体做法及要求均同上,规则的改变之处在于,同时接收到两组信号的儿童有权改变信号和信号的传递方向(也可以不改变);完成若干轮传递之后,再进行回顾和分享。

4. 盲杖传情 1

具体方法:a. 准备 N 根盲杖,让所有参与者戴上眼罩,两两分组;

b. 两人分别握住盲杖的一端;

c. 儿童 A 用手指轻扣盲杖,儿童 B 根据传导的信息,用同样的方式叩击,儿童 A 根据传导的信息,判断是否准确;

d. 儿童 A 不断变换叩击的轻重和频率,儿童 B 亦随之回应;

e. 交换角色;

f. 交流、分享各自感受。

5. 盲杖传情 2

具体方法:a. 准备 N 根盲杖,让所有参与者戴上眼罩,3 人为一组;

b. 儿童 A 两手各持一根盲杖,儿童 B 持其中一根盲杖的另一端,儿童 C 持另一根盲杖的另一端;

c. 儿童 B、儿童 C 同时用各自的方式叩击盲杖,儿童 A 根据传导的信息,左右手分别以接收到的方式叩击,儿童 B、儿童 C 根据传导的信息,判断是否准确;

d. 儿童 B、儿童 C 不断变换叩击的轻重和频率,儿童 A 亦随之回应;

e. 三人间轮换;

f. 交流、分享各自感受。

6. 盲杖传情 3

具体要求及方法均与"传递信息 1"相同,不同之处在于儿童与儿童之间是用盲杖进行联结的。

(三) 声音游戏

1. 言行不一

具体方法:a. 所有参与者围成一圈站立;

b. 按顺时针或逆时针顺序依次说"大""小""高""低""长""短""轻""重""粗""细"几个字,同时用动作表达,要求做的动作和说的词语相反,如说"大",做出来的应是"小"的动作,说"长",做出的应是"短"的动作;

c. 反复进行。

如有难度,可以先从两个字("大""小")练起。

2. 自我介绍 1

具体方法：a. 所有参与者分成人数相当的两组，面对面站立；

b. 儿童 A 向对面的儿童 B 介绍自己，并记住对方的介绍；

c. 队伍移动，每人均面对新的对象 C；

d. 儿童 A 用儿童 B 的身份向 C 进行自我介绍；

e. 队伍移动，每人均面对新的对象 D；

f. 儿童 A 用 C 的身份向 D 进行自我介绍；

g. 以此类推，直到儿童 A 从对方口中听到自己的信息为止。

3. 自我介绍 2

具体方法：a. 所有参与者围成一圈，戴上眼罩，为自己想一个新的名字；

b. 依次报出自己的新名字；

c. 尽可能多地记住同伴报出的名字；

d. 统计各人记住名字的数量；

e. 随机选择儿童进行复述；

f. 能说出最多名字者获胜。

4. 自我介绍 3

具体方法：a. 所有参与者围成一圈，戴上眼罩，为自己想一个新的名字；

b. 依次报出自己的新名字；

c. 尽可能多地记住同伴报出的名字；

d. 教师随机报出这些名字；

e. 所有人指向对应的伙伴；

f. 正确率最高者获胜。

5. 自我介绍 4

具体方法：a. 所有参与者围成一圈，用任意一种植物名（要求是带有美好寓意的）代替自己的名字；

b. 依次报出自己的植物名字，后者如有重合，则自动更换；

c. 从任意儿童开始，报出除自己之外的任意一个名字，并用手指向相应的同伴；

d. 被点到的同伴继续叫出任一个名字（指向自己的儿童除外），也用手指向相应的同伴；

e. 依次进行，直到所有的名字都被报出，所有人都被指过为止；

f. 如出现错误，则游戏中断，需要重新开始，直到能流畅完成为止。

6. 自我介绍 5

所有方法及流程均同上,改变之处在于,把植物名字改为动物名字,并且换另一个手(和指向植物名字的手所不同)指向对应伙伴。

7. 自我介绍 6

具体方法:a. 经过上述两轮活动之后,每位参与者均有植物和动物名字各一个;

b. 任意选择两位儿童,一位从植物名字开始,一位从动物名字开始,叫出任意伙伴的名字,并用上述两个活动的动作指向相应的同伴;

c. 叫植物名和叫动物名两条"线"同步进行;

d. 如出现错误,则游戏中断,需要重新开始,直到能流畅完成为止。

这个游戏的难度可以无限增加,根据参与者的记忆情况,可以由单线的指向,变成 2 条线、3 条线、4 条线甚至更多条线同步进行。

8. 水果蹲 1

具体方法:a. 按参与人数分组,并分别用水果名为每组命名,如"苹果""草莓""甜橙"等;

b. 教师喊口令,全组同学一起做动作,若有做错者则全组接受惩罚;

c. 口令如苹果蹲苹果蹲,苹果蹲完草莓跳,草莓跳草莓跳,草莓跳完甜橙笑等;

d. 也可让各组集体喊口令进行竞赛。

9. 水果蹲 2

具体方法:a. 所有儿童均为自己起一个水果名;

b. 从任意儿童开始,先自己边说边做动作,然后指定下一位儿童动作,并用手指向他;

c. 下一儿童继续,直到所有人都完成为止;

d. 叫错水果名、指错方向、做错动作均算错,接受惩罚。

10. 反口令

具体方法:a. 每次选出一位儿童,或按参与人数两两组合,选出一组儿童参加;

b. 一方(或教师)喊口令,另一方做出和口令相反或者是不同的动作;

c. 如口令"向前走",则可以向后退或原地不动。

11. "我是中国人"

具体方法:a. 所有参与者围成一圈站立;

b. 每人说一个字,合作说完"我是中国人,我爱中国"这句话;

c. 要求:不允许说出"中"字,遇到"中"用拍手代替;

d. 出错者被淘汰;

e. 教师视需要加入或退出；

f. 决出最后胜利者。

可依据该形式开发出多种类型的游戏。

12. 数数

具体方法：a. 所有参与者围成一圈；

b. 按逆时针或顺时针方向数数字；

c. 约定：不能数"7"或尾数有"7"的数字，必须以"啊"代替，如果发"啊"的同时拍手，则方向逆转；

d. 出错者被淘汰；

e. 教师视需要加入或退出；

f. 决出最后胜利者。

13. 拍手

具体方法：a. 所有参与者围成一圈，依次拍手；

b. 规则：拍一下手表示顺时针传递，拍两下手则改变方向为逆时针传递，每位儿童均可选择拍一下或两下；

c. 如果进行起来有困难，则可以先从拍一下和拍两下分别进行，之后再综合起来。

14. 指东打西

具体方法：a. 所有人围成一圈；

b. 报数，每个人都有一个数字；

c. 从任意儿童开始，说出任意数字，并用手指向对方；

d. 被指向的儿童不动，左右两边的儿童同时发出"啊"的声音；

e. 被指向的儿童继续下去，做错者淘汰。

也可以增加指令，如"笑""跳"等。

15. 动感报数

具体方法：a. 2～3人一组；

b. 按1、2、3、4、5报数，持续数次；

c. 把"1"换成约定的动作或声音，用动作或声音表示"1"，继续报数；

d. 逐步把2、3、4、5都用动作或声音替换掉；

e. 每组进行展示。

16. 越说越长

具体方法：a. 所有人围成一圈；

b. 从任意儿童A开始，发出一个声音，如"啊"；

c. 相邻儿童 B 首先模仿上一位儿童发"啊",然后再发出任意声音,如"嘿";
d. 相邻儿童 C 模仿前两位发出"啊""嘿",再发出任意声音,如"呸";
e. 依次进行,做错者淘汰,直到无法继续为止。

17. 越做越多

方法同上,把"发声音"改成"做动作"(全盲者在辅助下参与)。

第三节 想象力与信念练习

一、想象力与信念

在戏剧教育中,想象力常和信念与真实感连在一起。它们共同作用,让虚拟的活动得到真实的推动,让虚构的一切被营造得具体而丰满。

想象力是个体素养中最有创造力、最具生动色彩的一种,爱因斯坦认为,想象力比知识更重要。美国戏剧教师桑福德·梅斯勒曾经说过:"表演是在想象的世界里进行的真实行为。"斯坦尼斯拉夫斯基认为想象是表演的核心,想象力是戏剧的基本素质。培养与运用想象力,能帮助参与者去真听、真看、真感觉,去获得对于行动和角色的信念,从而让参与者能在虚拟的环境中去真实地扮演和表达。

"信念"简单来说就是"相信",就是"假戏真做"。信念感是戏剧的基础,也是戏剧素质的根本与核心。信念感的建立,可以帮助参与者集中自己的注意力,有目的地控制形体的表达、设计舞台行动,激发表演的激情与创造欲。如果脱离了信念,那一切表现必定会浮于表面,会显得空洞和虚假做作。

通过想象力与信念的练习,可以让参与者产生真切的认知,诱发真实具体的心理感受,激发恰如其分的形体动作表达,增强人物的表现力与感染性。

二、综合练习

(一)"我是×××"练习

1. 我是外星人

具体方法:a. 想象自己是某个星球的外星人;
b. 用身体动作和声音表现出来;
c. 轮流上场表演。

2. 我是×××

具体方法：a. 想象自己是任意物种；

b. 在场地上用动作表现出来；

c. 场下问："你是谁？"

d. 表演者回答："我是×××"，如"我是小蜜蜂"；

e. 场下问："你在做什么？"

f. 表演者回答，如"我在采花蜜"；

g. 轮流表演。

3. 人生三连问

具体方法：a. 所有参与者赋予自己虚拟的身份，回答3个问题，答案尽量天马行空；

b. 场下齐声问："你是谁？"

c. 场上儿童边做动作边回答，如"我是蚂蚁"；

d. 场下齐声问："你从哪里来？"

e. 场上儿童边做动作边回答，如"我从喜马拉雅山上下来"；

f. 场下齐声问："你到哪里去？"

g. 场上儿童边做动作边回答，如"我要去告诉人类，雪山都融化啦"；

h. 轮流进行。

4. 我是大明星

具体方法：a. 想象自己是某位众所周知的明星偶像（也可以是身边的同学和老师）；

b. 在场地上用语言和动作表现出来；

c. 被正确猜出则为成功；

d. 轮流进行。

(二) 互动游戏

1. 词语接龙1

具体方法：a. 所有参与者围成一圈；

b. 从任意儿童开始，随意说一个词语，如"视障"；

c. 相邻儿童通过联想与想象，说出想到的词语，如"魔法扫帚"；

d. 下一位儿童继续，如"龙"；

e. 按顺序进行；

f. 结束后，分享联想与想象的过程。

2. 词语接龙2

具体方法：a. 所有参与者围成一圈；

b. 教师任意给出多个不相干的词语，如"语文""游泳""树叶""火箭"；

c. 要求在一圈内，能把这些词语联系在一起，并呈现出合理的想象过程；

d. 分享这个过程。

3. 传递物品1

具体方法：a. 所有参与者围成一圈站立，教师拿出任意物品，如一根小木棍；

b. 从任意儿童 A 开始，把它想象成一种表演道具进行表演，如话筒、冰糖葫芦、魔法棒……完成后，传给相邻儿童；

c. 儿童 B 接过后，改变物体属性，进行表演，完成后，继续传递；

d. 按顺序进行，直到一轮结束。

4. 传递物品2

具体方法：a. 所有参与者围成一圈站立；

b. 从任意儿童 A 开始，把想象中的物品传递给相邻的儿童 B，并作简单描述，如"这朵美丽的花送给你"；

c. 儿童 B 接过后，先做出和儿童 A 的描述相符合的动作，如闻花香；

d. 然后改变该物体的属性，传给儿童 C，继续描述，如"这碗汤好烫啊"；

e. 按顺序进行，直到一轮结束。

5. 万物生长

具体方法：a. 所有参与者想象自己为任意一种生物，随教师的提示作出相应的变化，以"树"为例；

b. 教师提示：种子在生长，钻出了地面，露出了萌芽；

c. 教师提示：一阵细雨，嫩芽舒服极了；

d. 教师提示：一阵大风，小树被吹得东倒西歪；

e. 教师提示：小树长得枝繁叶茂，鸟儿也停在上面做窝；

f. 教师提示：一阵秋风，小树的叶子都凋零了；

g. 教师提示：冬天，小树被冻得瑟瑟发抖；

h. ……

i. 完成后，交流各自感受。

6. 找物品

具体方法：a. 教师事先在排练厅藏好物品，如放在窗台上的棒棒糖、别在窗帘上的发夹、放在椅子上的巧克力、藏在椅子下的乒乓球、粘在椅子背后的卡片、发出细微声音的小音响、开启的小电风扇（手持式可装电池的）等；

b. 在活动开始前,老师要求所有参与儿童去找出这些物品(为提高真实性,调动参与者的身体与情绪状态,找到的物品可以归他们所有);

c. 完成以后,请大家展示胜利果实,并讲述自己是怎样找到的;

d. 让一或几位儿童走上场地,在没有实物和实景的情形下,再现之前寻找的过程;

e. 场上儿童分享两次活动的差异;

f. 教师及场下儿童点评。

如果教师来不及事先布置场地,也可以在活动时,当着所有参与儿童的面,扔出一把硬币或一袋乒乓球等物品,让大家去找出来。

7. 有与无

具体方法:a. 根据练习内容,准备若干物品,如盲杖、雨伞、拎包、书、装满水的桶等;

b. 先把准备的物品随意分给儿童,让儿童运用这些物品(如持杖行走、撑伞、夹公文包、看书、拎水桶等)从活动场地上走过,并尽可能记住这种感觉;

c. 教师收回物品;

d. 让儿童继续按照之前的方式(无实物表演)从活动场地上走过;

e. 儿童谈两次活动的感受;

f. 可以让儿童继续体验有实物时的身体状态,并继续进行无实物表演;

g. 师生点评。

8. 时空变换

具体方法:a. 教师指定任意一个行动(动作),通过不断变换该行动的时间、地点和人物的身份,来改变表演儿童的行动方式;

b. 选择一或数位儿童站到活动场地,准备表演;

c. 教师发布行动口令,如脱下外套;

d. 场地上的儿童根据口令进行表演;

e. 教师变换口令,如体育课上、坐在教室里、洗澡前、睡觉前、在商店更衣室里试衣服、换打门球的服装、拳击开始前、在空间站里换宇航服出舱等;

f. 场上儿童根据口令作出对应的变换;

g. 教师及观看儿童点评。

9. 打电话

具体方法:a. 教师给定场景或关键词,如迷路了、道歉等;

b. 任意儿童和虚拟的对象打电话,完成表演。

c. 师生共同点评。

10. 看电视

具体方法：a. 把场地设想为电视机荧幕，一位或数位儿童站在场地中；

b. 其他儿童和教师坐在场下，扮演看电视的人；

c. 可以先由教师掌控"电视频道"——教师用语言来描述电视内容，如"场上正在进行精彩激烈的足球比赛"；

d. 场上儿童根据场下的描述进行相应的表演；

e. 接下来可以由任意儿童变换"电视频道"，改变场上演出内容（要求：起码在演出内容持续 1 分钟以后才能变换）；

f. 场上儿童作出相应表演；

g. 表演结束后，师生共同点评。

11. 创造道具

具体方法：a. 为所有参与者分组，3～4 人为一组；

b. 在场地上放一把椅子（或其他较大的物品）；

c. 要求参与者把椅子想象为任意演出道具，不能说出，而是要将其表演出来；

d. 其他小组猜，猜对为有效；

e. 用小组轮流的方式进行比赛；

f. 决出最后胜利的小组。

12. 人体造型 1

具体方法：a. 根据参与者人数，随机进行分组，保证每组至少有 5 人；

b. 教师给出具体指令，如汉字：王、田、门……单词：love、like、warm……造型：爱心、移动门、笑脸……还可以是抽象的事物，如颜色、气味、感受等；

c. 组内儿童商量数分钟时间；

d. 根据指令摆出造型，可以定格，也可以有局部活动；

e. 教师及其他儿童观察、点评、拍照；

f. 轮流展示。

13. 人体造型 2

具体方法：a. 所有方法及步骤均与"人体造型 1"相同；

b. 增加难度，要求全过程中，同组成员之间不得进行语言交谈，全部通过肢体动作，相互示意，完成整个活动。

14. 猜关系

具体方法：a. 所有参与者自由组合，2～4 人一组，完成 2 分钟左右的创作演出；

b. 教师每次给出一句最简单的台词，如"你好""想你了""再见"；

c. 准备时间为 10 分钟左右,重点在于借助这句台词展示人物之间的关系;

d. 表演过程中只能出现这句台词(可以反复出现);

e. 其他儿童猜测人物之间的关系,猜对则视为演出成功;

f. 轮流表演。

15. 即兴创作 1

具体方法:a. 为所有参与者分组,3~4 人一组,完成 2 分钟左右的创作演出;

b. 教师给每组指定关键词,如红色、绿色……喜欢、讨厌……痛苦、愉快……成功、失败……

c. 准备时间为 10 分钟左右;

d. 表演过程中不能出现该关键词;

e. 其他小组猜出关键词则视为演出成功;

f. 轮流表演。

16. 即兴创作 2

具体方法:a. 为所有参与者分组,3~4 人一组,完成 3 分钟左右的创作演出;

b. 教师指定一组台词,如"你好""什么""再见";

c. 准备时间为 10 分钟左右;

d. 表演过程中只能用到这些台词;

e. 轮流表演。

第四节　协作能力练习

一、协作能力

戏剧教育是在团队中开展的教育,更是面向团队的教育。在戏剧教育中,团队意识、协作能力的培养渗透在活动的全过程中。没有协作素养,一场演出会变得缺乏节奏感与完整性;没有协作能力,戏剧教育将很难得到高质量地开展;没有协作意识,就不可能发挥出团队的才智、展现出团队的力量。

作为戏剧的基本素质,协作能力的训练,有助于增强舞台上的整体观念,有助于参与者之间建立默契、产生合力,有助于彼此间的呼应与激发,有助于整个表演"场"的形成。更重要之处还在于,这一切不仅仅作用于舞台之上,它更会作用于参与者的学习与生活之中,能在他们心中播下平等、信任、尊重、欣赏、宽容、负责的团队种子,帮助他们在今后的成长之路上更好地融入整体,发挥自我。

二、综合练习

(一) 传递练习

1. 传递盲杖

具体方法:a. 以 5~6 人为一组(可以增加人数以提升难度),围成圆圈;

b. 每人手持一根盲杖,垂直放在中间;

c. 要求同时把盲杖传递给右侧儿童;

d. 传递过程中可以喊口令,也可以形成心理节奏;

e. 有盲杖倒下即算全组失败;

f. 可以在小组间展开比赛。

2. 克隆人

具体方法:a. 所有参与者围成一圈站立,每人进行两遍自我介绍;

b. 第一遍,任意儿童走出圆圈,用"我是×××"的句式介绍自己,并加上个性化的动作;

c. 第二遍,该儿童只说"我是——";

d. 其他人一起喊出该儿童的名字,同时重复他的动作(全盲儿童只喊名字);

e. 按顺序进行,直到一轮完成。

3. 空谷回音

具体方法:a. 将所有参与者分组,每组 2~4 人;

b. 每组第一个人任意说一句话或发一个长音,其他人依次重复这句话或语音,像回音一般进行信息衰减;

c. 反复练习。

(二) 组合练习

1. 六点组合

具体方法:a. 所有参与者从 1 到 6 报数,报到的数字即为相对应的盲文点位;

第 1 点 ● ● 第 4 点
第 2 点 ● ● 第 5 点
第 3 点 ● ● 第 6 点

b. 教师说出任意拼音及相应点位,如"b"—12 点,"z"—1356 点;

c. 相应点位的儿童组合在一起;

d. 其他儿童根据点数组合。

2. 半斤八两

具体方法：a. 根据特定类型，如性别、头发长短、衣服颜色等，把参与者分成两组；

b. 其中一组命名为"一两"，另一组命名为"半斤"；

c. 教师给出任意口令，如一斤、八两；

d. 参与者移动，组合出相应的重量；

e. 重量不符的组合被淘汰；

f. 持续给出口令，直到决出胜者。

3. 找朋友 1

具体方法：a. 所有参与者围成一圈；

b. 任意儿童走向圆圈中央，说出自己的某个特点或爱好；

c. 有共同点的儿童迅速聚拢到他（她）身边；

d. 轮流进行。

4. 找朋友 2

具体方法：a. 所有参与者在音乐中自由游走；

b. 教师随意给出口令，如喜欢吃榴莲、喜欢漫威电影、用苹果手机等；

c. 音乐停，符合口令要求的儿童迅速聚拢，集中在一起；

d. 音乐继续，所有人恢复行走状态，直到下一口令出现为止；

e. 教师可以缩短口令间隔，以增加聚拢与解散频率；

f. 分享各自喜欢的组合和朋友类型。

（三）互动游戏

1. 手舞足蹈

具体方法：a. 为所有参与者分组，确保每组都有全盲儿童；

b. 事先制作盲文材料；

c. 全盲儿童根据材料提示做出动作，让低视儿童猜；

d. 猜出最多的一组获胜；

e. 交流与分享。

2. "啾""砰""啪"

具体方法：a. 所有参与者围成一圈，依次报数，所报到的数字即为个人代号；

b. 规则：先喊任意数字，手指向该儿童——若嘴里发"啾"音，则该儿童被"击中"，若嘴里发"砰"音，则击中该儿童左右相邻者各一人，若嘴里发"啪"音，则击中该儿童左右各两人——被击中者抱胸做中弹状；

c. 从任意儿童开始，反应错误者被淘汰或担任之前儿童的角色。

3. "大象""小鱼""椰林"

具体方法：a. 所有参与者围成一圈；

b. 任选一位儿童站在场地中央；

c. 规则：指向任意儿童，嘴里说"大象""小鱼"或"椰林"3个词语中的任一个，被指向者必须做出相应的造型——"大象"由3人组成，中间的做长鼻子，两边的做大耳朵，"小鱼"由3人组成，中间的张嘴喷水，两边的做鱼鳍左右划动，"椰林"由5人组成，向右转，晃动全身；

d. 反应错误者与中间的儿童互换。

4. 中国结

具体方法：a. 为所有参与者分组，5~8人一组，围成圆圈站立；

b. 所有人伸出双手，交错握在一起，形成"中国结"；

c. 组内合作，通过各种方式，解开"结"，恢复圆圈；

d. 如有死结，教师可以适当打开。

5. 人体斗兽棋

具体方法：a. 视人数把所有参与者分成2或4组，组与组之间展开竞赛；

b. 规则：所有组共同用造型表示老鼠、大象和小猫，其中老鼠吃大象，大象吃小猫，小猫吃老鼠；

c. 两组面对面站立，处在场地两侧，然后同时充满气势地朝前移动，走到场地中间（两组间保持约两人的距离），所有组员集体摆出造型，决出胜负；

d. 另外，组内造型不统一者也算输；

e. 制定赛制，决出最后胜者。

也可以用胜方掠夺对方"俘虏"的方式增加趣味性，一方完全被俘，则游戏结束。

6. 照"镜子"

具体方法：a. 根据视力分类（低视、全盲），将参与活动的儿童按两人一组进行分组，低视与低视儿童一组，全盲与全盲儿童一组（可适当将男女全盲同学分开）；

b. 同组两人面对面站立；

c1. 低视力：任意一人开始持续地做一组动作（如洗脸、伸懒腰、乘车等），要求动作清晰，可以比生活中略微慢一些，另外一人则几乎同步开始再现对方的动作，与对方动作一致，如同镜像效果一般；

c2. 全盲：两人直立，其中一人改变一到两处身体动作，另一人通过触摸发现改变之处，并用自己的身体进行再现；

d. 组内两人角色可以随时互换；

e. 选择表现出色的组合进行展示。

7. 照"哈哈镜"

具体方法：a. 根据视力分类（低视、全盲），将参与活动的儿童按两人一组进行分组，低视与低视儿童一组，全盲与全盲儿童一组（可适当将男女全盲同学分开）；

b. 同组两人面对面站立；

c1. 低视力：任意一人开始持续地做一组动作（如洗脸、伸懒腰、乘车等），要求动作清晰，可以比生活中略微慢一些，另外一人则几乎同步开始再现对方的动作，要求进行夸大、缩小或拉伸；

c2. 全盲：两人直立，其中一人改变一到两处身体动作，另一人通过触摸发现改变之处，并用自己的身体进行再现，同样要求有夸大、缩小或拉伸的改变；

d. 组内两人角色可以随时互换；

e. 选择表现出色的组合进行展示。

8. 连体人

具体方法：a. 教师事先准备好哨子、铃鼓或其他发声物品；

b. 组织所有参与者互搭臂膀，围成一圈站立——如果人数过多，则可以按 10 人左右一组进行分组；

c. 教师约定行动记号：如击一下掌表示整体快速向中心移动，击两下掌表示整体尽力向身后扩展，吹一下哨子表示整体顺时针转动，吹两下哨子表示整体逆时针转动；

d. 全过程中手臂不能松开。

9. 娱乐现场

a. 选择视障儿童熟悉程度较高的电视娱乐节目类型，如《欢乐喜剧人》《快乐大本营》《中国好声音》《极限挑战》等，节目可根据大家的关注情况进行灵活调整；

b. 参与者自由分组，组内合作，模仿节目中的角色设置进行表演；

c. 被其他儿童猜中则视为成功；

d. 讨论、点评；

e. 轮流进行。

10. 四格漫画 1

在漫画作品中比较常见四格漫画这种形式，每一格漫画都具有独立情景，四格之间又保持联系，共同构成一格故事。我们经常借鉴这种方法，充分尊重学生的想象与创造力，把扮演步骤进行分解，降低表现难度，提高训练效率。

具体方法：a. 活动之前讲述四格漫画练习要求，简单来说，就是要求大家根据主题，定格 4 个瞬间（拍出 4 张照片）；

b. 根据参与儿童人数进行分组，一般以 4~5 人一组为宜；

c1. 教师给出"漫画"主题，起始阶段可以简单些，以贴近视障儿童生活为主，以动作性场景为主，如过马路、吃面条、运动会、春游、乘车等；

c2. 一段时间以后可以增加难度，扩大主题涵盖范围，给予视障儿童更大的解读与表达空间，如童年、老师、兴奋、成功、痛苦、告别等；

d. 以组为单位进行讨论，确定表现场景、各组内容、角色分工、动作造型等；

e. 一般要求在 5~10 分钟左右的时间内完成创作；

f. 每组轮流进行展示（可以由教师或每组代表喊"一、二、三、四"，进行四格场景切换）；

g. 拍下定格造型，发到群里；

h. 展示与分享小组的创作构思及体会；

i. 教师与观看儿童进行点评。

11. 四格漫画 2

活动组织及方法均同于前一个游戏，但是在练习过程中加入动态元素。

具体方法：在每组展示定格的过程中，教师依次在每个成员的肩上拍一下，被拍到的成员必须说出一句和角色有关的话（或是内心独白，或是人物对话）。

12. 四格漫画 3

活动组织及方法均同于前一个游戏，但是要求能够进行连贯性的表演。

具体方法：每组依然先展示 4 个定格画面。其后，把 4 个定格画面串在一起，进行短剧表演。要求剧情必须连贯，符合主题要求，且要求定格的四格应该是其中的关键环节。

第七章　戏剧教育中的空间感知及行动练习

苏联戏剧家霍洛道夫在《戏剧结构》中指出:"可以给戏剧结构下这样的定义,即时间和空间方面对戏剧行动的组织。"戏剧是受空间限制的艺术。戏剧动作的组织,必须在一定的舞台空间和时间提供的可能性中进行。时间、空间和行动,是戏剧的最主要要素。在本章中,我们主要讨论戏剧空间、戏剧形体塑造及戏剧行动。

第一节　空间感知练习

一、戏剧空间概述

空间是运动的存在和表现形式。具体事物只有在一定的空间里才能存在,一切具体的行为、现象、事情都在具体的空间里发生、发展和结束。戏剧教育所需要的空间是一种特殊的空间样式——根据活动样式的不同,对空间的需求也不尽相同,不过,在绝大多数情况下还是和戏剧表演的舞台空间相似,只是不需要像舞台空间要求的那样专业和严格罢了。本节我们主要以舞台空间样式为参照,将其作为空间感知的练习依据。

在戏剧的发展史上,曾经出现过各式各样的舞台,主要可以归为伸出式、拱框式、中心式三种样式。舞台是演员的存在空间,舞台区是动作的空间。在戏剧作品中,最主要和基本的表现手段是行动,而空间和时间则是动作得以实施的最基础的载体,是使之能成为剧的先决条件。瑞典舞台美术家阿庇亚将舞台美术的各种要素按照重要性排列,依次是空间、灯光和绘景。空间被排在首位。

舞台在空间上包括三个部分,底面、垂直面和顶面。底面是其中最重要的要素。舞台行动大多在底面上展开,底面直接影响了戏剧的表达和演员的表演。这也是我们开展戏剧教育活动所面对的主要区域。垂直面可以起到分割舞台空间、间隔、屏障和背景等作用。舞台的底面与垂直面相互联系。舞台的顶面主要限制舞台的高度，是舞台灯光最集中的区域。

对于视障儿童的运动及感知特点，本书在第二章作了较为详尽的叙述。这里，仅引用法国现象学代表莫里斯·梅洛-庞蒂在《知觉现象学》中的部分发现，以进一步丰富这方面的认知。

在叙述视障者、空间（物体）和盲杖的关系时，他说："盲人的手杖对盲人来说不再是一件物体。手杖不再为手杖本身而被感知，手杖的尖端已变成有感觉能力的区域，增加了触觉活动的广度和范围，它成了视觉的同功器官。在探索物体时，手杖的长度不是明确的和作为中项起作用的；与其说盲人通过手杖的长度来了解物体的位置，还不如说通过物体的位置来了解手杖的长度。物体的位置是由触摸物体的动作的幅度直接给出的，除了手臂伸展的力度，手杖的活动范围也包括在动作的幅度中。

当手杖成了一件习惯工具，触觉物体的世界就后退了，不再从手的皮肤开始，而是从手杖的尖端开始。人们想说，通过手杖对手的压力产生的感觉，盲人构造了手杖及其各种位置，这些位置接着又使第二能力的物体，外部物体处在中间……手杖成了身体的一个附件，身体综合的一种延伸。"

这让我们对视障儿童的触摸觉的形成和感知习惯的建立，有了新的认识和想法，并利用这思路，设法迁移挖掘到其他感觉的运用方式中，以扩大他们对空间的感知范围。

"因为我们是在利用我们与世界的经常接触中获得的联系时得到它们的（空间知觉）。没有背景的最初知觉是难以想象的。任何知觉都必须以感知的主体的某个过去为前提，作为与物体相遇的知觉的抽象功能包含了一种使我们得以造就我们的环境的更隐蔽的活动。"

语句非常佶屈，简单来说，可以理解为生活经验与积累对于形成新空间知觉具有关键价值。作者还举了我们在陌生地点的感受与体验来说明这一点，非常具有启发性。这一理念，我们也揉入了对视障儿童的空间练习活动中，起到了较好的效果。

二、综合练习

（一）伴音练习

1. 紧锣密鼓

具体方法：a. 准备铃鼓作为练习道具，选择较为空旷的空间作为练习场地；

b. 与参与儿童约定信号,如"咚——咚——咚……"慢节奏的击鼓信号意味着顺时针行走,"咚咚咚咚咚咚……"紧促的击鼓信号意味着逆时针走,"铃铃铃铃铃……"摇动铃鼓的声音则意味着向声源靠拢;

c. 教师控制铃鼓声和节奏,大家随之在场地中自由游走;

d. 注意:在行走过程中可让全体视障儿童都戴上眼罩,以更好地(对低视力同学而言)获得空间感受,可视情形让视障儿童在行走时发出声音(如气息声、朗诵诗词、念台词等),以免相撞,铃鼓信号和行走的内容可随视障儿童的水平和需求进行调整。

2. 一锤定音

具体方法:a. 准备铃鼓(小鼓或者能够发出声音的任意物品)作为练习道具,选择较为空旷的空间作为练习场地;

b. 选择一位具有剩余视力的视障儿童敲击铃鼓;

c. 其余视障儿童戴上眼罩,处在空间的一端,击铃鼓儿童处在空间的另一端;

d. 以敲击铃鼓为信号,敲击快则行走快,敲击慢则行走慢,声音停则保持静止不动,先到声源位置者获胜(击铃鼓儿童处),获胜者可以和敲铃鼓者互换角色;

e. 敲击铃鼓儿童同时负责监督,如发现犯规行为,则犯规者被带回起点重新出发;

f. 可以分别按照空间的横向路线和纵向路线安排行走路线,如下图所示。

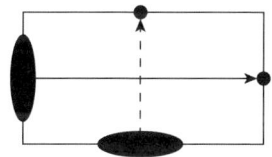

(二) 空间练习

1. 走一米

具体方法:a. 截取 1 米长的地垫(没有条件也可以用绳子、木棍等)N 块,或是直接在地面上量好 1 米的长度,在两端贴上凸起(用脚能够明显感知)的胶带;

b. 要求视障儿童用多种方式走完这段长度;

c1. 一步走完;

c2. 两步走完;

c3. 三步走完;

d. 每种方式均反复练习,直到距离准确并建立起动觉记忆;

e. 撤除地垫或标志;

f. 继续让视障儿童用上述 3 种方法走出 1 米长度；

g. 教师检测，如误差较大则继续进行练习。

2. 时钟定位法

时钟定位在军事领域应用广泛。由于其所定位置为相对方位，对于视障者来说具有很强的实用性，在"定向行走"的学科中运用较多。把这技巧迁移到戏剧教育领域，效果同样明显。

具体方法：a. 首先明确时钟定位概念，在内时钟定位中，定位者想象自身处在钟面的圆心处，正对的方向为 12 点位，背后的方向为 6 点位，左边的方向为 9 点位，右边的方向为 3 点位，其余依次类推，具体见下图；

b. 时钟点位随着定位者的方向改变而改变；

c. 视障儿童随机站立（最好朝向不同），根据教师报出的点位，用手做相应的指向（彼此间的指向应该是不一样的）。

3. 时钟定位练习 1

具体方法：a. 每两位视障儿童为一组，自由分组（最好每组均有低视力儿童，没有的话教师可以协助观察）；

b. 每组约定发出的声音类型（如掌声、口哨声、跺脚声、动物叫声等，为训练他们注意力，最好不要使用双方名字为信号）；

c. 儿童 A 戴眼罩（如不是全盲），儿童 B 以对方为圆心，绕着对方移动，并在停下来的时候发出约定的声音；

d. 儿童 A 根据听到的声音先用手指向声源，然后朝声源方向转身；

e. 儿童 B 负责观察（如全盲则教师进行协助）；

f. 如无法完成，则设法缩短双方距离，或改变声音（换为辨识度更高的声音）；

g. 双方进行角色交换；

h. 选择优秀者进行展示。

4. 时钟定位练习 2

具体方法：a. 每两位视障儿童为一组，自由分组；

b. 每组约定发出的声音类型（同上）；

c. 儿童 A 戴眼罩(如不是全盲),儿童 B 以对方为圆心,绕着对方移动,并在停下来的时候发出约定的声音;

d1. 儿童 A 朝声源方向转身,并和儿童 B 发出同样的声音,儿童 B 用视觉(如是低视力)及听觉(如是全盲)观察对方是否正确,教师可以协助判断;

d2. 儿童 A 朝声源方向转身,并向儿童 B(声源)方向行走,双方触碰到则视为成功(提醒儿童慢速行走,以免冲撞);

e. 如无法完成,调整方法同上;

f. 双方进行角色交换;

g. 选择优秀者进行展示。

5. 时钟定位练习 3

具体方法:a. 任选一儿童 A(低视力者须戴眼罩)站在中间;

b. 在其 4 个最基本方位(3、6、9、12 点位)各安排一位儿童(与儿童 A 的距离可以作不同的调整,有的近有的远),如下图所示;

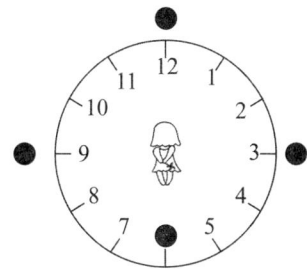

c. 4 个点位的儿童依次拍手(或发出其他约定的声音);

d. 儿童 A 随声音转向拍手儿童,并判断距离(几米或几步);

e. 教师及其他儿童观察儿童 A 的转向与判断是否准确;

f. 在任意一次判断之后(明确几米或几步),发出指令,让儿童 A 走向声源,若符合预先判断则视为成功(在预计的米数或步数上触碰到发出声音儿童,允许有一定误差);

g. 轮换进行。

6. 时钟定位练习 4

具体方法:a. 任选一儿童 A(低视力者须戴眼罩)站在中间;

b. 在周围(任意点位)随机安排数位儿童(与儿童 A 的距离各不相同),如下图所示;

c. 各点位儿童依次拍手(或发出其他约定的声音);

d. 儿童 A 随声音转向拍手儿童,并判断距离(几米或几步);

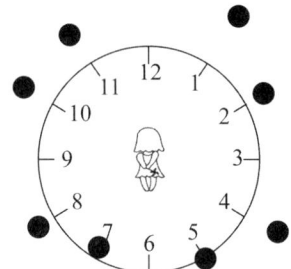

e. 教师及其他儿童观察儿童 A 的转向与判断是否准确;

f. 在任意一次判断之后(明确几米或几步),发出指令,让儿童 A 走向声源,若符合预先判断则视为成功(在预计的米数或步数上触碰到发出声音儿童,允许有一定误差);

g. 轮换进行。

7. 时钟定位练习 5

具体方法:a. 要求参与儿童戴上眼罩,随机站立,并随意发出各种声音(要求不能和别人重复);

b. 任意指定一位儿童 A,要求他根据不同的声音,来判定周围儿童所处点位;

c. 要求儿童 A 根据周围声音,记住自己的位置;

d. 把儿童 A 带离(视具体情形决定带离的远近);

e. 周围儿童继续发声,要求儿童 A 找回自己位置;

f. 其他儿童安静,儿童 A 发声;

g. 其他儿童根据声音,判定儿童 A 是否成功(以找回原位为成功标志);

h. 交换人员,继续进行。

8. 时钟定位练习 6

具体方法:a. 任选几位参与儿童在长方形区域内随机站立(相互间保持一定距离),并发出不同的声音;

b. 其他儿童戴上眼罩,处在长方形区域两侧,如下图所示(为行文便捷,为区域内儿童进行英文编号);

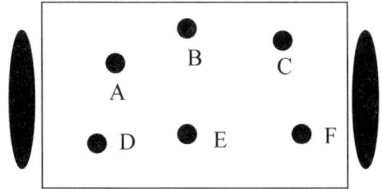

c. 要求两侧儿童根据声音情况,记住区域内相应儿童的位置;

d. 根据区域内儿童站位,指定任意点位,要求两侧儿童(一或数位)走到指定点

位(点位的指定可以有难易的进阶);

  e1. 起始阶段,可以简单些,如 A、6 点钟点位,E、12 点钟点位,F、3 点钟点位;

  e2. 可以在前一阶段基础上,加上距离要求,如 A、6 点钟点位、1 米远,E、12 点钟点位、3 步距离,F、3 点钟点位、2 米远;

  e3. 练习一段时间后,则给出更复杂指令,如 B、5 点钟点位,F、10 点钟点位,C、8 点钟点位,E、12 点点位,D、1 点点位,A、6 点点位;

  f. 由区域中的儿童和未行走的儿童判断是否成功;

  g. 教师进行最后裁决;

  h. 交换人员,继续进行。

9. 伴随行走

这种方法可以帮助视障儿童快速了解所处空间的整体特点,并通过反复演练形成动作记忆,从而顺利完成戏剧教育活动中的行动任务。

  具体方法:a. 将低视力儿童和全盲儿童两两组合,如有需要,教师也可参与;

  b. 使用导盲随行方法,带领全盲儿童行走;

  c. 可以先按照区域的横向路线,从一端走向另一端;

  d. 其次,按照区域的纵向路线,从一端走向另一端(两次行走没有先后顺序之分);

  e. 如有必要,可重点演习全盲儿童需要的活动路线。

10. 讲解板

视障儿童(尤其是全盲)借助触觉和有限的视觉往往只能感受到自身所在的区域,很难有全局性的认知。因而,视障儿童在空间中往往会表现出整体掌控能力欠缺、对于自身和空间关系缺乏了解、对于同伴之间的位置关系不清晰等不足。这时,把整个区域等比缩小到视障儿童可以感知的"讲解板"(白板等)上就非常有效,可以帮助他们了解全局,形成整体概念,并建立起心理地图。

  具体方法:a. 准备白板一块(大小以考虑视障儿童臂展和便于视障儿童双手触摸为原则,一般长宽控制在 1 米上下),准备不同颜色、形状和大小的磁贴若干;

  b. 借助讲解板(可根据需要按比例"分割")让视障儿童了解整个空间的大致形状、长宽比例、空间布局、道具摆放等各类信息,帮助视障儿童形成初步的心理地图,为他们实地行动打下基础;

  c. 通过磁贴,让视障儿童明确自己在空间中所处的位置,清楚自身和空间的关系;

  d. 通过不同形状、大小、颜色的磁贴,帮助视障儿童了解其他伙伴的站位,了解自己和他人之间的位置关系;

e. 如有布景或道具，也可通过讲解板呈现出来。

11. 幕布定位法

我们知道，幕布是舞台不可或缺的组成部分之一，舞台幕布有着装饰舞台、分隔空间、提高演出效果等作用。一般来说，舞台上基本幕布主要有大幕、二道幕、三道幕和天幕。大幕在舞台台口内侧，是舞台的门户，也是舞台的主要幕布。它主要用于演出开始和结束时的启闭，有时也作场幕使用。二道幕设置在三分之一台深稍往后位置，三道幕在三分之二台深处。它们可以根据演出需要分割演出区域，当有特殊需要时又可作为底幕来渲染气氛。天幕位于舞台演出空间的最后部位，可以根据演出需要变换环境背景。

舞台的这个特点也为我们的空间行动和定位提供了帮助。

具体方法：a. 通过教师描述，借助讲解板提示，帮助视障儿童了解舞台上的幕布类型及分布区域；

b. 重点利用大幕、二道幕和三道幕；

c. 把任意活动区域，按照这3道幕布进行分割（可以用胶带在地面上贴出能被脚部感知的凸起，也可以在两端对应位置摆放物体作为标记），如下图所示；

d. 让大家沿每道"幕"行走，直到熟练掌握3道幕布各自的位置和相互间的关系为止；

e. 在舞台演出过程中，只要将视障儿童带领到相应的幕布后，并稍作讲述，他就可以对整个舞台和自身的位置有个大致了解了。

12. 幕布游戏1

为了让视障儿童熟悉幕布间的位置关系，可以设计非常多的游戏，这里仅列举两例。在具体运用过程中，可以改编或开发出更多的游戏。

具体方法：a. 把参与儿童分为两组；

b. 两组成员分别站在大幕和三道幕的位置上，相向而立；

c. 开展各类竞赛活动（如猜剪刀石头布、身体剪刀石头布、语言类活动、反应类活动等）；

d. 赢的一方全体向前一步，输的一方则全体后退一步；

e. 占领对方位置的一方获胜。

13. 幕布游戏 2

具体方法：a. 分组及站立方式同上；

b. 在二道幕的位置放上一根长竹竿或拉起一根长绳（也可在地面放上一排瓶子），在竹竿或长绳上系上数个（也可以依据参与人员情况，每人对应一个）大铃铛或者小铃鼓；

c. 双方每次出一位队员，跑到二道幕位置，触碰到（或敲响、推倒）铃铛或铃鼓（瓶子）之后，再返回原位，下一位队员继续接力；

d. 率先完成任务的一方获胜；

e. 二道幕布置的道具可以是发出声音的物体，以对全盲儿童进行引导；也可以是不发声物体，由各方队友进行语言指引，注意防止冲撞。

14. 四区定位法

具体方法：a. 把舞台大致分为 4 块区域，并用英文字母进行编号，如下图所示；

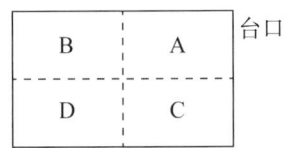

b. 通过讲解板，帮助视障儿童了解 4 块区域，并明确每个字母对应的区域位置与范围；

c. 参与儿童自由选择在活动空间任意位置站立；

d. 教师随机报出 4 个字母中的一个；

e. 所有人往该区域移动；

f. 以进入正确区位为成功标志。

15. 四区定位游戏

为了让视障儿童熟悉舞台划分及相互的位置关系，可以设计非常多的游戏，这里仅列举一个作为示例。在具体运用过程中，可以改编或开发出更多的游戏。

具体方法：a. 为增加趣味性，可以赋予 4 块区域以具体场景，结合场景化游戏帮助视障儿童掌握空间特点；

b. 教师可以设计各种场景，这里以应用较多的沙漠、海洋、森林、山洞为例；

c. 将 4 个区域与上述的 4 种场景对应，如下图所示；

d1. 教师给出口令，如"森林"，则所有人往森林区域移动，若是"沙漠"，则所有人往沙漠区域移动，跑错区域者被淘汰；

d2. 也可指定不能前往的区域，如约定教师的口令是"台风"，则不能前往海洋

区域,口令是"塌方",则不能前往山洞区域,口令是"着火",则不能前往森林区域,口令是"尘暴",则不能前往沙漠区域,跑错者被淘汰;

　　d3. 还可以增加难度,指定每个区域的最大承受人数,当人数满了以后,后来者不能入内;

　　e. 随机变换口令,根据参与活动儿童情况,随机改变人数要求;

　　f. 也可使用"安全"口令,大家听到该口令后,可以停留在该区域,也可前往任意区域;

　　g. 留到最后的一人或数人为获胜者。

16. 九区定位法

把舞台空间分割成 9 块区域,使视障儿童能有更细致的了解,使他们在行动过程中有更准确的把握。

具体方法:a. 把活动空间人为地分割成 9 块区域,并为每块区域进行数字编号,如图所示;

			台口
3	2	1	
6	5	4	
9	8	7	

　　b. 通过讲解板,帮助视障儿童了解这 9 块区域,并明确每个数字对应的区域位置与范围;

　　c. 参与儿童自由选择在活动空间的任意位置站立;

　　d. 教师在 1~9 之间随机报出一个数字;

　　e. 大家用各种方式往该区域移动;

　　f. 以进入正确区位为成功标志。

17. 声音定位

利用各种声音帮助视障儿童进行定位。此种方法往往可以和其他方法结合使用,运用范围较广。试以结合"九区定位"为例,进行说明。

具体方法:a. 让参与儿童戴上眼罩,先后站在面对"舞台"的观众区域(更容易判断)和侧面"上台口"的位置(难度相比较大);

c. 在 9 块区域中的任一区发出声音(放音乐,或由视障儿童发声);

d. 判断声音所在的区域;

e. 走向声音所在的区域;

f. 以判断准确并走到该区域为成功标志。

18. 安全栏

具体方法:a. 选出 4 位低视力儿童,给每人发不同颜色的标签(若有条件,可同时分发小铃铛之类的发声器材),让他们站在活动空间的 4 个端点;

b. 活动开始,4 位儿童在端点持续用手或嘴发出声音(或者用发声器材发声),用声音在空间四周围成安全栏;

c. 其他儿童戴上眼罩(全盲不需要戴),在指定空间内自由游走;

d. 端点儿童在走到端点的视障儿童背后贴上标签,撕下走出安全栏的视障儿童背后标签,若无标签则进行口头警告,警告两次则退出活动;

e. 集齐 4 张标签者视为完成任务;

f. 交换角色,继续游戏。

19. 视觉定位

该方式主要适用于具有剩余视力的视障儿童。

具体方法:a. 准备各种颜色、各种宽度的胶布;

b. 用这些胶布在地面上贴出不同大小的十字贴;

c. 教师发出相应口令,如红色大、白色小、黄色中等;

d. 参与儿童根据口令走向不同胶布区域;

e. 正确率高者获胜。

注意:活动既培养视障儿童对胶布(地贴)的视觉敏感性,也是借此让教师明确不同视障儿童的不同视觉诉求。一般来说,宽度在 4 厘米以上、白色或黄色的胶布较易被识别(当然还须考虑地面本身颜色,注意胶布和地面之间的反差)。

另外,也可以增加游戏趣味性,为不同胶布的不同区域进行场景化处理,这种活动类型很多,这里就不多作展开了。

20. 同伴定位 1

具体方法:a. 儿童 A 站在指定区域,并说教师给定的内容;

b. 另一儿童 B(若是低视力者则须戴眼罩)从侧面上场,根据儿童 A 的位置找到自己的对应位置(教师事先指定);

c. 以儿童 B 顺利走到指定位置为成功标志。

21. 同伴定位 2

具体方法:a. 前半部分的具体要求及方法都同上;

b. 要求儿童 A 移动,同时继续说词;

c. 儿童 A 移动完成后,儿童 B 同样作相应的移动,要求仍旧保持之前的位置关系不变。

22. 同伴定位 3

具体方法:a. 前半部分的具体要求及方法都同于"同伴定位 1";

b. 要求儿童 A 移动,同时继续说词;

c. 在儿童 A 移动的过程中,儿童 B 同时作相应的移动,并努力保持位置关系不变。

23. 同伴定位 4

具体方法:a. 前半部分的具体要求及方法都同于"同伴定位 1";

b. 要求儿童 A 移动,同时继续说词;

c. 在儿童 A 移动的过程中,儿童 B 同时作相应的移动,但必须根据教师的要求,作出距离和位置关系的改变。

24. 越走越少

具体方法:a. 根据空间大小安排多人一组(如穿越一个空间需要 18 步,则安排 9 位同学一组);

b. 小组集体从空间的一侧走向空间另一侧,嘴里同时计数(可以两步一数),如 9,并在该位置留下一个同学;

c. 沿原路线返回,比上次少走一个数字,如 8,在该位置留下一个同学;

d. 依次类推,一直数到 1 为止,即所有同学都在位置上站定;

e. 观察是否所有同学相距距离均等,并保持在一条直线上;

f. 分别选择横向、纵向以及对角等线路丈量完整个空间;

g. 可以通过分组竞赛的方式来进行。

25. 运动记忆

运动记忆,是以身体的运动状态或动作形象为内容的记忆。人们运动中的技能技巧,都是由运动记忆所掌握的。利用身体的这个特质,可以帮助视障儿童形成对特定空间的运动记忆。以舞台表演活动为例,在正常演出和比赛过程中,往往很难有机会去提前适应场地(舞台),彩排的时间也极其有限(事实上绝大多数比赛是没有彩排机会的)。这就对视障儿童提出了巨大的挑战。为了应对这种情形,我们就设法先帮助视障儿童形成运动记忆。

具体方法:a. 提前详细了解舞台长和宽的具体数值;

b. 在校园里选定空旷的场所(一般正规舞台都比较大,只有在室外或者体育馆才有可能具有这样的地方),划出和舞台大小一致的场地;

c. 带领视障儿童在该场地上反复练习，形成运动记忆；

d. 迁移运用到演出舞台上。

26. 重点标记法

本方法主要用在具体舞台演出中，作用效果非常明显。

具体方法：a. 准备舞台贴若干卷，要求有不同宽度和颜色的区分；

b. 演出之前，在舞台中心点贴上醒目的舞台贴（一般可以贴成"十"字形）；

c. 根据角色的走位，在相应区域贴上舞台贴（一般在大小、形状和颜色上有别于舞台中心的十字贴）；

d. 在道具所在的位置也贴上定位标贴（亦有别于前两者）；

e. 引领演出儿童去识别这些标贴，有问题及时调整；

f. 如果有条件，可以在标贴上再贴上一道荧光条（可以在暗场时发光），以形成更好的视觉刺激。

第二节　形体练习

一、形体概述

戏剧表演的基本功，可以用"声、台、形、表"四个字来概括。"形"，就是形体。著名戏剧家欧阳予倩曾说："形体、台词是表演艺术的两大支柱。"形体是表演中最为直接的形式，能够为观众带来直观的视觉冲击，在戏剧艺术中起着十分重要的作用。

舞台是通过人体动作表达思想感情和塑造艺术形象的。恰当的形体动作可以提升人物的表现力，传递人物的内在精神，增强表演的生命力。

人物身体的每一个部位，头部、肩部、手部……都能够成为表达感情、展现内心的重要介质。形体动作是外在的动作，更是人物内心情感的表达。和语言表达相配合，形体动作会更具有感染力，并且能够表现出语言所难以表达的情绪。

视障儿童的身体姿态往往存在很多问题。我们在第二章已经有了较多的描述。这里，再略微作些展开。

由于缺乏视觉的支撑与反馈，他们很难把地平线作为水平坐标，很难通过视力观察确定垂直线，因而就难以表现出体态的直立与挺拔，也很难觉察自身的体态问题。他们往往会具有低头、垂肩、弯腰、抬臀和松胯等常规动作。总的看起来，会显得比较萎靡和内缩。

同时,为了保证行走的安全,他们会把剩余视力主要用来观察地面状况,脚步会以蹭步为主——用小碎步的方式拖着在地面上移动,显得既沉重又拖沓,缺乏活力和感染力。

此外,视障儿童在神态上的表现力、肢体表达的准确性等方面均存在极大的不足。甚至可以说,这是他们自我表达时所面临的最大障碍,也是视障者所谓"盲相"的最主要标志。这么多年来,我们作了许多研究,采用了很多策略,取得了一些成效,但还是有很多问题需要在不断学习研究中去探寻解决的途径。

二、综合练习

(一) 伴音练习

1. 跟着音乐走 1

具体方法:a. 为每位参与儿童准备一块瑜伽垫,让他们仰卧在上面,全身放松;

b. 播放节奏舒缓的轻音乐;

c. 教师引导大家把手放在身体两侧,手心朝上,放松,闭上双眼;

d. 根据音乐节奏调整呼吸,慢吸慢呼——吸足,呼净;

e. 跟着音乐节奏,抬手,放下,抬手,放下;

f. 跟着音乐节奏,收腿,放平,收腿,放平;

g. 可以根据需要,加入多种肢体动作;

h. 让参与儿童深入地体会整个过程。

2. 跟着音乐走 2

在前一章的"自我控制练习"中也曾经用过类似方法——事实上,每个活动所对应的素养往往不止一种。

具体方法:a. 为每位参与儿童准备一块瑜伽垫,让他们仰卧在上面,全身放松;

b. 教师播放节奏舒缓的轻音乐;

c. 要求儿童全身放松,沉浸在音乐中;

d. 根据教师的提示语,完成全身的控制与松弛体验;

e1. 教师说"脚",则全体参与者绷直脚尖,并把所有意念集中到脚尖(也可以不做任何动作,仅仅把意念集中到相应部位);教师说"松",则全体脚部放松,精神放松;

e2. 教师说"小腿",则全体参与者收紧小腿肌肉,并把所有意念集中到小腿;教师说"松",则全体小腿放松,精神放松;

e3. 依次类推,教师引导儿童渐次体验"膝盖""大腿""臀""髋胯""腰腹""胸"

"肩""颈""唇""眼眉""耳""上臂""小臂""手腕""手掌""指尖"等部位。

注意：有较多视障儿童对于身体部位概念不清，教师要给与适当提醒；教师语调应轻柔，和音乐节奏吻合，以保持宁静氛围。

3. 跟着音乐走3

具体方法：a. 为每位参与儿童准备一块瑜伽垫，让他们仰卧在上面，全身放松；

b. 教师准备各种类型音乐，如《摇篮曲》《秋日私语》《运动员进行曲》《红旗颂》等；

c. 要求儿童不能发生形体动作，只能用心理、情绪、呼吸去配合音乐，仔细体会自己不同的内在感受；

d. 在充分完成上一环节之后，可以允许他们有少许身体动作，以配合情绪，自由表达；

e. 在充分完成上一环节之后，可以允许他们借助较大动作（如起立、扭动、挥舞、行走等）表达情绪。

4. 发长音

神态表情训练一直是视障教育领域的难点，其中一个重要的原因就在于其可反馈性、可掌握性不足，视障儿童很难自己作出判断。这里介绍一种比较简单的帮助视障儿童体验和保持不同笑容的方法。

具体方法：a. 选择"一""嘿""呵""哈""甜"等汉字，帮助视障儿童体验从微笑到大笑的感觉及面部（主要是口型）变化；

b. 拖长声音发"一"字，保持口型状态，体会面部肌肉变化，记住这种感觉；

c. 拖长声音发"嘿"字，保持口型状态，体会面部肌肉变化，记住这种感觉；

d. 拖长声音发"呵"字，保持口型状态，体会面部肌肉变化，记住这种感觉；

e. 拖长声音发"哈"字，保持口型状态，体会面部肌肉变化，记住这种感觉；

f. 拖长声音发"甜"字，保持口型状态，体会面部肌肉变化，记住这种感觉；

g. 教师根据具体情形进行修正调整，避免表情僵化，力求自然。

（二）体态练习

1. 摸牙齿

为了增强视障儿童的直观体验，让他们获得更直接的反馈，还可以配合运用本方法，帮助视障儿童更恰当地表现出从微笑到大笑的表情。

具体方法：a. 让视障儿童通过嘴巴的开口程度——尤其是牙齿露出的多少来做出相应的表情，并以此为标准来检测自己表情；

b. 不露出牙齿的是微笑（可以通过手指触摸感知，下面步骤均如此）；

c. 露出上排牙齿的是轻轻的笑；

d. 露出上下排牙齿(中间门牙为主)的是中等程度的笑；

e. 牙齿张开,大约可以竖直放入一到两根手指的(视笑的程度)是大笑；

注意：尤其要提醒他们，要通过以两颊为主的脸部肌肉的运动使牙齿露出来，千万不能仅仅只是通过上下唇和鼻部周围的肌肉运动使牙齿露出来。教师更要多作观察、调整，以免适得其反。

2. 眼部练习

眼部练习不仅对视障儿童，对常人来说也是一个非常大的难点——眼部的表情达意丰富多样，练习过程长而复杂，所以在此就不多作展开了。这里仅以表格形式列出眼部动作所能传递出的部分情绪和心理，以及所能代表的人物形象或状态。只需让视障儿童有个大致的了解，形成初步的理性的认识即可。可以等到以后在教师指导下，根据具体的角色塑造需要，再做针对性的练习。这里要说的是，表格里给出的只是一些心理、情形或状态的提示语，在具体处理过程中，这当然不是唯一和刻板的，是可以变化的。

眨动		目光		目光			眼球	眼皮与瞳孔			
快	慢	长	短	集中	涣散	游移	特殊角度	大大	大小	小大	小小
活泼幼稚可爱好奇调皮不解	沉着老练可靠憨厚稳重迟钝	深情欣赏看重喜欢质问追究	害羞轻视害怕讨厌陌生回避	认真专注思索痴情坚定崇高	失神神游木讷愚笨疲惫无聊	心虚慌张焦虑说谎走神投机	斜：不屑 不满 俯：逃避 心虚 轻视 仰：思考 无视	惊讶受惊喜悦畅快得意	仇视愤怒仓促悲愤焦虑	自得悠闲开心满足色眯眯	狡诈阴险邪恶疲惫失落

3. 靠边站

具体方法：a. 指导儿童靠墙壁、门等垂直物站立，并做出以下动作(以靠墙站立为例)：

b. 脚部朝前、并拢,后脚跟贴壁；

c. 小腿肚贴壁；

d. 可在小腿间放一张纸片——不能让纸片落下,同时收紧大腿内侧肌肉；

e. 屁股贴壁,同时臀部肌肉往内侧夹紧；

f. 肩胛骨贴壁；

g. 后脑勺贴壁；

h. 完成上述动作之后,注意做到抬头挺胸,下巴保持水平,手臂自然放在身体

两侧,两肩保持等高水平;

　　i. 可通过触摸腰背部与墙壁间的空隙进行上半身体态调整,以平放入一个手掌多些的厚度为宜,过窄则说明臀部下垂或背部弯曲,过宽则可能有鼓腹动作;

　　j. 播放舒缓音乐,帮助身心放松;

　　k. 教师注意观察调整,力求让儿童看上去体态挺拔自然;

　　l. 督促大家加强平时练习,可每天坚持 15 分钟以上,以形成动作记忆。

4. 背靠背

具体方法:a. 按照身高、体型为参与者两两分组;

　　b. 同组中的两人背靠背站立;

　　c. 两人的小腿、臀部、双肩、后脑勺都贴紧;

　　d. 可在各自的小腿间夹一张小纸片,不能掉下来;

　　e. 播放舒缓音乐,帮助身心放松;

　　f. 教师注意观察调整,留心两人是不是有前后歪斜现象;

　　g. 督促大家加强平时练习,可每天坚持 15 分钟以上,以形成动作记忆。

5. 顶书走

具体方法:a. 所有人原地直立,要求头正、颈直(教师可以进行调整矫正);

　　b. 准备相对比较轻薄的书(以免增加他们的头部及颈椎负担),以新书或精装本为宜;

　　c. 把书放在他们头顶,要求原地保持平衡不让书落下;

　　d. 顶书行走,通过控制头颈部肌肉保持头部稳定,不让书落下;

　　e. 体态自然并坚持时间长者获胜;

　　f. 教师留心矫正儿童姿态,提醒他们不要因为要控制头颈部动作而使全身变得僵硬。

6. 靠墙坐

具体方法:a. 靠墙放上一排小板凳(数量与参与活动的人数一致),所有人在小板凳上坐下;

　　b. 头、肩胛骨、腰部均贴墙;

　　c. 双膝并拢,可在双膝间夹一张小纸片,不能掉下来;

　　d. 播放舒缓音乐,以帮助身心放松;

　　e. 教师注意观察矫正;

　　f. 提醒儿童记住这种感觉,并督促他们在平时没有墙壁的情况下也尽力保持类似坐姿(坐在教室的靠背椅子上,也可通过背部贴紧椅背保持上身挺直)。

7. 身后合十

具体方法:a. 所有人自由站立;

b. 双手放在背后;

c. 指尖朝下,手掌合十;

d. 双手保持合十姿势,从内(背部方向)向上翻转;

e. 双手紧贴背部,指尖向上,保持合十姿势;

f. 通过肢体动作,帮助他们自然实现腰背部挺直。

8. 双臂压竿

具体方法:a. 根据参与人数准备若干根笔直、光滑的竹竿(注意清除木刺和关节处凸起);

b. 选择室外空旷的场所,要求儿童间相互保持足够长的距离(至少大于竹竿长度);

c. 把竹竿自头颈后平放在每人的双肩上;

d. 儿童手臂伸直,自然压在竹竿上,保持水平;

e. 自由行走,保持双肩等高和水平;

f. 教师留心观察儿童姿势,并注意安全问题。

9. 绑竹竿

这种方法容易带来不适,所以除非训练对象形体问题特别严重,并始终难以改善,否则不建议轻易使用这种方式。

具体方法:a. 视需求准备若干笔直、光滑的竹竿(注意清除木刺和关节处凸起);

b. 让相关儿童自然站立;

c. 通过教师指导使之处于挺拔状态;

d. 在背部绑上竹竿,要求竹竿紧贴尾椎骨、脊椎和后脑勺;

e. 让学生在外力的强力矫正下行走,体会这种体态;

f. 可与练习"双臂压竿"结合在一起应用;

g. 征得视障儿童同意之后方可采用这种方法。

10. 人体模特

为增强视障儿童直观感受,由教师或其他儿童将许多视障儿童无法感受(理解)和表现出来的动作、神情表现出来,让视障儿童发挥自身触觉敏锐的特长,通过触摸进行了解,并加以再现。

具体方法:a. 教师或其他视障儿童做出某个动作或神情,如扭胯、高举(火炬等)、惊奇、憧憬等;

b. 表现可适当夸张，保持静止不动；

c. 视障儿童在第三者的辅助下，按照要求进行触摸（从整体到局部，或有序地从上到下、从下到上等）；

d. 视障儿童通过触摸获得初步感受；

e. 视障儿童再现该动作或表情；

f. 教师进行调整。

11. 雕刻塑像

戏剧教育活动经常会对参与儿童提出较高的表情要求，或是对动作造型有着特别的设计。而对此，视障儿童往往无法准确表现到位，这时就可以利用这种方法帮助视障儿童形成肌肉记忆和动作记忆，以达到目的。

具体方法：a. 视障儿童自由站立，保持放松；

b. 教师说出表情或造型要求，如大笑、紧锁眉头、挥拳、扬手等；

c. 视障儿童根据指令，按照个人理解尽力去表现，并保持静止不动；

d. 教师对于儿童的表情或动作进行"雕刻"，如对嘴两侧肌肉进行调整，把眼眉肌肉朝内侧挤压，使之合适自然，或把学生指头挤压在一起，使拳头握紧，或调整手臂上扬角度，或调整手指姿势等，总之，教师用语言描述和手部动作，在视障儿童身体松弛（不对抗）的状态下，像雕刻塑像一样，雕刻出他们的各种造型；

e. 教师撤去手部动作，视障儿童保持静止不动；

f. 静心体会该动作、表情，形成肌肉记忆和动作记忆；

g. 放松，再次呈现该动作造型；

h. 教师继续进行修正，直到儿童能自主做出为止。

12. 照镜子

在排练厅的一面墙壁上装上镜子，有剩余视力的儿童可以对着镜子，做各种表情和动作，通过观察镜子中的自己，调整动作和表情。

教师可以根据情形给予适当的提示和指导。

13. 心理疏导

许多视障儿童在日常行动过程中，常会把手朝前伸出，低下头看路，并且脚步细碎，出现这些行为的主要原因还是出于对环境的不安全感。因此，适当的心理疏导可以帮助他们减少这些动作的出现。

例如，告诉他们整个空间很空旷、平整，告诉他们所处的环境很安全，告诉他们老师会时刻在旁边进行保护……同时结合之前的各种方法，让他们了解整个空间，形成心理地图，明确自身所处的位置……这样的话，可以在很大程度上，减少那些不恰当（自我保护性）动作出现的概率。

这样的疏导非常重要，尤其是在外出演出时。由于对场地的不了解，在陌生环境中，视障儿童会下意识地做出反应性的保护动作。这时，适当的心理疏导，会帮助他们增强掌控力，放下戒备，以比较放松的心理和身体状态去应对各种情况，呈现比较好的形体状态。

14. 身体写字

具体方法：a. 所有人自由站立，放松身体；

b. 根据教师口令，选择运用身体相应部位作为笔，如手指头、脚、膝盖、舌头、鼻子、肩膀、屁股；

c. 教师给出需要书写的字，如数字、字母、汉字、盲文点字等；

d. 用指定部位进行书写；

e. 可以选择表现出色的儿童进行展示。

15. 身体猜拳

具体方法：a. 两两分组，分组时注意不要把两个全盲儿童分在一起；

b. 制定猜拳规则，如直立表示"布"、蹲下表示"石头"、双手举起表示"剪刀"（身体的含义可以根据情形进行任意更改，如双脚前后交叉表示"剪刀"，双脚并拢表示"石头"，双脚分开表示"布"等）；

c. 活动身体，开始"猜拳"；

d. 也可以利用竞赛的方式，决出最后的胜利者。

16. 集体雕塑 1

具体方法：a. 指定儿童 A（最好是比较活泼开朗的）站在场地中间；

b. 教师给定关键词，如老人、运动员、兴奋、崩溃等；

c. 儿童 A 根据老师给出的关键词，做出相应的动作和表情，保持静止，像一尊雕塑一般；

d. 其他儿童围观，点评，提出建议；

e. 规定每次可以有一位儿童对儿童 A 的造型进行调整，且每次只能调整一个地方（也可视具体情形，要求后来者不得更改前人的设计）；

f. 有调整想法的儿童，依次上前，对儿童 A 进行"重塑"；

g. 直到没有人进行调整为止；

h. 教师进行随机点评，也可以进行最后修正；

i. 可以拍下每次调整的照片，发到群里让大家比较。

17. 集体雕塑 2

具体方法：a. 教师给出指定场景或情境，如地铁上、校园一角、生日 Party 等；

b. 准备好之后，任一儿童先站到场地中间，摆出相应造型；

c. 然后,第二位儿童站到场地中,和第一位儿童形成呼应(场景性、故事性),丰富场景元素;

d. 第三位儿童继续上场,增加元素(如关于生日主题,第一位儿童可以双手合十做许愿状,第二位儿童可以做端起生日蛋糕状,第三位儿童可以做准备把蛋糕推翻到许愿儿童脸上的动作……);

e. 以此类推,一直到没有儿童再上去,则视为雕塑完成;

f. 集体完成雕塑过程中,可以允许后来儿童微调前一儿童动作,也可以不允许更改;

g. 拍下照片,发到群中,供大家评论。

18. 集体雕塑 3

具体方法:a. 所有方法及步骤均同于"集体雕塑 2";

b. 要求每位儿童熟记自己的动作造型;

c. 在造型完成后,像快速倒带一样,按照从后到前的上场顺序,依次撤去添加的"雕塑",直到只剩下最初的那位儿童为止;

d. 在"倒带"过程中,可以集体倒喊节拍,如"八二三四,五六七八,七二三四,五六七八……"每一节拍撤去一位儿童;

e. 当台上只剩下最初的儿童以后,继续集体喊节拍,"一二三四,五六七八,二二三四,五六七八……";

f. 之前完成雕塑造型的全体儿童,按照上场顺序,根据节拍重新上场复现原来造型,每一节拍增加一位儿童——整个过程如同视频快进一般;

g. 直到整个雕塑完成为止;

h. 口令的快慢可以根据现场情形调整,以制造不同效果;

i. 拍下视频,发到群里,供大家评点。

19. 集体雕塑 4

具体方法:a. 随机分成 A、B 两组或者 A、B、C、D 四组;

b. 让 A 组全体组员戴上眼罩(全盲者可不戴);

c. B 组组员经过商量之后,集体摆出一个造型(雕塑),并保持静止不动(教师拍照);

d. A 组组员分散触摸 B 组造型;

e. 触摸时间用完后,让 A 组组员离开,B 组组员解除原来造型;

f. A 组组员摘去眼罩,集体讨论,并再现 B 组造型(教师拍照);

g. B 组组员判断造型正确或相似与否(如有 C、D 组,亦同时完成上述步骤);

h. B 组组员重新摆出之前的造型,A 组观察,教师进行适当描述;

i. 共同讨论 A 组正误原因；

j. 两组角色互换；

k. 把两组的"雕塑"作品发到群里，供大家比较点评。

第三节　形 动 练 习

一、戏剧行动概述

戏剧行动，也称戏剧动作，是戏剧的根本特征之一，包括语言、动作、表情、神态等，具体表现在人物"做什么"和"怎么做"上。

亚里士多德在《诗学》中指出："悲剧是对于一个严肃、完整、有一定长度的行动的摹仿……摹仿的方式借人物的动作来表达……这些作品之所以称为 Drama，就是因为借人物的动作来摹仿。"德国剧作家莱辛在《拉奥孔》阐述道："全体或部分在时间中持续的事物一般叫做动作。因此，动作是诗所特有的题材。"黑格尔曾经说过："能把个人的性格、思想和目的最清楚地表现出来的是动作，人的最深刻方面只有通过动作才能见诸现实。"斯坦尼斯拉夫斯基更是主张："在表演中，行动永远是第一位的。"他们都不约而同地指出了行动在戏剧中的重要地位。

确实，戏剧是行动的艺术，行动是戏剧的中心和基础。在戏剧作品中，行动是主要的、基本的表现手段，是戏剧冲突的具体表现。人物性格、主题思想，都是在行动中完成的；如果没有行动，冲突就不可能得到具体的、直观的体现。

每一个戏剧行动都同时包含了三个方面，这三个方面被称为戏剧三要素，包括"为什么""做什么"和"怎么做"，分别指向了戏剧行动的目的、任务和方式（也称为"适应"，包括角色间的调整与应对）。这三要素是行动的根基，是戏剧的灵魂和关键。每一个戏剧行动当然都是带有目的的，只有明确自身目的，才能找到行动的依据，才会使行动变得真实与自然，才能真正抓住行动的任务，明白该做什么。目的不同，相对应的行动任务和方式也自然不同。行动方式——也就是"怎么做"——作用非常重要，在角色创造过程中，只有想清楚该怎么做，人物才会鲜活和自然，形象才会饱满和突出。当然，对于具体怎么做，绝不能仅仅局限于对自身角色的解读，还需要考虑到和其他人物之间的交流，需要考虑到整个剧情的需要。

戏剧行动还可以划分为形体行动和心理行动两类。任何行动都同时包含着心理与形体反应，都同时具有心理和形体两方面要素。戏剧中的行动是心理的鲜明表现,而心理则是行动的动力。所以,戏剧行动应该是心理和形体的统一,是内、外部动作的统一。

如果从外在的(可以呈现出来的、观众可见的)角度来看,戏剧行动则表现为言语动作和形体动作两方面,这是构成表演的两大支柱,其重要性不言而喻。上文已对语言有较多论述,因此形体动作是本章展开的重点。

在第二章中,我们已经探讨了视障儿童在粗大和精细动作发展领域的不足,以及在心理、思维、认知等领域所存在的缺陷。概括起来,简单地说,从群体层面来看,视觉认知的局限、视觉反馈的缺乏,以及由此所引起的心理发展的不完善和充分社交的不足,使得视障儿童动作表现力不足、控制力低下,较难换位思考,不易产生同理心、同情心。也就是说,他们在心理行动和形体行动这两个领域都存在很大的障碍。我们也力图通过各种形式的活动,打开、丰富视障儿童身心,弥补这些不足。在上述几章中,有很多综合练习活动事实上已经结合了这两个领域的内容,下面我们将更集中地呈现一些关乎舞台行动的练习。

二、综合练习

(一) 游走练习

1. 自由游走 1

具体方法:a. 数字 1、2、3、4、5 对应从慢到快的行走速度;

b. 不管以何种速度行走,当听到教师发出"2 人""3 人"等人数口令时,要迅速按照人数要求聚集起来;

c. 没有满足条件的儿童被淘汰。

例如:教师报出任意数字,如"1",则大家用最慢的速度游走;如"3",大家用中速游走;如"5",大家用最快的速度游走。教师根据情形报出任意人数指令,如"5 人",场上人员用最快速度以 5 人为一组集合。不能满足人数要求的小组被淘汰。

2. 自由游走 2

所有基础要求及步骤均同于"自由游走 1"。

具体方法:a. 提升难度:教师的集聚口令中不仅有人数要求,而且增加了相互间肢体接触的规定;

b. 所有人清楚要求以后,则活动开始。

例如:教师报出任意数字,如"2",则大家用较慢的速度游走。教师发布指令,如"3 人,头碰头"("4 人,头脚手膝")。场上人员用最快速度以 3 人为一组集合,且 3 人头部保持接触(4 人为一组,且必须有这 4 个部位的接触)。不符合人数或肢体接触要求的小组被淘汰。

3. 自由游走 3

所有基础要求及步骤均同于"自由游走 1"。

具体方法：a. 改变要求：所有游走者必须带着某种具象行走；

b. 所有人清楚要求以后，则活动开始；

c. 教师报出任意数字，如"1"，则大家用最慢的速度游走；

d. 教师说"停"，则所有人立刻定格；

e. 教师用手拍任意儿童的肩膀，则该儿童被激活，其他儿童仍然保持静止状态；

f. 用语言说出自己用这个速度行走时所模仿的具象，如"缓慢的棕熊""爬坡的大熊猫""老人""学路的婴儿"等；

g. 该儿童用比先前夸张的动作，表现出自己所模仿的具象，并按照数字要求的速度（"1"）行走；

h. 所有人跟在该儿童身后，模仿这个动作行走（为保证全盲儿童的可参与性，可以要求讲述的儿童在讲述过程中，描述出具体的动作要领，以便全盲儿童再现，如果动作比较复杂，则允许全盲儿童进行短暂触摸后再现，或调整对全盲儿童的要求，让他们用想象中的动作行走，但要加入声音进行再现）；

i. 教师继续报出数字，模仿过程结束，所有儿童恢复行走状态；

j. 新一轮游走开始。

4. 自由游走 4

所有基础要求及步骤均同于"自由游走 1"。

具体方法：a. 改变要求：必须赋予游走者身份，如游走者是谁？从哪儿来？到哪儿去？现在在做什么？

b. 所有人清楚要求以后，则活动开始；

c. 教师报出任意数字，如"4"，则大家用较快的速度游走；

d. 教师说"停"，则所有人立刻定格；

e. 教师用手拍任意儿童的肩膀，则该儿童被激活，其他儿童仍然保持静止状态；

f. 用语言说出上述问题的答案，如我是个白领，刚出地铁，要去公司上班，但现在正准备去买咖啡，生怕迟到，所以要抓紧时间；

g. 教师继续报出数字，所有儿童恢复行走状态；

h. 新一轮游走开始。

5. 自由游走 5

所有基础要求及步骤均同于"自由游走 1"。

具体方法：a. 改变要求：在游走过程中必须和两个人保持关系，其中一个人是自己想要远离的人，必须离他越远越好，另一个人是自己喜欢的人，离他越近越好（不能有身体接触）——也可以要求必须把喜欢的人挡在自己和要远离的人中间；

b. 所有人清楚要求以后，则活动开始；

c. 教师报出任意数字，如"3"，则大家用平常的速度游走（为保证全盲儿童的参与，可以要求大家在游走过程中必须发出不同的声音，或是念不同的台词）；

d. 教师说"停"，则所有人立刻定格；

e. 教师视情形进行检查——用手拍任意儿童的肩膀，则该儿童被激活，其他儿童仍然保持静止状态；

f. 被激活儿童说出自己所喜欢的人和想要远离的人，教师确定是否符合要求；

g. 不符合要求者则被淘汰；

h. 新一轮游走开始。

6. 自由游走 6

所有基础要求及步骤均同于"自由游走1"。

具体方法：a. 改变要求：在游走过程中必须起码和两人或两人以上具有某种关系，如母子、师生、同事、朋友等；

b. 教师报出任意数字，如"2"，则大家用较慢的速度游走（为保证全盲儿童的参与，可以要求大家在游走过程中必须发出不同的声音，或是念不同的台词）；

c. 教师说"停"，则所有人立刻定格；

d. 教师视情形可以逐个激活所有儿童，也可以选择只激活几位儿童，其他儿童仍然保持静止状态；

e. 被激活儿童说出自己和其他两位（或以上）儿童的关系，并陈述自己在游走过程中，是怎样和他们建立并保持这种关系的；

f. 请大家在明确彼此关系的情况下，用同样的速度游走；

g. 谈论感受；

h. 继续新一轮游走。

7. 自由游走 7

具体方法：a. 每位儿童准备一段台词或朗诵作品（也可由教师准备）；

b. 每人均可按照台词（朗诵作品）的节奏或自身的需求，选择游走的速度和节奏；

c. 游走过程中，必须包括指定区域的 3 条路线：横向路线、纵深路线和对角线；

d. 所有儿童开始自由游走；

e. 交流在行走过程中路线选择与台词（朗诵作品）的处理。

8. 击鼓传情

具体方法：a. 教师事先准备铃鼓一个，小纸片若干，并分别写上任务要求（用明眼文和盲文对照），如大笑、捶足顿胸、面无表情、抽泣、焦急、兴奋、幸福、悲伤、获奖了、受表扬了、考砸了等；

b. 组织参与儿童围坐一圈，将中间场地作为演出舞台；

c. 教师或任意儿童敲击铃鼓，开始传递纸条；

d. 铃声停止，拿到纸条的儿童根据要求表演；

e. 规定表演反应时间，如刚开始可以在读完要求后 30 秒之内进行表演，之后则可以缩短到 10 秒、5 秒；

f. 无法完成者接受惩罚。

9. H7N9

具体方法：a. 从 1 至 4 报数，数字为 1、2、3、4 的儿童被相应地编码为 H7、H9、N7、N9；

b. 儿童围成一圈，报出各自的编码，并记住其他儿童的编码，有必要的话，可以重复报多次；

c. 向儿童介绍 H7N9：H7N9 型禽流感是一种新型禽流感，传染性极高，危害性极大；

d. 要求儿童在场上自由游走，并和碰到的人热情地打招呼、握手、拥抱、寒暄；

e. 如果 H7 和 N9 遇到，必须马上发出"嘟嘟嘟嘟"的报警声，提示周围的儿童远离，警报持续 5 秒后停止，两人迅速分开；

f. 听到报警声，所有儿童必须马上停止所有打招呼声音与动作，远离声音源，保持静止状态，直到警报声消失；

g. 违反者淘汰，接受惩罚。

10. Bingo

具体方法：a. 从 1 至 5 报数，数字为 1、2、3、4、5 的儿童被相应地编码为 B、i、n、g、o；

b. 参与儿童围成一圈，报出各自的字母，并记住其他儿童的字母，有必要的话，可以重复多次；

c. 参与儿童自由游走，并有意识地寻找另外四个字母；

d. 相互之间用猜拳等方式（身体猜拳等）决出胜负，胜者获取对方字母，输者被淘汰；

e. 先完成 Bingo 拼写者获胜；

f. 可以同时播放《Bingo》歌曲。

(二) 升级练习

1. 进化之旅

在上海话剧艺术中心组织的戏剧夏令营中,我初次接触到了这种练习方法,后对之略作修改。在具体应用过程中,这种练习活动很受视障儿童的喜欢。

具体方法:a. 向参与儿童说明进化的动物等级及其行动特点:第一级动物为腔体动物,要求边做垂头甩手的动作,边发出"嘟嘟嘟嘟"的声音,第二级为两栖动物,要求边做爬行的动作,边发出"嘶——嘶——"的声音,第三级为飞行动物,要求边做手臂在两侧扇动的动作,边发出"布谷布谷"的叫声,第四级为灵长类动物,要求边做两手捶胸的动作,边发出"啊啊啊啊"的声音(如大猩猩),最后一级为人类,要求边用两根手指在头顶画圈(如聪明的一休),边发出得意的"哈哈哈哈"大笑声;

b. 用猜拳等方式决出胜负,胜者进化(升一级),输者保持原来级别;

c. 只有同一级别的"动物"才能猜拳、进化,不同级别间不能相互猜拳;

d. 所有儿童都从最低级动物开始"进化之旅";

e. 最先到达最后一级"人类"者获胜;

f. 其他未完成进化的儿童接受惩罚。

2. 追捕

具体方法:a. 根据参与活动人数,把儿童分为"追捕者""解放者""逃避者"3个小组(前两者人数较少);

b. 追捕者负责追捕逃避者,解放者负责解救逃避者,解放者亦可以被追捕;

c. 发生身体接触即被视为"追捕"或"解放"成功;

d1. 追捕者发出"bbbb……"的声音,并寻找对象进行追捕;

d2. 解放者持续发出"s——"的声音,并寻找对象进行解放;

d3. 已经被捕的逃避者发出"哼——哼——"的声音;

d4. 不曾被捕或已经被解救的逃避者发出"哈——哈——"的声音;

e. 追捕者如果追错对象则被冻结10秒,冻结期间,改发"dudududu……"声音,并不可以再追捕,直到冻结结束;

f. 解放者每次换气时,必须改发"tututu……"的声音,并被冻结5秒,期间可以被追捕者捕获,永久失去解救资格;

g. 在户外相对空旷地方开展本练习。

(三) 交流练习

1. 接头

具体方法:a. 教师预先设计接头暗号,如上句为"今晚月儿亮",对句为"明朝日

头圆",或者上句为"今天星期几",对句为"昨天没下雪"等;

b. 所有儿童都知道暗号的上句,但只有指定的人才会知道对句;

c. 所有人在场地上自由游走,同时找出和自己接头的人;

d. 交谈过程可以按照这样的程式:首先问对方最喜欢的音乐,其次问对方最喜欢的明星,再次问对方最喜欢的学科,最后再说接头暗号的上句,对方若说出对句则视为接头成功;

e. 接头成功者则可以设置安全区域,并临时说明条件(如接纳5人,或者喜欢蓝色的可以进来……),其他人则被视为因暴露身份而阵亡;

f. 为增加难度,接头人可以不急于对下句,在接触一定的人数或者得到教师给出的信号之后,再亮出身份;

g. 大家谈活动体验;

h. 教师可以检验大家除了找出接头人之外,还收获了哪些信息(和几个人交谈,记住了他们的多少喜好等)。

2. 打电话 1

具体方法:a. 所有儿童在场地下坐好;

b. 教师指定情景,如给妈妈打电话要生活费,给爸爸打电话说不回家,给老师打电话请假等;

c. 任意选定两位儿童上场,一方打电话,一方接电话,要求接电话的一方在符合生活逻辑的前提下设法制造障碍;

d. 以打电话者达成目的为成功依据;

e. 打电话双方谈感受;

f. 师生点评。

3. 打电话 2

具体方法:a. 所有儿童在场地下坐好;

b. 教师指定主题,如要生活费、请假、约会、订餐等;

c. 任意选定一位儿童上场,按照给定的主题,虚拟打电话;

d. 教师随时更改情形设定,要求学生随机作出反应,进行调整,以订餐为例:在学生拨打过程中,教师可以根据进程给出各种限制要求,如"打错餐厅了""餐厅没有空位""只剩下包房了""有人数限制""有消费要求""必须预付押金""发现日期订错了,必须改期""餐厅订重复了,要求取消订位,并要回押金"等;

e. 打电话儿童谈感受;

f. 师生点评。

（四）空间练习

1. 抢 C 位

具体方法：a. 选择任意剧本片段，要求出场角色较多，或者运用即兴表演的方式，教师指定主题，学生自由发挥；

b. 结合之前空间练习活动中的九区定位法，指定场地中的 5 号区为 C 位；

c. 简单制定可以站在 C 位的条件：①在说词的过程中，②也可以没有台词，但必须是在戏剧表演过程中和自己角色有关的时刻，③站到 C 位时，不能破坏戏剧整体效果；

d. 可以多人同时进行，也可以先由一位儿童开始表演，其他人再逐步加入；

e. 教师可以随时叫停，进行点评。

2. 找平衡 1

具体方法：a. 结合讲解板和之前进行的空间训练，向视障儿童讲述舞台平衡的概念——简单来说，即以舞台的中心或中轴为参照，形成对应站位，使舞台上的力始终保持平衡稳定，为便于理解，用下面两幅图来分别呈现平衡和不平衡的效果；

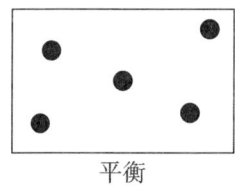
平衡

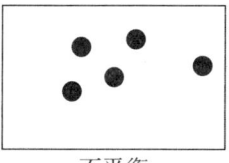
不平衡

b. 根据参与活动儿童的情况进行分组，开始阶段每组人数可以少些，控制在 5 人以下为宜，随着活动的深入，和参与者掌控力的增加，可以逐渐增加人数；

c. 全组儿童边说词边自由走动；

d. 在走动过程中，必须互相关注，保持整个场地的平衡；

e. 允许存在短暂的不平衡，但要通过调整相互位置，迅速转为平衡状态；

f. 各组轮流进行；

g. 教师可随时叫停，进行点评。

3. 找平衡 2

活动要求和目的均与上一活动相同。

具体方法：a. 不为参加活动儿童分组，而是允许大家根据老师指令自由随机地走进场地；

b. 选定任意一位儿童，站在 C 位说词（场地上此时是平衡的），其他儿童站在场外（可以安排在两侧，即上下台口处）；

c. 示意该儿童继续说词，同时走动，离开 C 位（产生不平衡）；

d. 教师发布指令,示意场下儿童上场,以保持平衡,如教师报"1 人",则一位儿童边说词边上场——这时,场上的两人必须设法保持平衡,如教师报"2 人",则同时上两位儿童——场上的 3 人必须设法保持平衡,为便于理解,同样用几幅图来呈现这一过程(以 3 人为例);

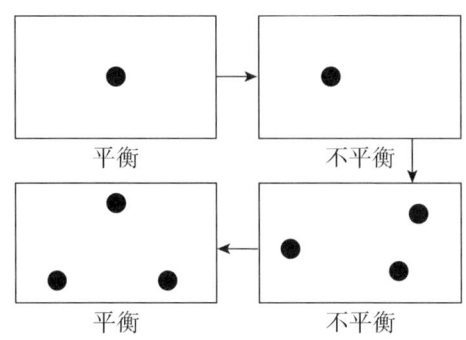

e. 教师继续发布指令,增加场上儿童人数,直到他们无法掌控为止;

f. 教师可随时叫停,进行点评。

4. 九区台词

在舞台表演过程中,动作、台词,乃至于角色在舞台上所处的区域都有着具体明确的含义。本活动结合之前空间感知练习中的九区定位方法,让儿童明白舞台的不同区域有着不同的角色意味,帮助他们建立起初步的区位表达意识。

具体方法:a. 让儿童在舞台九区之间自由行走;

b. 教师给出一组台词,如"卑鄙是卑鄙者的通行证,高尚是高尚者的墓志铭""轻轻地我走了,正如我轻轻地来""如何让你遇见我,在我最美丽的时刻""我必须知道他已经不在人世,我的脸上才会浮起笑容""你是我所不能理解的一个怪物""希望迟迟不来,苦死了等的人"等;

c1. 要求儿童在行走过程中说完这组台词;

c2. 在儿童行走过程中,教师随机叫"停",儿童听到"停"的指令后,停在原处,说出自己认为合适的台词(符合区位要求的);

c3. 儿童自由行走,走到相应区域,说出自己认为合适的台词;

d. 说词儿童谈体会;

e. 台下师生点评。

(五)"不同"练习

1. 说不同

具体方法:a. 教师事先给定一句话,如"今天的天气真好""你最好看""真好吃""我去"等；

  b. 要求一位或数位儿童依次上场，根据不同情境要求说出这句话；

  c. 教师给出指定情境，如出游踏青时、关在教室里、重度污染时、没话找话、觉得尴尬等；

  d. 可以请其他儿童配合完成；

  e. 师生点评。

2. 做不同

具体方法：a. 教师事先给定一个动作，如倒茶端水、在椅子上坐下、找书、背书包等；

  b. 教师给出指定情境，如帮同学倒水，为尊贵的客人倒水，帮讨厌的人倒水、下了毒的水等；

  c. 要求一位或数位儿童依次上场，根据不同情境要求做出这个动作；

  d. 可以请其他儿童配合完成；

  e. 师生点评。

（六）猜测练习

1. 猜角色

具体方法：a. 组织参与儿童事先准备好扮演的角色；

  b. 可以单独一人上场，也可以是一组人上场；

  c. 可以做体现角色特点的动作，可以借助体现角色特点的道具，也可以说体现角色身份的语言（但不能直接指向角色本身，如"作为公司老板……"）；

  d. 控制表演时间，可以设定在 1 分钟以内；

  e. 场下的儿童猜角色身份；

  f. 被猜出即为成功；

  g. 最后选出台词最少、动作最简略、道具最简单而又被大家猜出的一位或几位儿童作为获胜者（也可请获胜者再次进行展示）；

  h. 教师及观看者进行点评。

如果参与儿童一上来感觉困难（这往往是由于之前几个类型的练习活动开展得不够充分），教师可以引导让大家先从最简单的角色开始，如拿着拖把出来，在地上拖……大家很容易就可以猜出是清洁工（保姆）；又如，系着围裙，端着盘子出来……大家也能看出来是妈妈（爸爸）；再如，上场时秀一下肌肉，做几下挥拳动作……一个职业拳手的形象就呼之欲出了。

2. 猜前戏 1

具体方法：a. 事先准备好扮演的角色及演出片段；

b. 可以单独一人上场，也可以是一组人上场；

c. 借助各种形式（动作、台词、道具）展示人物；

d. 控制表演时间，可以设定为 1～2 分钟；

e1. 演出方式可分为两种，第一种：教师事先拍下视频，现场从视频中间的一个片段开始播放（这种方法比较耗时，很难大规模使用，仅在活动空间实在有限的情况下作为补充手段）；

e2. 第二种：让演出的儿童先在排练厅门外（或其他现场儿童无法看到的区域——教师也可事先用屏风对排练厅进行分割）进行表演，并在表演进行到一半时停下来，再上台对着其他观看的儿童（观众）继续演下去；

f. 组织观看儿童猜猜人物上场（视频播放片段）之前的情形；

g. 演出儿童作出对否判断，并展现完整的演出；

h. 教师及观看儿童进行点评。

3. 猜前戏 2

具体方法：a. 事先准备好扮演的角色，并想清楚角色的身份背景及具体生活（时机成熟的话，可以让所有儿童提前写出"人物小传"）；

b. 可以单独一人上场，也可以是一组人上场；

c. 借助各种形式（动作、台词、道具）展示人物；

d. 控制表演时间，可以设定在 1～2 分钟之内；

e. 组织观看儿童猜出人物在上场之前（舞台上看不到的场景中）"做了什么"；

f. 演出儿童谈谈对人物的理解和处理；

g. 教师及观看者进行点评。

在本练习活动中，教师可以通过对人物基本信息的梳理来引导儿童，如人物叫什么名字？哪里人？在哪所学校读的书？住在什么样的小区？从事什么样的职业？有没有结婚？有没有孩子？喜欢什么颜色？喜欢吃什么食物？……让人物变得真实和丰满起来。

4. 猜后情

具体方法：a. 演出者可以单独一人上场，也可以是一组人上场；

b. 进行 1～2 分钟的表演；

c. 演出完成后，组织观看儿童推测，后来人物（舞台上看不到的场景中）"做什么去了"；

d. 演出儿童谈谈对人物的理解；

e. 教师及观看儿童进行点评。

(七)场景练习

1. 营造场景 1

具体方法：a. 分组，一般以 4～5 人一组为宜；

b. 教师指定具体场景，如晚自修、升国旗、吃早餐、淋雨等——具体场景内容只有相应的小组组员知道；

c. 每组准备 5 分钟左右，要求只能有动作表演（为便于全盲儿童观看，允许适当增加音效）；

d. 要求小组组员依次上场，每人增加不同的元素，使场景逐渐清晰而丰富，以表演"升国旗"为例，4 人一组的话，可以先上一位儿童做敬礼动作，再上一位儿童做系国旗动作，然后再上一位儿童做升旗动作，最后上一位儿童做吹号动作，这样通过 4 人的叠加，"升国旗"的场景就非常清晰了；

e. 观看的儿童可以随时说出猜测的场景，若表演结束还没有被猜出，则宣告该小组失败；

f. 轮流表演；

g. 师生点评。

2. 营造场景 2

具体方法：a. 教师不事先指定任何场景；

b. 所有儿童坐在场下；

c. 准备好的儿童可以上场，用动作进行某种表演（不能用语言进行提示，但考虑到全盲儿童观看及参与的需求，可以适当增加音效）；

d. 场下的儿童如果明白场景用意，则可以上场，根据场景需要，增加表演元素；

e. 依次上场，进行元素叠加，直到无法增加或者场景被破坏为止（可能会出现场下儿童理解错误，从而改变场景设计，造成混乱的情况）；

f. 场上儿童依次谈自己对前一个场景的理解（第一位儿童只需谈自己的设计初衷），以及自己所增加的元素；

g. 师生点评。

以我带领的某次活动为例来进行说明。首先，第一位儿童上场，做写作业的动作；第二位儿童理解以后，上场和前者并排坐下，低下头玩 iPad；第三位儿童拿着一本书，坐在位子上苦思冥想；第四位儿童上场，去指导第三位儿童；第五位儿童上场，假意抢第二位儿童的 iPad；第六位儿童上场，嘴里发出上课铃声；第七位儿童上场，冲进教室，到处找东西；第八位儿童拎着外卖上场，找位子坐下，吃外卖；第九位儿童上场，作为老师进行检查……在所有儿童的努力下，营造的场景既保持大致稳定（教室里），又富有变化（从最初的学习，变成了课间，最后变成了晚自修）。

3. 营造场景3

具体方法：a. 教师不事先指定任何场景；

b. 所有儿童坐在场下；

c. 准备好的儿童可以上场，允许运用台词、动作、道具、音效等任何需要的元素进行表演，并且必须持续到整个场景结束；

d. 场下的儿童如果明白场上表演用意，则可以逐个上场，增加元素，丰富场景；

e. 表演一直持续到无法继续为止；

f. 场上儿童谈创作体验；

g. 师生点评。

以我带领的某次活动为例来进行说明，首先，第一位儿童上场，看表，说道："怎么这么久还没来？"焦躁地走来走去；第二位儿童上场，对前者说："×××生病了，来不了啦……"第三位儿童上场："谁说我生病啦？请吃饭我当然要来。"三者之间展开对话……第四位儿童上场："你们在等什么呢？公交车已经改道啦，贴着的通知没有看到吗？"四人展开对话……第五位儿童嘴里发出"嘟嘟"的喇叭声上场："二十块钱，去南京路……"第六位儿童也做开车状："南京路，十五块……"前四位儿童讨论乘车，后两位为拉生意而争吵……第七位儿童上场："我是警察，你们两人开黑车，车辆被暂扣了……"第八位儿童上场："来来来，去南京路方向的快点上车啊，××路公交车最后一班啦……"四位儿童上车……

这次场景表演得非常有意思，从最初简单的同学间约会开始，到遇到各种风波，到最终解决，都是在即兴间完成。后来者在看懂了的前提下，不断增加新的元素，有的元素貌似已经离开了原来的设定，可是经过后来者的加入，反而成了非常大的亮点，使得整个场景既真实又充满了挑战。

第八章 戏剧教育案例

第一节 戏剧教育案例及分析

一、过程剧——母亲的故事（教育设计）

（一）背景介绍

1. 过程剧

过程剧（process drama）是一种即兴的、非演出的、以过程为中心的戏剧形式。在戏剧活动过程中，参与者在老师的指导下想象、扮演并反思各类真实或想象的生命经验。过程剧不以戏剧排演为目的，而是通过扮演和戏剧游戏让参与者在过程中学习，在过程中体验，在过程中尝试各种问题的解决办法，在过程中学会思考人与人、人与社会、人与自然之间的各种问题和关系，以此来丰富他们的人生体验。

过程剧于20世纪70年代兴起于欧美，目前国内应用还比较少。

2. 我校戏剧活动理念

进行这类戏剧样式的尝试，和我们对视障儿童戏剧活动的定位有关。我们开展戏剧活动的终极目标是人格教育，而不是才艺培养。我们把戏剧教育作为实施人文教育的重要载体，作为视障儿童全人发展的重要途径，同时也作为促进学科教学的有效方法。我们力求借助戏剧这一独特的教育形式，对视障儿童在个性气质、自我认知、自我体验及自我控制能力的发展等方面起到促进作用；对视障儿童的语言交流、创造力、同情心、同理心、团队协作等能力发展起到提升作用。

当然，过程剧只是我们开始尝试的戏剧类型之一。今后，我们将会尝试引入更丰富多样的戏剧样式，丰富视障儿童的学习阅历，为他们的成长倾尽所能。

（二）教育目标

使视障儿童在活动中体验亲情，感受母爱，孕育感恩之心。同时，也能使他们发展想象力与创造力，培养团队协作意识，增强自信。

（三）教育重点

借助各种戏剧手段，在活动中获得真切的体验。

（四）教育难点

活动过程中的随机性、动态性是这节课的最大挑战。

（五）活动设计说明

本次戏剧活动的内容是从沪教版中学语文高级课本第一册第二单元中的《合欢树》衍生而来。通过戏剧活动，为没有学习过课文的同学作好学习储备；对已经学过该篇目的同学起到加深理解、升华情感的作用。同时，戏剧活动过程也有助于他们更好地体验亲情、思考生活、珍惜当下。

（六）活动流程

1. 游戏活动热身

2. 内容：建立人物形象

   戏剧手段：造型塑造

教师导语：有一个女孩，长得活泼可爱、美丽动人。她心灵手巧，喜欢写作，喜欢读书，喜欢养些花花草草——生活得无忧无虑。后来，女孩长大，结婚，成立了家庭。慢慢地，女孩成了母亲，她先是有了一个聪明的儿子；几年后，又有了一个乖巧的女儿。一家人过着平凡而温馨的生活。

请同学们设计一下这位母亲在生活中的状态。

3. 内容：了解人物生活

   戏剧手段：定格、偷听

教师导语：可是，一场灾难却突然降临到这个家庭。在外地工作的二十岁的儿子，由于突发高烧而瘫痪了。

整个家庭一下子陷入了低谷。儿子在绝望中难以自拔，变得悲观厌世，喜怒无常。母亲心疼儿子的处境，渴望儿子的病能好起来。她忙着照料儿子的生活起居；忙着四处奔波，求医问药；忙着给儿子找工作；想方设法鼓励儿子重新振作起来……可母亲做的这一切，儿子却毫不领情。

请大家定格母亲的4个生活瞬间——

- 带儿子在医院求医问药；

- 推着儿子四处寻找工作；
- 和儿子在院子里面对邻居和亲朋好友；
- 为儿子借来很多资料,儿子却冷眼以对。

4. 内容:分析人物处境

  戏剧手段:良心胡同、偷听

教师导语:母亲为了儿子,放弃了自己所有的生活。她每天都为儿子活着,每天都在担忧、痛苦和小心翼翼中度过,年仅四十几岁就已经长出白发,变得衰老。

一个声音对她说:儿子已经这样了,你该为自己活活了。

一个声音却在说:不,你是母亲,你不能放弃。

这两种声音就在她脑海中交织着,请大家演绎出来。

5. 内容:体验人物内心

  戏剧手段:片段表演

教师导语:母亲毅然选择了后者。

儿子仍然绝望、暴躁,喜怒无常。

而母亲依然奔波忙碌。她先是忙着给儿子到处找方子看病;经历无数次绝望之后,又忙着为儿子寻找新的寄托,寻找新的希望。她在儿子面前,总是表现得若无其事,充满希望。

但在这背后,却是她掩藏着的深深的痛——对于将来,她有太多的担忧:担忧儿子想不开,担忧儿子放弃,担忧儿子的未来,担忧年幼的女儿……更可怕的是,长期的劳累,让她患上了严重的肝病,肝病的疼痛让她彻夜难眠。

来自精神和身体的双重折磨,以及对未来的恐惧和担心成了她挥之不去的噩梦。

请把这"噩梦"表演出来。

6. 内容:走进人物原型

  戏剧手段:朗诵

教师导语:这位母亲就是史铁生的母亲。在高一的课文里,有一篇《合欢树》,记录了史铁生对母亲的回忆。

今天,我再为大家朗诵他的另一篇作品——《我与地坛》的选段。(略)

7. 内容:宣泄人物情感

  戏剧手段:呼喊

教师导语:史铁生的母亲猝然离开了这个世界,她昏迷前的最后一句话是:"我那个有病的儿子和我那个还未成年的女儿……"母亲没有看到史铁生的成功,没有等到心血获得回报的那一天。而史铁生,甚至没有来得及和母亲告别,没有来得及和母亲说上最后一句话……

现在,各位都是史铁生,请把对母亲未说的话大声地喊出来。

8. 教师入戏,完毕仪式

教师导语:史铁生的母亲是伟大的,她用爱和牺牲小心地呵护着儿子的生命,孕育着儿子的希望。

史铁生是幸运的,有这样一位坚韧的母亲——没有母亲的坚持与付出,就没有他后来的精彩。

1998 年开始,他患上了尿毒症,只能靠血液透析来维持生命。一个星期要透析 3 次,每次 4 个半小时——痛苦可想而知。但他依然坚持写作,笑对人生,直到 2010 年 12 月 31 日——生命的终点。

史铁生是用对生命的珍爱与执着来坚持着对母亲的倾诉。

2002 年,华语文学传媒大奖授予史铁生杰出成就奖,颁奖词写道:"他的写作与他的生命完全同构在了一起。在自己的写作之夜,史铁生用残缺的身体,说出了最为健全而丰满的思想。他体验到的是生命的苦难,表达出的却是存在的明朗和欢乐,他睿智的言辞,照亮的反而是我们日益幽暗的内心……当多数作家在消费主义时代里放弃面对人的基本状况时。史铁生却居住在自己的内心,仍旧苦苦追索人之为人的价值和光辉,仍旧坚定地向存在的荒凉地带进发,坚定地与未明事物作斗争。这种勇气和执着,深深地唤起了我们对自身境遇的警醒和关怀。"我想,这是史铁生对母亲最好的思念与回报。

我们完成了这个故事,但是,我们生活中的故事却正在进行。我们在座的每一个人后面都有一个与众不同的故事。我们的身边有无数个这样的母亲——也或许是父亲、爷爷奶奶、外公外婆、老师……我希望我们能发现能珍惜这样的情感,做更好的自己来回报这样的情感,坚持、向上、不轻言放弃,书写出自己的人生篇章!

二、"母亲的故事"教育实践及反思

戏剧教育正逐渐受到教育界的青睐,其注重的是参与对象个体化的感受和体验,是参与对象整体素质的发展和提升。学校开展戏剧教育活动,可以让学生在具体的情境中主动发展、茁壮成长,可以让学生习得知识、培养能力,更能帮助学生体验情感、完善人格。本次课堂教学就是在这方面的一个尝试。

（一）教育设计

1. 设计说明

本次戏剧活动的内容是从沪教版中学语文高级课本第一册第二单元中的课文《合欢树》衍生而来。在戏剧活动过程中，我不拘泥于语文文本解读，更不以语文知识学习为目标。活动借助文本内容组成活动框架，利用文本情境确定活动情感基调，运用各种戏剧手段作为课堂组织。我希望这种形式既能加深同学的感性体验，在潜移默化中促进同学的文本解读能力；更能引导同学跳出文本，关注现实人生，从而更好地体验亲情、思考生活、珍惜当下。

2. 学情分析

参与活动的同学涉及六年级至高三，年龄跨度非常大。之所以进行这类戏剧样式尝试，是与我们对视障儿童戏剧活动的定位相关联的。我们开展戏剧活动的终极目标是人格教育，而不是才艺培养。我们把戏剧教育作为实施人文教育的重要载体，作为视障儿童全人发展的重要途径，同时也作为促进学科教学的有效方法。我们力求借助戏剧这一独特的教育形式，对视障儿童在自我建立方面，如个性气质、自我认知、自我体验及自我控制能力的发展等方面产生有效促进作用；对视障儿童社会性发展，如语言交流能力、创造力、同情心、同理心、团队协作能力等方面起到提升作用。

我们知道，大多数视障儿童都有过坎坷的经历，都承受过内在的伤痛。选择这样的主题，还出于为他们进行心理疗伤的目的，希望他们在完成心理建设的同时，更好地悦纳自己、关注家人、珍爱亲情。

从文本学习角度而言，我们针对不同学段儿童制定了不同的目标，即通过这次戏剧活动，为没有学习过课文的学生作好学习储备；对已经学过该文的学生起到加深理解、升华情感的作用。

在日常的戏剧活动中，视障儿童通过不断练习，已初步掌握了常见的戏剧手段及应用技巧，这为本课的进行打下了良好的基础。我们之前进行过内容为"边缘人""挨骂的学生"和"视力变差的人"三个过程剧的尝试，深受学生的喜欢，对学生有很大的触动。因而，尽管这对老师提出了更高的要求，需要老师更多的付出——过程剧的每个活动都是一次性和不可复制的（对同一群体而言），同时充满了随机性和不可掌控性。我们仍愿意继续开展尝试，并且希望我们的尝试能具有探索价值和示范意义。

（二）教育实践

1. 主要环节

游戏活动热身 → 活动内容：建立人物形象 戏剧手段：人物塑造 → 活动内容：了解人物生活 戏剧手段：定格、偷听 → 活动内容：分析人物处境 戏剧手段：良心胡同、偷听 → 活动内容：体验人物内心 戏剧手段：片段表演 → 活动内容：走进人物原型 戏剧手段：朗诵 → 活动内容：人物情感宣泄 戏剧手段：呼喊 → 教师入戏，完毕仪式

2. 教育片段

① 片段一：游戏活动热身

师：同学们，语言和行动是戏剧活动最重要的两个元素。下面，我们先从这两方面做一些练习。

生：好。

师：有请×同学，带领我们一起做一下拍手操。

生：好。我们做 8 个八拍。同学们准备，和我一起开始：上下左右，前后拍拍……

（完成拍手练习。）

师：有没有觉得全身发热？

生：有。

师：好，身体活动开了，我们再一起动动嘴，好不好？

生：好。

师：我们一起配合完成一句话——"我是盲校人，我爱盲校"，要求每人说一个字，依次传递，但是说到"盲"字的同学，不许发出声音，要用拍手来代替。听明白规则了吗？

生：听明白了。

（开始游戏，错误的同学被淘汰，一直到最后只剩 3 人，游戏结束。）

师：竞争非常激烈啊。

（生意犹未尽。）

师：我们再来完成一个进化游戏，好不好？

生（雀跃）：好！

……

解读：这一环节起到暖场和铺垫的作用，所设计的 3 个游戏，既有不同的侧重，

在难度上又层层递进。游戏耗时不长,却能很好地帮助学生集中注意力,让他们忘记课堂外的纷扰,全身心投入到活动中来;同时,这些活动又让学生在轻松的氛围中打开身心,为后续环节中身体和情感的尽情展现奠定了基础。

② 片段二:了解人物生活

……

师:同学们,请按顺序从1~4报数。

生:1

生:2

生:3

生:4

……

师:数字为1的同学集中在舞台的前面,数字为2的同学集中在舞台的后面,数字为3的同学在上场口集中,数字为4的同学在下场口集中。

(生互相召唤,迅速到指定区域集中。)

师:可是,一场灾难却突然降临到这个家庭:在外地工作的二十岁的儿子,由于突发高烧而瘫痪了。

整个家庭一下子陷入了低谷。儿子在绝望中难以自拔,变得悲观厌世,喜怒无常。母亲心疼儿子的处境,渴望儿子的病能好起来;她忙着照料儿子的生活起居;忙着四处奔波,求医问药;忙着给儿子找工作;想方设法鼓励儿子重新振作起来……可母亲做的这一切,儿子却毫不领情。

(生没有预料到情节会有这么大的转变,情感上受到了冲击,一下子从之前的欢快中沉静下来。)

师(明确要求):请各组分别定格母亲的4个生活瞬间:(1)带儿子在医院求医问药;(2)推着儿子四处寻找工作;(3)和儿子在院子里面对邻居和亲朋好友;(4)为儿子借来很多资料,儿子却冷眼以对。

(生讨论,尝试,不断争执……)

师:最后2分钟时间,我说"停"的时候,请所有组都完成定格。

(生迅速确定方案,边尝试边修正,逐渐成形。)

师:停。

(生定格。)

师:我会走到每一组面前,了解你们所处的情形,并会用手拍不同同学的肩上,被拍到的角色请说出人物当时的语言。

(师走动,用拍肩的方式激活人物。)

生1(第一组,扮演母亲):医生,求你救救我的孩子吧!

生2(第一组,扮演医生):唉,这病太严重了,我真的无能为力啊。

……

生3(第二组,扮演母亲):求求你,收下我的儿子吧,他能做很多事情的。

生4(第二组,扮演领导):怎么是个残疾人! 不要!

……

生5(第三组,扮演母亲):我儿子啊,现在是有些困难,但很快就会好起来的。

生6(第三组,扮演儿子):让我进屋去——

……

生7(第四组,扮演母亲):孩子,咱再学些别的。你这么聪明,学什么都不是问题的……

生8(第四组,扮演儿子):你出去! 把这些东西拿出去! 学什么我都是个废人!

解读:文本中的人物一下子走进了现实,成为你、我和身边的他,这对同学来说是一个巨大的冲击。在老师营造的场景中,学生努力去想象、感受人物的处境和心情,并通过自己的肢体和语言再现出来。这样一个内化和外现的过程,使学生对文本内容有了更好的理解,对于文本中的人物有了更深入、更真切的感受,这具有巨大的价值。而且,在团队共同完成任务的过程中,大家通过争执、碰撞、沟通、妥协,最终达成共识,这样的场景其实是学生日常社会生活中的缩影,从中得到的收获不仅能作用于课堂,更能作用于学生的人生。

③ 片段三:体验人物内心

师:时光推移,儿子仍然绝望、暴躁,喜怒无常。

而母亲依然奔波忙碌。她先是忙着给儿子到处找方子看病;经历无数次绝望之后,又忙着为儿子寻找新的寄托,寻找新的希望。她在儿子面前,总是表现得若无其事,充满希望。但在这背后,却是她掩藏着的深深的痛——对于将来,她有太多的担忧:担忧儿子想不开,担忧儿子放弃,担忧儿子的未来,担忧年幼的女儿……更可怕的是,长期的劳累,让她患上了严重的肝病,肝病的疼痛让她彻夜难眠。

来自精神和身体的双重折磨,以及对未来的恐惧和担心成了她挥之不去的噩梦。

(生沉浸其间。)

师:请各组分别把这"噩梦"表演出来,演出时长在2分钟左右。

(生互相召唤,迅速到各自区域集中。)

师:给大家10分钟时间排演。

(生热烈讨论,各组都渐渐形成以 1~2 人为主负责设计安排、别的同学进行补充的局面。剧本大致明确后,每组开始加上表演元素……)

师:还有最后 1 分钟。

(生进行最后修改、调整。)

师:时间到。

(生仍意犹未尽。)

师:接下来请每一组进行汇报演出,以组号为先后顺序进行表演。不表演的同学坐到老师身边,我们一起作为观众,欣赏演出。

(生根据要求行动,不演出的同学仍在偷偷讨论……师沉默,始终不发出"开始演出"的指令……学生渐渐安静。)

师:还有人没有准备好。演出的同学请稍微等一下,等观众都作好准备了,再开始表演。

(学生终于安静下来,全神贯注,准备观看演出。)

师:开始……

组 1 表演:(生 1 扮演母亲,上)母亲做着家务,时不时停下来,担心地朝儿子房间望去……突然,母亲按住肚子,脸色痛苦,站立不住,她瘫倒在沙发上,大口地喘着粗气。母亲颤抖着手,偷偷地拿出药,一口气吃下。脸色慢慢转为平静,并昏昏睡去……

(生 2、生 3 扮演黑白无常,上)黑白无常走到母亲面前,欲拖起母亲走。

母亲:(醒,惊恐)你们是谁?你们要干什么?

黑白无常:你的时间到了,快跟我们走。

母亲:(惊恐)不,不,你们是谁?我不走,我还要陪我儿子。

黑白无常:阎王叫你三更死,谁敢留你到五更!

母亲:(哭)不,不,求求你。我儿子——(黑白无常硬拖着母亲走,母亲挣扎,朝儿子方向伸出手)我不能死,我要照顾儿子(嚎啕大哭)。求求你们,求求你们,儿子不能离开我,我不能死……

(生 4 扮演儿子,上)儿子无助地从轮椅上摔下,在地上爬行。

黑白无常狰狞地笑,拖母亲……母亲着急,挣扎……

黑白无常消失,儿子消失……

母亲梦醒。连忙悄悄地跑到儿子门前听听动静,然后,心安地回到沙发前坐下。看着药瓶,哭泣,定格——("观众"爆发出热烈的掌声……)

(学生相互间的点评及后三组表演略。)

解读:通过前几个环节的铺垫,学生们已对人物原型有了深入的了解。因而本环节的设置就可以更上一层,让学生用表演的方式演绎出人物的内心世界。这样的形式既培养了学生的想象力、创造力和团队的协作能力,又让他们在体验中触摸人物生活,感受人物的内心压力——痛苦和挣扎,从而让他们更好地感受人物的精神世界,体验"牺牲与爱"的伟大。

戏剧活动的全过程都是开放的,意在让学生在轻松、民主的氛围中培养出自我意识,感受到自我价值;同时还需要让他们感受到内在纪律的存在,从而合理约束自己的行为,扮演好不同的"角色",学会关注与尊重他人。因此,在别的组进行演出过程中,面对作为"观众"的学生依然兴奋的情形,老师及时喊停,中断教学的进行,起到了很好的约束作用。观众的关注营造了很好的剧场氛围,让"台上"的同学更投入更享受,从而更好地达成了本环节的目标。

④ 片段四:宣泄人物情感

师:史铁生的母亲猝然离开了人世。她昏迷前的最后一句话是:"我那个有病的儿子和我那个还未成年的女儿……"母亲没有看到史铁生的成功,没有等到付出的心血获得回报的那一天。而史铁生甚至没有来得及和母亲告别,没有来得及和母亲说上最后一句话……

在怀念母亲的日子里,史铁生是怎样的呢?请大家定格他的一个状态。

(生定格。)

现在,各位都是史铁生,请把对母亲未说的话大声地喊出来。

生1:(哭)妈妈,我爱你……

生2:(哭)妈妈,我错了!

生3:(哭)妈妈,我一定会好好活着,不让你失望。

生4:(哭)妈妈,对不起!

生5:(哭)妈妈,我懂了,可是太晚了!

生6:(哭)对不起,对不起,对不起……

生7:(哭)妈妈,你回来!

生8:(哭)我爱你,妈妈!

生9:(哭)妈妈,你为我付出了这么多,可是……

生10:妈妈,原谅你的儿子吧。现在他长大了,他成功了。

生11:(哭)妈妈,你看看我吧!我做到了!

生12:(哭)妈妈,我现在才懂,我的不幸在你那里是加倍的——妈妈,我爱你!

……

解读:在这个环节,学生的情绪都到了一个临界点,他们已经深深地感受到了母亲对史铁生的爱,以及史铁生对母亲的怀念、负疚、告慰等复杂的情感。不仅如此,在这样的体验过程中,学生更多地开始对照自己的生活,移情到自己的人生中。也就是说,在别人的戏里,诉说的是学生自己的故事,抒发出的是学生自己的真实情感。表面上看,他们是代替史铁生发声。然而在这背后,其实更多的是他们自己对母亲的理解、接纳和爱。这就是戏剧的魅力所在,体验是真实的,感受是自发的,因而最终得到的就是深刻的、永恒的。

(三)教育反思

本节课集中运用了多种戏剧手段,采用了多种戏剧形式,从多个角度、多个层面调动学生的文学与生活储备,让他们在身心自由、愉悦的状态下自主地去演绎、去体验、去感悟。从课堂进程来看,应该说基本实现了这个目标。

活动展示是在上午进行的,等到中午休息的时候,有学生神秘兮兮地非把我拉到剧社排练厅。我一推门,发现上课的学生齐齐地分成两排站立——他们是在用"走红毯"的最高规格来欢迎我。

他们中多数人的眼睛还是红红的。剧社社长高数"一、二、三",大家齐齐地对我鞠躬,并高喊:"涂老师,谢谢您!"

那一刻,我深深地感受到了戏剧作用于人的价值,感受到了学生从心底里迸发出的强大与可贵的力量。

戏剧教育是我坚持了十几年的尝试。在这过程中,我越来越强烈地感受到了她的价值,体会到了她的力量。我充分发挥戏剧的体验性特点,通过营造各种情境、呈现各种场景、展现各种情感来开展活动,这对于视障儿童发展身心、了解社会、感悟生活有着重要的引导作用。

今后,我愿意继续努力,为孩子们的生命提供一些有益的营养,助他们茁壮成长,助他们扬帆远航。

三、论坛剧场——课堂风波(教育实录)

(一)背景介绍

1. 基本概念

论坛剧场(forum theatre),是一种戏剧治疗形式。参与者在引导下再现日常生活中或指定事件中人们被压迫的情境,让参与者融入角色,借助角色发表各自的见解,并最终通过化解剧中的危机来解决生活中的问题。

论坛剧场最大的特点是用具象的形式来探讨观点,用直观的体验来催生理性思考,使人们从被动的观赏者变成主动的观演者,教人们如何去改变(面对)自身所处的客观现实世界。

2. 小知识

巴西教育学者弗瑞雷(Paul Freire)著有《受压迫者教育学》，他关注成人的教育，提出提问式教学，倡导通过思考与对话进行学习。巴西导演奥古斯特·波瓦(Augusto Boal)创造了"被压迫者剧场(Theatre of the Oppressed)"，论坛剧场是其实践形式之一。

论坛剧场不是仅仅供观众欣赏观看的表演活动，作为社会和个人关系联结的中介，剧场以解决问题为本，以国家社会为中心，往往聚焦于被压迫者与压迫者之间的矛盾。

在论坛剧场，没有传统意义上的观众，观众是活动的参与者甚至是表演者。观众的故事就是演出的脚本；在表演的过程中观众可中途叫停，给演员提出建议；甚至可以亲自上台演出——根据自己的见解化解剧中的危机从而改变事件的结果。观众从被动的观赏者转变为主动的演出者，从目击者转化为剧场的主角，使得事件走向朝着他们期望的方向发展。

波瓦认为，剧场虽然只是在虚构的局限中发生，但经验却是具体的，并将激励现实生活中的行动实践："……我希望观众发挥演员的作用，侵入到角色和舞台中……侵入戏剧的虚构中，实施一种行为——不仅是在虚构中，而且还在社会现实中。这是他的社会现实。改变虚构，他也就在改变自己。"

(二) 课堂实验

我对于论坛剧的了解多是来自于文本材料，缺乏专业和深入的学习，因此，在理解和运用的过程中，应该会和规范的论坛剧场存有偏差。但在运用过程中，我深切地感受到了这种戏剧形式的价值与力量，所以仍对其有所偏爱，并且乐此不疲。

我按照个人的理解，制定了如下的活动流程。

参与成员讲述感受深刻的故事——选择大家共同感兴趣的故事进行演出——表演结束后，观众观察现象，提出问题，发表修改意见——根据修改重演（也可由观众取代某个或某几个角色后进行重演）——（问题没有解决）继续观察，找出症结——再次重演——如是反复，直到问题解决（也可以只是引起大家的关注，不要求必须解决）。

多年来，我先后组织视障儿童对"乱扔球的讨厌鬼""KTV风波""追尾卡丁车""青春期对抗""对老师拍桌子"等孩子亲身经历过并感到困惑的话题展开表演与讨论，收到了非常好的效果。接下来，我给大家展现的是一个关于"课堂风波"的剧场过程——由于内容较多，所以仅对主要部分进行实录，对于个人认为不重要的部分则简单带过。

（三）具体过程

这次活动共有 25 名学生参加。教师按照 4 人一组，将他们分成 6 组（其中一组为 5 人）。大家按小组围坐在一起，教师引导他们在组内分享个人故事（内容可为对自己产生影响的经历、一直困惑自己的问题或心底觉得痛苦的感受等），并要求每组推选出一个故事和全体成员分享。

同学们对这种形式早已非常熟悉，大家迅速进入状态，开始组内分享。

组内分享之后，教师请被推选出来的同学代表各组讲述故事。因为剧社的氛围一直是友善、和谐、民主和平等的，同学们对剧社有着深深的信赖感和归属感，所以，在分享过程中同学们都毫无顾忌，毫无保留。有的同学讲述了自己青春期的困惑，有的同学讲述了家庭中的琐事，还有转学来的同学讲述了和原来同学（普校）之间产生的尴尬……其中，一位生性腼腆的同学的故事吸引了所有人的注意。其实，与其说是故事吸引人，不如说是这位同学吸引人——我们就称他为 L 吧。由于视力急剧变差，L 在小学高年级段从普校转来盲校，现在是一名初二学生。在剧社里，他总是默默无闻地在角落里看着大家玩，脸上挂着淡淡的笑容。他从不大声说话，也从不表达出强烈的或敏锐的情感。如果活动轮到他时，他总会忽然变得焦躁不安起来，红着脸低着头，或是小声地应付过去。不过，看得出，他是喜欢这个团体的。他总是最早来到排练厅，并且在每次活动结束后，主动留下来帮老师收拾。

L 站在大家面前，低着头，手指在衣角揉来揉去，过了好久，还是没有说话。排练厅里渐渐有了骚动，教师示意大家继续保持安静，耐心地等待。慢慢地，L 开始讲述了——由于起先讲述一直断断续续，所以教师介入较多，不断地引导他继续下去。

L:（小声）我觉得×老师总是针对我。

师：能说说你为什么觉得被"针对"了吗？老师做了什么？

L:（小声）她老是骂我。

师：老师说了什么呢？

L:（小声）她对我很凶的，动不动就骂我。

（L 的班级同学也在下面纷纷附和。）

师：你有这样的感受多久了？

L：一直这样，从她教我起就一直这样对我。

师：这感觉一定不好受，老师觉得你心里一定特别煎熬。

L：是的（哭）……（老师递纸巾，轻轻拍他肩）每次上她的课，我都很害怕……我不知道她要怎样对我？

师：能讲一下最近发生的事吗？

L：就是上个星期，我课间的时候还高高兴兴的，可是一打上课铃，我知道是她的课，心里就一直害怕。后来，我进教室的时候迟了一点，×老师就说我是老油子，说我态度差。（L的同学附和补充："还说他搞不好了""说他好不要来了"……）她很凶地骂了我一顿——说我影响她上课，可是她骂我的时间比我迟到的时间要多得多。过了很久，她才让我到位子上坐好。等我坐下来之后，老师还是就一边骂一边上课。后来，我突然发现她上节课让我们带的"一样东西"（涉及课程信息——易引起对该教师身份的猜测并造成不必要的误会，特作模糊处理，后文亦如此）我没带。而且，更倒霉的是，老师恰恰就抽到了我。她发现我没带以后，就开始破口大骂，说我是不是脑子坏掉了，说我整天混日子，说我笨得来要死，要找班主任把我家长叫来好好谈谈，还说要给我不及格……我以前在普校时这些课老师都不好好上，所以我都不会，又不是我不想学。她就是这样，老是骂我。（L的同学又补充："那节课×××也没带，老师也没说什么"……）这一点也不公平，她就是针对我（哭）。

教师让L坐回原处。

师：L同学和我们分享了他的故事，我听了之后感觉非常沉重。我也非常好奇，事情怎么会发展到这一步，平平常常的一节课怎么会有这样的走向。那么我们就把它演出来看看吧，看看我们能不能探出究竟来。接下来，我需要这样一些角色：老师、L（问L"你想自己来演吗"，L不安地表示不愿意）、几位班级同学。

同学纷纷举手。选定角色之后，经过简短准备，进行了第一次表演。

师：（向L）你觉得他们演出了你的故事吗？

L：过程是对的，但是老师还不够凶，演我的那个同学也太放松了——我一直是很害怕的，我一听到要上这个课，心里就十分紧张。

L班级里的同学也进行了补充。于是重新调整角色，经过简短准备，进行了第二次表演。

这次表演获得了L和其他同学的认可。教师让参与表演的同学回到原位坐好。

师：在这个故事里，大家有没有发现压迫的力量？

生：有！

师：这压迫的力量来自哪里？谁是压迫者？谁是被压迫者？

生：老师是压迫者，L是被压迫者。

师：你们是怎么看出来的？谁来说说？

同学们七嘴八舌地说起来，指出×老师的话语（语态）、体态和手势都造成了压迫。大家一致认为是老师的错。

师：（问演老师的学生）我想问一下，你在演这个角色的时候是怎么处理的？演出感受是什么？

生：我反正演得凶一点就可以了。演出的感受就是越来越凶，后来似乎真的就变凶了。

师：哦，谢谢你！看来，这个角色真不好，连我们平时温和的××（演出该老师的同学）都被带坏了。（大家笑）看来症结和大家指认的一样，确实是出在老师身上。那么，接下来，我们尝试从改变"老师"做起，看能不能改变整个事情的走向。谁愿意来扮演老师？

好几位同学跃跃欲试。选定角色，经过简短准备，进行第三次表演。（和前两次不同的是，之前的表演追求的是情景再现，力求还原当时的情景。而这次表演是情景推断，情节和结果要随着教师角色的改变而改变。）

表演片段如下：

……

×老师：你怎么又迟到了？

（其他同学笑——是表演中的"同学"角色，下同。）

L（扮演者）：……

×老师：你看，我们都已经上了一会儿内容了。你一来，同学们就被打断了。

（其他同学笑。）

L（扮演者）：老师，我……

×老师：好了，快进来坐好吧。

……

×老师：好的，×××准备得很充分。下面，L，你来——

L（扮演者）：……

（其他同学笑。）

×老师：怎么了？

L（扮演者）：我，我……

其他同学：老师，他忘记带了。

×老师：哦，忘记带了是吧？那下次记得带来……

演×老师的同学突然出戏，对着教师哀求道："老师，我实在装不下去了！我真的要生气了……"

第三次表演中止！

师：（对演×老师的同学）说说你的感觉。

生（×老师扮演者）：我觉得前面他迟到的时候，我可以和颜悦色地原谅他，而且是由衷地原谅。可是，后面，他把我课堂安排都打乱了，我心里就不舒服了。而且，他老是这种态度，我心里就更不爽了。虽然知道我的任务是演一个好老师，可我还是忍不住想要骂他——那么多同学都能做好，为什么就他可以……

L：(涨红了脸，大声地)我不会呀。我也不是故意不带的……

教师中断了他们的交流。让参与表演的同学回到原位坐好。

师：很明显，教师的角色作出了非常大的改变。可是，×××同学(扮演×老师的同学)的体验告诉我们，事态并没有朝着好的结果发展。虽然一开始双方的对立有了缓和，可是，随着进程的推进，事情又开始朝着恶化的方向发展，而且似乎是不可避免了。这又是为什么？

同学们陷入了深思，迟迟没有人发言。

师：在这次表演中，你们又看到了什么？

生1：L好像不是很主动。

生2：L没有说清楚原因。

生3：老师的态度很好，我觉得L好像是故意要这样子的。

……

师：我们都已经知道，在生活中，L当然不是故意这样子的。可是，就刚才的表演来看，你们有没有发现有压迫的存在？你们觉得谁是压迫者？谁又是被压迫者？

生4：我觉得L是压迫者，教师是被压迫者。

生5：我也发现了。

师：哦，大家对于压迫者又有了新的发现。为什么？

同学们陷入深思，安静。

师：(对演×老师的同学)你刚才的感受是什么？

生(×老师扮演者)：我感觉被冒犯了。这样子的话，我也不要做老师了……

(大家笑。)

生6：我也觉得老师好像是被L带着走的，情绪越来越难保持。

生7：不管怎么说，L是影响课堂了，老师不可能不管的，但骂他肯定是不对的。

生8：我也觉得老师被压迫了。首先，她的课堂乱套了；其次，生气也很累的。

(大家笑。)

……

师：哦，同学们这次观点有了转移，认为在某种程度上L也是压迫者——这和我们最初的感受有些不一样了。

L同学有些局促不安。

师：我们发现，所谓的"压迫者"并不像我们印象中认为的那样，一定是强势的一方、凶的一方，或者是最后获胜的一方。许多时候，弱小者也会施加压迫，没有语言也能有压迫，沉默也是一种压迫……这很有意思——和我们的经验很不一样。那么，接下来，我们试着改变一下L的做法，看看会不会有变化呢？

更换演L的同学，其他角色不变。经过简短准备，进行第四次表演。

表演片段如下：

……

L（扮演者）：对不起，老师，我迟到了。

（其他同学笑。）

×老师：怎么了？

L（扮演者）：我上厕所，出来晚了。

（其他同学笑。）

×老师：你是不是身体不舒服啊？

L（扮演者）：没有。

×老师：那快到位子上坐好。下次不可以了哦。

……

×老师：好的，×××准备得很充分。下面，L，你来——

L（扮演者）：对不起……

（其他同学笑。）

×老师：怎么了？

L（扮演者）：老师，我忘记带了。

（其他同学笑。）

×老师：啊？这怎么办？你看别的同学都已经掌握了，下节课我们就要上新的内容了……

L（扮演者）：老师，对不起。

×老师：好了好了，坐下来吧。

观看的同学鼓起了掌，教师也向参与表演的同学鼓起了掌，并让他们回到原位坐好。

师：太棒了，事情终于没有恶化。看上去是在平和的状态下解决了。

生9：我觉得老师改变了说话的方式，L又主动说明情况，于是就避免了矛盾。

生10：是的。我觉得L的改变非常重要，因为L一直在说"对不起"，老师就生不起气了。

生11：我看到双方是在沟通，而不是在对抗了，所以，事情就不恶化了。

……

师：大家观察得非常仔细，说得也非常好。不过，我有一个小小的问题，L同学对于这个内容是始终没掌握的，老师下节课又不讲了。那下节课L该如何面对？他还是不会啊。因为不会，所以他会不会害怕上下一节课？会不会再迟到？会不会上课时还是回答不出？我的心里不像同学们那么乐观。

同学们陷入了深思，一片安静。

师：我们一点点来。从刚才的表演中，你们有没有感觉到压迫。

同学们回想，迟疑。

生12：我觉得还是有的，"同学"——

师：哦？怎么说？

生12：L的同学一直在笑，我觉得很别扭。

师：（向L的扮演者）你演出时的感受是什么？

生（L扮演者）：我觉得很烦——说不清，就是感到很不舒服。

师：（向L）在生活中，你的感受是什么？

L：他们一笑吧，我既觉得难为情，又觉得没面子。而且，有时也知道自己有问题，但他们一笑，我就说不出口了，而且我又不会顶撞老师，所以多数时候就不说话。

师：（向×××同学）你在扮演×老师的过程中，有被这些笑声干扰吗？

生（×老师扮演者）：刚才不觉得。你这么一说，还真有的。似乎有很多双眼睛在看着我，好像我的整个反应，一半是在对L，一半是在做给他们看的。而且，他们一笑，我就莫名想要生气。

大家笑，L的班级同学感到不安。

师：那么，L的同学是不是在某种程度上也对L和×老师构成了压迫呢？

生：好像是的。

师：看来，故事中的三种角色，都存在调整的空间。那你们觉得"同学们"该怎么调整？我想请L生活中真实的同学先来说说看。

生13：就是——不要老是笑。

（大家笑。）

生14：我觉得在上课前，我们可以先和×老师说一下L有事情要迟到。这样老师有准备了，就不会那么生气了。

（大家鼓掌。）

生14:(看向L,补充)当然,L下次安排好时间,不要再迟到了。
(L点了点头。)
生15:我觉得,当L没带东西的时候,我们可以在借给他用。
(大家鼓掌。)
生16:还有,L不会的话,其实可以问我们。我们在晚自修、早自修的时候,都可以教他。我想同学们应该都愿意,反正,我肯定是愿意的。
(大家鼓掌。)
师:大家说得真好。我们再来看一下事情涉及的三个方面。教师,需要稍微调整一下说话的方式和态度。班级同学,不要有看热闹的心态——要知道老师在批评一位同学的时候,其实全班同学的心里都不好受,大家都是某种程度上的受害者。那我们为什么任由其发生呢?我们要作为一个整体一个集体,互相帮助,共同营造和谐的氛围。L,表现得主动热情一些。你看,那么多同学都愿意帮你。面对老师时,除了承认自己的错误,我觉得更重要的还是要展现自己的学习态度。要知道,没有多少位老师会真的"针对"一个学生,她的许多表现,其实是出于学科标准的考量,是出于教学秩序的考虑——当然,在表达上肯定有需要改进的空间。好了,我们再最后演一次看看,如果按照我们这样设想的话,事情会怎样呢?

同学们纷纷举手,愿意加入表演。教师选择由L真实的同学出演"同学",演×老师不变,L嘛……

师:(向L)你愿意吗?
L:(坚定地)我愿意的。
(大家鼓掌。)
经过简短准备,进行第五次表演。
表演片段如下:
上课铃响,老师走进教室。
同学:×老师,对不起,L可能会迟到一会——他上厕所还没出来。
×老师:(笑)都多大了,这还安排不好。
同学:老师,对不起。
L:对不起,老师,我迟到了。
×老师:进来吧,下次安排好时间哦。
L:谢谢老师。
……
×老师:好的,×××准备得很充分。下面,L,你来——
L:对不起,老师,我忘记带了。

×老师:啊——

同学:老师,我的先借给他用吧。

×老师:L,你的呢?

L:老师,我以前学校都没教过,所以我放在家里学习,结果忘记带来了。

×老师:啊? 你们怎么这都不教啊?

同学:老师,我下课后教他。包给我,一定教会。

L:老师,对不起。

×老师:好了好了。这你也没办法的。接下去我讲新的内容,你要好好听的。

L:我知道了。

×老师:有不会的你来问我好了。

L:谢谢老师……

同学们在观看的时候一直屏气凝神,生怕出什么问题,看到这里,大家都情不自禁地鼓起了掌,掌声经久不息,回荡在排练厅里。L突然大哭了起来,委屈得像个小孩。他靠在老师肩上,纵情地哭着,毫不掩饰。同学们纷纷围了上来,给他递纸巾,为他感到高兴。

等L平复了以后,教师让同学们回到原位坐好。

师:同学们,感谢L和我们分享了他的故事。他的故事,也是许多人的故事。我相信,这个故事给了我们启发,让我们可以去思考生活中的许多现象,让我们可以更好地做好自己,让我们可以努力去营造好一个个"微环境"。在最后一次表演中,我们高兴地看到,事情终于得到了圆满的解决,L终于不用再担惊受怕。固然,在生活中,我们目前还没办法改变×老师说话的方式和态度,不过,我相信只要L和同学们愿意去做,事情一定会有一个不一样的结局。我期待你们下周来和我分享新的进展。

所有参与同学鼓掌,欢呼。在离开时仍继续讨论着,显得意犹未尽。

活动结束后不久,老师收到了L通过手机发来的短信,只有简单的几个字:"老师,谢谢您。真幸运有您! 真高兴有剧社!"

第二周活动开始时,还不等L分享,他的班级同学就兴奋地七嘴八舌地向大家汇报,说这次×老师真的没骂L……

以后的日子,L逐渐变得开朗起来,在剧社里越来越积极主动。很快,就成了剧社的新剧务——他总是能妥善地安排好剧社的服装、道具、场地布置等各种事务,被称为"感觉剧社"有史以来最好的剧务。不仅如此,他还出演了多个令人印象深刻的角色,成为剧社里不可或缺的一员。

第二节　戏剧教育个案

走出阴影　触摸阳光

——小孙的故事

由于视力不断下降,小孙在高一时从普通学校转入了上海市盲童学校。这样的转变对任何人来说都是一种打击,因为它等于在视力上宣判了"死刑",在身份上明确了"盲人"这样一种再也无法回避的属性。

而小孙又恰恰是一个聪明而含蓄、敏感的孩子,他表现得平静、淡定,看似从容地接受这一切,表面风平浪静。可是无论在学习还是在班级活动中,很难见到他全身心的投入;在言谈举止中,很难感受到他发自内心的快乐;即使是和老师之间,他也总若即若离地保持着距离。这样的孩子,恰恰是内心背负最多的孩子,是压力最大的孩子。

一段时间以后,他和同学们的相处出现了种种不和谐。于是,他干脆离群索居,在班级里独来独往;表情似乎还是那样温婉、平静,但背后却是掩饰不住的日益消沉和低落,所有人都能感受到他的暮气沉沉、郁郁寡欢。

班主任不安而又无可奈何,班级里有这样一个难以融合的学生确实令人头大;同学们和他更加疏远,即使偶尔和他交流也都是小心翼翼,大家都觉得和他说什么做什么都莫名地有很大的心理压力;小孙的父母更是担忧不已,深怕孩子经受不了这种种的打击而出什么意外。

在这种情况下,小孙几乎是被强拉着加入了剧社。然而,即使是在剧社里,他也多是扮演着旁观者的角色,脸上总保持着淡淡的礼节性的微笑,眼里仍然是掩饰不住的游离和落寞。

我深深地知道,对于这样的孩子是心急不得的,他们就像敏捷的兔子,一旦受到了惊吓,就再也不容易接近了。

在剧社活动时,我想方设法不动声色地逐步加大小孙的参与度。一开始只让他做最基本的发音练习,和大家一起呼吸、发声;再是和大家一起做"数枣"练习,让他把自己的声音混在大家的声音中一起发出;然后,再一起做简单的形体练习……让小孙慢慢放下戒心,安全地隐藏在大家后面。

那次做绕口令练习,我发现小孙准备得特别充分。于是,我先安排了几位同学来作展示,接着,假装不经意地轮到小孙。小孙的精彩表现赢得了热烈的掌声。接下来,我再鼓动同学挑战小孙,对小孙发起冲击。面对一个个挑战者,小孙表现出了本能的求胜欲望。他不自觉地调动起全身力量,开始努力一遍遍地把绕口令念得更快更好。

小孙自己都没察觉到,他已经开始投入起来了。

那次小品练习时,我分配给他一个小毛驴木偶,要求他扮演一个憨憨的冒着傻气的小毛驴。小孙的表现出乎我的意料,他塑造了一个爱打嗝的小毛驴:"亲爱的,呃——我们今天,呃——一起,呃——"出色的表现赢得了大家的一致喝彩。我们又把他的角色和别的同学的各种表演不断组合在一起,营造各种效果。整个活动,几乎成了小孙的专场。而他也乐此不疲地和不同的同学配合着,表演着一个又一个片段,脸上洋溢着笑容,浑然忘我。

就这样,在不知不觉中,小孙已经成为剧社中重要的一员。同学们的包容和鼓励给了他归属感,自己的出色表现给了他成就感。在这里,他开始绽放出夺目的光彩。

在一次演出之后,已经是晚上十点多了。我安排大家各自回家,准备自己一个人押着一车服装道具回学校。小孙带着另两位同学说:"老师,我们也要回去,正好去学校有事。"到了学校之后,他们和我一起跑上跑下,忙碌地搬着服装道具。一切整理妥当之后,他向我扮了个鬼脸,然后带着另两个同学一溜烟跑了。原来,小孙是特意带着同学回来帮我的。那一刻,我深深地感受到,小孙成熟了。他学会了感恩和付出,他懂得了责任和担当。

在剧社的日子里,小孙先后扮演过情侣(男朋友)、警察、小贩、科学家开普勒……他在每一次表演时都忘我投入,把每一个角色都演绎得精彩动人。

小孙整个人都开始改变了,他脸上总是挂着灿烂的笑容。在学校里,他有了自己的好哥们(也是剧社成员);在班级里,他变得积极主动了;在学习上,他发挥了自己的优势,各科成绩稳步上升,直到最后稳居班级第一;他的英语朗诵获得区一等奖,他的作文连续被收集进学校的文集里,他成了班级里数学学习的小老师……

在高考之后,他以高分被华东师范大学录取,成为当年盲校唯一一位被华师大录取的学生。他在盲校实现了自己的大学梦,展现了自己的才能,证明了自己的价值。

在离开学校后,他写道:"在学校,有很多事物是我们难以忘记的,这些成了我们成长的印记并将伴随我们一生。说到这些,'感觉剧社'是第一个浮现在我脑中的,这可以算作是我们这些校外同学的一份牵挂吧。在学校,我们最快乐的时光莫过于在剧社度过的那些日子了。即使毕了业,我们也会在空闲的时候回来看看,剧社要是有演出了,我们是尽量出席的。对此,有一位同学曾开玩笑地将我们比喻成'归宁'。确实,这种家的感觉是在大学社团里所体会不到的。"

进入大学之后,他发挥自己的表演优势,进入了大学剧社,并且在加入当年就举办了专场演出。他用文字记录下了自己演出前的心声:"睡觉前,我心中念念不忘的是刚才的台词。太难了,我自觉自己不是一个会演戏的人,也许我就只能做到这种地步吧。忽然,我想到另一段台词,我好像听见了小刚在对我说:'只要自己不放弃自己,生活就不会放弃你,相信你一定可以的。'(感觉剧社小话剧《在路上》的角色及台词)

是啊,我可是11老师(即剧社涂传法老师)的学生,大家心目中的明骏学长,'怎么可以因为这点小事就放弃呢?'用实践来检验这一句的时候到了。我将它放在心里,默念了一遍,两遍……"

大学四年里,他始终保持着坚定的信念,积极努力,毫不懈怠。他在大学里担任了班级的团支部书记,参加了学生会工作,多次获得各类奖项,并且光荣地入了党。

在大学期间,谈到自己的理想时,他在一篇文章中写道:"高中时期,我参加了学校的话剧社——感觉剧社,其中有一个话剧讲述的是一个女孩在失明后,一位了不起的老师对她进行谆谆教导,带她穿越时空,让她看到了'原来这个世界上还有那么多有名的盲人'。戏到高潮,学生从心底呼喊'我们虽然看不见眼前的世界,但我们希望世界能看见我们。'

我也想成为话剧中那样的老师,通过自己的言行,用自己生命的光芒去感动、去引导自己的学生——除了教授知识和学习的方法,老师更多的应该是传授一种信念,一种精神。这些东西是够他的学生受用一生的。"

如今,他将要踏入工作岗位,圆自己当初的梦,成为一名光荣的人民教师。我坚信,这样一个满怀阳光的人,一定会带领更多的孩子去触摸阳光,把阳光照耀的温暖传递给更多更多的人。

从"小老头"到"美少男"

——小石成长纪事

"啊?真的啊!这是小石啊,我都认不出来了。"教过小石并且同时看到小石在舞台上表演的老师往往都会发出这样的感慨。确实,实在让人很难把舞台上那个表现得游刃有余、颇有古人风味的表演者和印象中的小石对应起来。

小石在初二时由普校转入盲校,一开始给人的印象就像"温吞水"一样,死气沉沉,整天待在角落里无所事事。他其貌不扬,由于脊椎上的先天问题,走路时总是驼着背,低着头,说话时喜欢皱眉眯眼,"吱吱唔唔"半天也说不出一句话,再加上又总穿着半旧的蓝灰衣服,因而被好事的同学们送了一个"小老头"的称号。小石学习成绩也很不理想,各科成绩都位于班级后列。

不过小石很喜欢写作,常会把自己写的小诗或半篇文章拿给我看。他也很热衷剧社活动,虽然在很长一段时间内都没有担任什么角色,但仍然认认真真参与剧社活动。

我知道,小石是一个内心情感丰富的同学,他的五官也算清秀。只是长时间在普校被歧视的经历使他形成了被边缘化的个性,也强化了他不恰当的表情和形体反应。他需要一个舞台来收获自信,需要借助一个舞台来改善自己的形象。

在创作新戏《在路上》时,我刻意为小石量身定做了一个"流浪汉"的形象——剧中的"流浪汉"衣着邋遢,表情苦闷,无所事事,整天拉着不成调的二胡在街头乞讨。一个偶然的机会,他遇到了戏中的主人公"小刚",在"小刚"的鼓励下,他重拾了生活的信心,重振了青春的理想,开始了新的生活。

排练时,小石穿上戏服,一出场就得到了大家一片喝彩声。这活脱脱是本色出演啊。前半部分,小石演起来驾轻就熟,几乎就是在再现他自己;可是,演到后半部分,戏中人物需要有情绪情感的转变了,小石却怎么也演不出那种效果。

一切正如我所料。

于是,我找来小石,一起聊聊戏。

"你怎么理解这个角色的呢?"我问他。

他含含糊糊地说不清楚。

"我请你想一个问题,在讨饭之前他在干什么?……他是不是一直就是讨饭的?……如果不是,是什么让他变成了现在这样?"我一边等着他的回答,一边不停地引导他。

他若有所思:"是不是他已经麻木了?"

我继续引导他:"那是什么让他变得麻木了?……他为什么会变得麻木?为什么会对生活失去了信念?……我们知道,最终他的心被小刚唤醒了。为什么能被小刚唤醒?这是不是意味着他心底沉睡着连他自己也没有意识到的力量与信念啊。"

小石似乎被触动了。因为在流浪汉的身上有着他的影子,这个角色应该会激起他的共鸣。

后来,我们不停地深入探讨这个角色。我们假想这个流浪汉的各种可能——他或是因为挫折而自暴自弃,又或是因长期受到侮辱而用接受和自我放逐的方式来麻痹自己……我们揣测这个流浪汉遇到主人公小刚时的心境——无论何时,他的心中都应该有着一颗不熄的火苗,因此,小刚的到来点燃了这颗火苗,让他开始感受到人性的光芒,帮他寻回尊严和力量,帮他重拾生活的信心和希望……我们讨论着对于角色的处理——在后半部分的表演中,应该有新生的激动,应该有被燃烧的激情,应该有相信未来的坚定……

一次次的探讨,似乎是在说戏,又似乎是在说小石自己。

正式演出时,小石忘我地在舞台上演绎着这个角色。演到流浪汉扔掉手中的碗时,小石完全没有按照预定的方式扔在一旁,而是奋力地掷向了后台;演到接过小刚送来的鲜花时,小石的神态满是庄严,眼中闪烁着泪光——他完全地投入到了人物之中。那一刻,我知道,小石也开始了新生。

于是,在以后的剧社训练中,我有意地为小石打造了塑形计划。我让他尽量做到"三点"靠墙站立,即使脊背弯曲,也必须要把头抬起;通过"照镜子"的方式对他进行表情训练,和他约法,每天必须大笑三次,说话前必须先微笑再开口;在步态和手臂姿势上,对他进行调整,改掉之前畏畏缩缩的姿态;在服装上,要求他改穿色彩明亮、款式简单的衣服……

一系列的打造,取得了惊人的效果。

一次,我有意地带小石去以前老师的办公室,门一开,几位老师都不约而同叫起来:"啊?你是小石啊?简直像换了一个人,成了美少男了嘛!"小石脸上露出掩饰不住的喜悦。

在同学中间,他也因为自己的出彩表现而受到了欢迎。

形体的训练是需要坚持的,信念更是需要不断强化的。因此,我又让小石在《生命之光》中饰演左丘明——一个充满才华、信念坚定的人物形象,在没有视力的情况下仍然坚持用30年的时间完成了《左传》18万字的写作。我想,这样的角色是可以成为小石一生的财富的。

经过长时间的训练,小石终于带着这个角色登上了舞台。他穿上长袍,儒雅坚定,风度翩翩。他塑造的左丘明深入每一个观众的内心,得到了大家的一致认可和称赞。

短短几年,小石变得乐观、开朗、擅于言辞了;虽然走路还是微微驼着背,可是给人迎面带来的是青春的朝气和满怀的热情。

后来,他考上了第二工业大学,积极参加了大学里的剧社,并迅速成为其中的顶梁柱,甚至在一段时间后还带起了"徒弟",担当起训练新人的重任。不仅如此,他还担任了大学校报的编辑,继续追求自己的文学梦。

如今,他已经从大学毕业,担任某企业的行政助理。

翻出小石在大学中的作品,其中一段文字映入眼帘:

晚上快睡觉的时候,11老师(即剧社涂传法老师)发来短信,问:大学第一晚如何啊?

白石(小石的网名)这样回答:还好,室友很棒,不过,还有一点不适应。陌生了才体会到熟悉,离开了才知道不舍。

11老师鼓励道:呵呵,加油,奔向美好的未来。

白石回答道:老师,有剧社活动要叫我哦,没有过去哪有未来,没有回忆哪有现在。

老师,当我紧张当我害怕的时候我会做两件事:一、背台词;二、自己对自己说:我不会让11失望的。

也许,这就是他在剧社所得到的最好的收获吧。

一个"坏学生"的蜕变史

——男孩小顾的成长故事

刚进入剧社的时候,小顾还是学校初中职业班的学生。

提起他,凡是教过的老师没有一个不摇头叹气的,班主任更是扳着手指头历数他的累累"罪行":没有集体观念,不尊重老师,不爱学习,不守纪律,上课调皮捣蛋不听讲,作业要么不做要么乱做,爱在背后说老师坏话,早自修总是赖在宿舍里睡觉,晚自修偏要大声讲话影响别人……

剧社的同学知道小顾加入的消息后,纷纷反对。毕竟几年经营下来,剧社已经形成了良性的社团文化:剧社内部自由民主,剧社成员之间团结一心,他们在这里发现自己的价值,展现自己的才能,大家都热衷剧社活动,珍惜剧社荣誉……如果小顾进来,对这个大家庭会不会是一种灾难?

"可是,如果我们所谓的社团凝聚力,所谓的艺术感染力,连一个小顾都感染不了,甚至还会被他带坏。你们觉得,我们剧社是不是太不堪一击了?"我反问大家,"这样,我们给小顾一个机会,也给剧社一个机会,让小顾来做一块试金石,试试剧社的成色到底怎样。"

我的底气来源于和小顾的那次谈心。那次,他犹犹豫豫地敲响了我办公室的门,委婉地表达了对剧社的向往。交谈下来,我发现这是一个敏感脆弱的孩子,也是一个随性但缺乏合理疏导的孩子。他因为对任课老师的一些不满,就自暴自弃,放弃学习,导致在小学升初中时,只能勉强进入初中职业班。而进入初职班的结果,又让他产生了更深的挫折感,因而对现状满怀敌意,对将来毫无信心。这才会做出上述的种种"恶行"来表达他的不合作。可是这样的孩子,往往在内心有着更强烈的呼唤,往往更需要合适的关注,往往更能在恰当的地方展现出巨大的能量。

"剧社大门对任何同学都是敞开的。"我想先试探一下他,"不过,对你,我想先约法三章。第一,先试一个月,若这一个月内不能按时参加剧社活动,麻烦自行离开;第二,这一个月内,若不能和剧社同学和谐相处,麻烦自行离开;第三,这一个月内,若不能服从剧社的安排,麻烦自行离开。"

小顾坚定地点点头,毫不犹豫地答应了下来。

为了迎接小顾的到来,我们给了他"红地毯"的礼遇(同学们站成两排,留出中间的"红地毯",为走过的"明星"欢呼喝彩)。小顾害羞、胆怯而又兴奋地穿过"红地毯",在同学们的欢呼声中,整个人都焕发出不一样的光彩。后来他说,他从没想到,自己可以这样地被人注目,在那一刻,他的心像是被唤醒了一样。

接下来的一个月里,剧社每次活动时,小顾都早早地到来;剧社每次排练,他都积极地参与。剧社成员之间的真诚氛围也深深感染了他,他的精彩表现总会赢得毫无保留的掌声,他的错误之处也会被毫不留情地指出。

这一个月里,转变慢慢发生了。交给他的任务,他会认真地去对待;"对不起""不好意思"之类的话逐渐挂在了他的口头;他开始为剧社的发展提出很多建议;他开始学会在集体活动中赞美别人,或是指出别人的不足……一个月的时间,他已经融入并且享受着剧社的生活。

然而,从班主任那里得到的反馈仍是不乐观。他的"恶行"并没有改掉多少。

怎么办?如果在剧社的收获仅仅局限在剧社范围之内,那剧社也就失去了意义,我希望这个团体可以给孩子们带来更深远的影响。

眨眼一个月过去了。小顾迫不及待地来找我,高兴之情,溢于言表。

"小顾,你的表现真不错。老师相信,你的存在,一定可以给剧社带来更多的财富!"

小顾兴奋地跳起来。

"我们的新戏里有一个角色很适合你。不过,排戏很苦的,我担心你坚持不下去。因为,我不敢相信一个连早自修都起不来床、晚自修都管不住自己的人,能管好自己扮演的'角色'。"

小顾愤怒地抬高头:"谁说的?!老师你看不起我。"

"你不需要在意老师是看得起还是看不起你,你要在意的是自己有没有这样的控制力。你要是能改变,我就把这个角色给你。到时,看得起你的人就不光是我了,还有所有看得到你演出的人。"我平静地说。

"老师,这个角色我肯定要演。你等着看好了。"小顾几乎是咬牙切齿地说。

果然,如我所料,他用自己的表现,顺利地赢得了这个角色。

班主任看到我,高兴地眉开眼笑:"以后你们剧社多给小顾些角色哦。现在这小家伙乖得不得了,太太平平的,什么事也不惹。而且,你知道吧,不管他有什么错误,我只要对他说'剧社',他马上服帖了。"

小顾在剧社里逐渐找到了属于自己的一席之地。

排戏的过程,单调无聊。说戏、体验人物、舞台行动……每个过程都是一种历练。一个走台、一句台词,往往要反复十几遍甚至于几十遍。这样的过程看似无聊,可恰恰也是实现角色的内化,让自身和角色共成长的过程。我希望让这些角色的理想和信念来感染、影响这些孩子,给他们人生以宝贵的财富;希望每一次的反复、每一次的打磨,都能让孩子和角色走得更近、贴得更紧。

果然,小顾对人物的再现慢慢变得越来越传神,越来越有感染力。"五次了,东渡日本已经五次没有成功……你们不去,那我就自己一个人去。"在学校礼堂里、在少年宫、在大学校园里、在商业广场、在话剧中心的舞台上……每当小顾扮演的鉴真和尚清晰而坚定地吐出这段台词时,总会收获观众们热烈的掌声。

小顾成功了。他找回了信念,找回了自己。

毕业后,小顾顺利地走向了工作岗位,并在各方面都表现得十分出色。杭州网的记者对小顾做了专访,其中有一段是和剧社相关的内容,这或许是小顾成长的最好见证。

参加感觉剧社参演《生命之光》

在和小顾的交流中能明显发现他不同于常人,语调抑扬顿挫,很有文人气质,原来球场下的小顾还有表演天赋,"我曾是学校感觉剧社的社员,我们社有部非常著名的盲人话剧叫《生命之光》,在学校、上海剧院和许多社区都巡回演出过的。"

他开始历数起剧中的人物,"史学家左丘明,天文学家开普勒,博物学家赫胥黎,还有由我扮演的矢志东渡的鉴真和尚,他们在视力上也都有残疾,但他们都有成功的人生。每次我们演出结束,都能听到下面观众偷偷抽泣的声音,我想我们的表演打动了观众。"

除了出演话剧,小顾有一副好嗓子,念起诗文来也是引人入胜。当被问到更喜欢舞台上的感觉还是球场上的感觉时,小顾抿嘴想了想,"都喜欢吧,踢球很自在,虽然每次踢完身体很累;但演话剧那种累和踢球不一样,因为剧本的内容很情绪化,所以心累,不过两种累回味起来都是甜。"

第九章　校园戏剧作品选

剧本一　生命之光

剧中人物
小冬
老师
左丘明
书童
鉴真
徒弟(3人)
开普勒
赫胥黎
主教
观众等(若干)
奥斯特洛夫斯基
安德烈·波切利
朗诵者(6人)

〔舞台漆黑,突然发出一阵撕心裂肺的叫声"啊——啊——"
〔追光跟随老师。

老　师　小冬——小冬——小冬——
小　冬　（摸索着）老师,孙老师?!
老　师　小冬,是我!

小　　冬　老师,手术失败了,我的另一只眼睛——(呜咽)也看不见了。

老　　师　(扶小冬)别难过,小冬……

小　　冬　(甩开老师)不,老师！我现在什么都看不见……我什么都看不见了！

老　　师　小冬,相信老师,虽然眼睛看不见,但还是能做很多事的。

小　　冬　(起身,背对观众)老师,你不要管我,我——(呜咽)

老　　师　小冬(急促、略顿、语气一转,拉着小冬),你跟我来——

　　　　　〔视频　表示穿越的光线特效。

小　　冬　(惊讶,略顿)老师,你要带我去哪里？

老　　师　跟着老师走,让老师慢慢告诉你——

　　　　　〔灯光　舞台灯光闪烁,突然停下,舞台亮。
　　　　　〔音效　古筝。
　　　　　〔视频　春秋时期书房。
　　　　　〔书童拿刀及竹片、竹简上,整理准备；左丘明上……

左丘明　童儿……

书　　童　(忙坐好)先生……今天写哪些内容？

左丘明　该是长勺之战了——《春秋》是这样记载的吧:"十年春,王正月,公败齐师于长勺。"

书　　童　先生真是好记性,一字不差。

左丘明　(沉吟,思索)长勺之战……

小　　冬　老师,这——

老　　师　我们现在是在春秋时期,他是鲁国的史官左丘明——

小　　冬　《左传》！老师,你教过我们的——他是鲁国的史官对不对？

左丘明　对了,这样写:"十年春,齐师伐我,公将战。""伐"说明齐国是在侵略我国,"公将战"又表明庄公仓促应战,缺乏准备啊！(书童在竹片上刻字)

老　　师　是《曹刿论战》——

左丘明　(兴奋)战争写了太多了,这次,我从曹刿这个人的角度来写。"夫战,勇气也。一鼓作气,再而衰,三而竭。彼竭我盈,故克之……"

老　　师　(带着小冬轻声地背)一鼓作气,再而衰,三而竭。彼竭我盈,故克之……

老　　师　你知道么,左丘明也是一个盲人。

小　　冬　啊！是真的吗？

老　　师　可是他并没有放弃,他用了 30 多年的时间,终于写成这部 18 多万字的著作。

小　　冬　啊!

书　　童　先生,竹简用完了。

左丘明　哦,我们再去拿些吧。(齐下)

〔视频　表示穿越的光线特效,持续至下一场景开始。

老　　师　《左传》已经成为我国最重要的史书之一!

小　　冬　真了不起!

〔视频背景　唐朝寺庙大殿内。
〔侧台一片嘈杂声,"师傅""师傅"……鉴真拿着盲杖急急出来,徒弟连忙追出。鉴真在台中定住,众徒弟也忙站住。

徒弟 1　师傅,已经五次了——徒弟求您,不要再去日本国了。

徒弟 2　沧海渺远,百无一还啊,师傅!

徒弟 3　(哽咽)何况,师傅,师傅您、您的眼睛……

鉴　　真　五次了,东渡日本,已经五次没有成功了……

老　　师　我们到了唐朝天宝年间。

鉴　　真　我知道,这一次,你们都随着我受苦了——

老　　师　正在说话的是鉴真和尚。

鉴　　真　狂风怒浪,让我们在大海上整整漂了 14 天——叫天天不应,叫地地不灵。阴差阳错,漂到了琼州,这才算逃过一劫……荣睿——我的日本弟子,一病不起、葬身中土——哀恸悲切,加上炎热,我也双目失明了……

〔众徒弟低声抽泣,擦泪。

鉴　　真　可是,因为这样就放弃了吗?

众徒弟　(绕到师傅面前,跪倒)师傅——

鉴　　真　我们此去,是为了传播中土文化!生命何足惜?你们不去,那我就自己一个人去。

众徒弟　师傅,徒弟愿意前往。

鉴　　真　如此,诸法众,快些准备第六次东渡吧。

〔众徒弟应,簇拥鉴真下去。
〔视频　表示穿越的光线特效,持续至下一场景开始。

老　　师　鉴真法师双目失明也不改初衷,终于在第六次东渡成功。他努力弘扬佛法,传播中国文化,成为中日间友好往来的使者。

老　师　对了,日本豆腐喜欢吃吗?

小　冬　我最喜欢了。

老　师　据说啊,就是鉴真法师教会日本人民的呢。

小　冬　他可真厉害!

　　　　[视频背景　中世纪实验室。
　　　　[音效　钟摆嘀嗒声。
　　　　[灯光　舞台灯光微暗,开普勒定点光亮。
　　　　[开普勒手持图纸上,做思索状。

老　师　过来——这是德国的科学家开普勒。我们用的助视器就是他发明的……他捍卫太阳中心说,发现了行星运动三定律。你看,他正在研究火星的运行轨道呢。

　　　　[灯光　开普勒定点光收,舞台灯光大亮。

开普勒　这么多的计算弄得我差不多要发疯了……我实在不明白为什么竟是椭圆?

小　冬　老师,他的眼睛也不好吗?

老　师　对,他家境贫寒,四岁时患天花和猩红热,结果双眼成了弱视,其中一只接近失明,一只手也残废了……

开普勒　究竟火星的轨道该是怎样的呢……

　　　　[音效　音乐声渐轻,能依稀听出即可。

老　师　他长期受到天主教会的迫害,但始终没有动摇。马克思称开普勒是他所喜爱的英雄。

开普勒　通过推理得出的物理原则必须和经验相吻合,除了承认行星的轨道是完全椭圆之外别无他途。(边说边下)

小　冬　他就是用这一点点视力来进行天文观察的吗?

　　　　[视频　表示穿越的光线特效,持续至下一场景开始。

老　师　对,他奠定了近代物理学的基础,同时,还是重要的数学家和哲学家呢。

小　冬　(惊叹)喔——

　　　　[视频背景　牛津大学礼堂内部。
　　　　[一阵得意的掌声,大主教威伯福士在人们簇拥下出现,做发言结

束状。

主　教　我说完了。(阿谀的掌声)好了,赫胥黎先生,可以把你那猴子的尾巴给我们看了。(肆无忌惮地笑)
〔赫胥黎形单影只上,手持《物种起源》走向舞台正中。

小　冬　老师,他们在干什么?
老　师　嘘——我们现在是在1860年的牛津大学,赫胥黎正为捍卫达尔文的进化论观点和教会辩论呢。
赫胥黎　我要重复地断言,一个人有人猿为他的祖先,这并不是一件可羞耻的事!可羞耻的倒是这样一种人,他惯于信口雌黄,还要粗暴地干涉他根本不理解的科学问题。所以他只能用花言巧语来转移听众的注意力,企图煽动一部分人的宗教偏见来压制别人,这才是真正的羞耻啊!
〔有观众受到感染,最后情不自禁鼓起掌。

主　教　(始料不及,气急败坏地)你这是谬论,是异端邪说……你太大胆了。
赫胥黎　为了自然选择的原理,我准备接受火刑——(逼上一步)如果必要的话。
主　教　你和达尔文都是疯子,你们小心点——(主教灰溜溜地下)
赫胥黎　(轻蔑地看着他们下,转向观众)我是达尔文的斗犬。(举起手中的书)我正在磨利我的牙爪,以此来保卫这一高贵的著作!(下)
〔视频　表示穿越的光线特效,持续至下一场景开始。

老　师　赫胥黎年轻时生了一场病,双眼几乎失明。人们这样评价他:"如果说进化论是达尔文的蛋,那么,孵化它的就是赫胥黎。"19世纪末,严复将这部作品引入中国,译为《天演论》,说是"物竞天择——"
小　冬　——适者生存。
老　师　对。这种思想对当时的知识分子有着很大的影响,鲁迅等一代人就是在这著作的哺育下开始启蒙,具有了初步的科学素养。
小　冬　老师,原来在历史上还有这么多有名的盲人。
老　师　小冬,你说得对,眼睛的不方便并没有让他们消沉,他们同样在历史的长河中作出了不朽的贡献(随从推奥斯特洛夫斯基上。〈灯光　定位光亮。〉奥正在创作《钢铁是怎样炼成的》一书,持续做思索、写作状。)——甚至,他们比健全人做得还要好。不幸,有时候,又何尝不会变为财富呢!

〔视频背景　20世纪20年代苏联疗养院一角(室内)。
〔音效　苏联歌曲。
〔灯光　舞台灯光微暗。

画外音　一个人的生命应当这样度过：当他回忆往事的时候，不因虚度年华而悔恨，也不因碌碌无为而羞愧。
〔音效　音乐声渐轻，不干扰台词。

小　冬　(略显激动)是奥斯特洛夫斯基！我们在课上学过的。我知道，他很勇敢，一直在战斗中负伤，有好多次差点就死去了……

老　师　是的，由于长期辛劳，他年仅23岁就瘫痪了，眼睛也完全失明……他连着接受了九次大手术。最后，由于身体太差，连麻药也不能用了。可他没有发出一声呻吟。手术后，他高烧持续了整整八天……后来，他就拒绝接受任何治疗，说："我已经为科学献出了一部分鲜血，剩下的，让我留着干点别的事吧。"就是在这样的情形下，他开始了《钢铁是怎样炼成的》创作——

小　冬　(早已泣不成声，这时哭得更厉害)哇……
〔音效　音乐声轻，能依稀听出即可。

奥斯特洛夫斯基　(似乎被惊动，抬头)让那孩子过来。
〔随从推向小冬。
〔灯光　定位光收，舞台灯光大亮。

小　冬　(迎着奥走去，握住奥的手)叔叔，我眼睛也看不见，可我……

奥斯特洛夫斯基　孩子，要坚强，要有信心！

小　冬　(用力地)嗯！
〔师与随从低头拭泪。

奥斯特洛夫斯基　(打起精神，面向观众)只有像我这样发疯地爱生活、爱斗争、爱建设那新的更美好的世界的人，只有我们这些看透了、认识了生活全部意义的人，才不会随便死去，哪怕只有一点机会就不能放弃生活。

奥斯特洛夫斯基　记住——"一个人的生命应当这样度过：当他……"
〔声音渐弱，直至消失。下场。
〔灯光　舞台灯同时暗去，只有追光照着师生二人。

老师、小冬　(慢两个字)当他回忆往事的时候，不因虚度年华而悔恨，也不因碌碌无为而羞愧！
〔视频背景　表示穿越的光线特效，持续至下一场景开始。

小　　冬　老师,这些都是真的吗! 他们可真勇敢、真伟大。
老　　师　是啊,小冬,眼睛不好并不是世界末日,那也许是另一个开始呢——
小　　冬　老师,我也想像他们一样做好多事情。
老　　师　小冬,你一定能做到的!
小　　冬　老师,我一定会努力的。这么多人都为我作出了榜样,再说,老师,还有您陪在我身边呢! 我回去后一定好好学习,为社会做好多事情——老师,你相信我吗?
老　　师　小冬,老师相信你!
小　　冬　老师,谢谢您!
老　　师　小冬——加油!（两人下）

［灯光　追光收,舞台灯微亮。（如果可能,6个朗诵者每人一个定点光）
［视频背景　灿烂星空。
［朗诵者依次登台。

朗诵者1　荷马,古希腊盲诗人,他所撰写的《荷马史诗》是全人类共同的艺术瑰宝。
朗诵者2　弥尔顿,43岁双目失明,是一位与乔叟、莎士比亚齐名的不朽作家。
　　　　　［音效　音乐《我和你》起,在朗诵时较轻,在语音重叠时渐响。
朗诵者3　萨特,自幼失明,是20世纪最重要的哲学家和文学家之一。为保持独立,他拒绝接受1964年的诺贝尔文学奖。
朗诵者4　博尔赫斯,当代最优秀的作家之一,被人们誉为"作家的作家"。晚年失明。
朗诵者5　陈寅恪,被誉为20世纪中国最博学的人,失明后,以口述的方式完成《柳如是别传》。
朗诵者6　布伦基特,英国前教育大臣,是英国第一位带导盲犬进入议会的议员。

［朗诵者错落念出以下名字,声音渐渐重叠和模糊。
［节奏渐快,以致声音渐渐重叠和模糊。
"卫朴"
"海伦·凯勒"
"雷·查尔斯"
"詹姆斯·乔伊斯"
"阿炳"

"埃里克"

……

〔灯光　舞台灯大亮，壮丽辉煌。

〔视频背景　华丽舞台。

〔音乐《我和你》高潮，安德烈唱歌上，老师和小冬一同。诸人跟着音乐节奏移动，分立两侧，簇拥三人。

〔音效　音乐《我和你》响，在角色说词时略轻。

安德烈·波切利　大家好，我是安德烈·波切利，你们的盲人朋友。我希望利用今天这个机会把那些支持我鼓励我的朋友们都介绍给大家（所有演员唱着和声上，与安德烈站在同一排。女生唱"啊——"，男生唱"嗯——"，唱和声）——我想告诉大家，我从来都不是孤独的。人们一直问我，你坚持的动力是什么？那是因为，我永远记得这样一句话，"虽然，你看不见你眼前的世界，但是，你至少可以做一件事，那就是，让这个世界看见你！"（歌声继续）

女　我们看不见眼前的世界。

男　但我们希望世界能看见我们！

众　（齐）我们看不见眼前的世界，但我们希望世界能看见我们！

〔音效　音乐响，歌声持续。

〔谢幕。

〔全剧终。

剧本二　在　路　上

剧中人物

小刚

同学甲

同学乙

小贩

假大款

警察

小孩(2 人)
乞丐
男女游客(2 人)
盲路人
卖花女
路人(学生、遛鸟老人、快递员、摄影爱好者、小孩……)

〔舞台。
〔小刚用规范的杖法出场,站在舞台右前方。

小　　刚　大家好,我叫小刚。你们还不认识我吧。我是上海市盲童学校的学生,我喜欢朗诵、表演、音乐(语速渐快,到后面说得舌结)、手工、篮球……我还,我还……哎呀,一时也说不清楚——这样吧,我给你们讲个我的故事,也许听了这个故事,你们就会了解我了。那是一个发生在路上的故事……
〔场景变为校园门口。
〔两个女同学持盲杖上。

同　　学　（甲乙齐声）放假喽,放假喽。
同学甲　终于可以休息了。(听盲表)今天时间还早呢,我们出去玩吧。
同学乙　去徐家汇公园,那里环境很好的。
〔小刚用不规范的杖法急急跟上。
小　　刚　好啊,好啊,我也去。
同学甲　你呀,只会"好啊,好啊"地跟在我们后面。
小　　刚　你——
同学乙　就是,虽然眼睛比我们还好……但一点用都没有。
小　　刚　谁没用啊!
同学甲　还不是,你一个人哪都不敢去。只可惜它(用盲杖碰对方的盲杖)受你牵连,快变成拖把喽。
同学乙　我这根是哈里·波特的魔杖,带着我走南闯北。
同学甲　我的也是,等我长大了,我还要和它一起去周游世界呢。
小　　刚　哼! 神气——神气什么呀!
同　　学　（甲乙齐声）就是神气,就是神气。
同学乙　你的那根烧火棍啊(用盲杖碰对方的盲杖)只会一天到晚躺着睡觉。
小　　刚　你们可真是门缝里看人……

同学甲　你就是把门开——大——,我也看不到你。
同学乙　那,有本事你不要跟着我们,自己一个人过去好嘞。
同学甲　他敢吗?
小　刚　谁不敢啦,自己去就自己去!
同学乙　好,这可是你说的——
同学甲　别和他啰唆了。我们快走吧。
小　刚　有什么了不起的!
同　学　(甲乙一起,用逗小孩的口吻)我们先走喽……
小　刚　走吧,走吧!
同学甲　我们在那里等你哦……
同学乙　不见不散哦……
同　学　(甲乙一起)哈哈哈……(大声唱)"我终于看到,所有梦想都开花……"(下)
小　刚　(故意大声说,以为同学们还在,想让她们听到)自己走就自己走,谁怕谁啊!我眼睛好着呢——嘿嘿——有一次,妈妈带我去公园,前面是白晃晃的一大片水泥地。我对妈妈说:"这溜冰场可真大啊",边说边往前跑。没等妈妈反应过来,"扑通"一声,我摔了下去——原来是个池塘。
　　　　(侧耳听——没动静;四处摸索,变得慌张)……啊?她们真的走啦!那我怎么办啊?我可从来没有单独在外面走过。谁不想一个人走!我也想!可那次,我试着出去,结果刚出小区就迷路了。怎么办呢?正好看见前面站着个人,我走过去,先没好意思问,"嗯嗯"咳嗽了几声,他看也没看我。等了半天,他也不说话。我只好硬着头皮叫了声"大哥哥",他不睬我;我想可能叫错了,又叫了声"叔叔",他还是不睬我;"姐姐""阿姨""爷爷""奶奶"……后来爸爸找来了——"小刚啊,你,对着个邮筒干什么呢?"
　　　　算了,我还是乘校车回家吧。
　　　　〔走几步,迟疑,停,转身。
小　刚　不行,以后还不得被她们笑话死啊。要不——走走看看——诶,这里正好有条盲道,我就跟着盲道走。哼,谁怕谁啊!
　　　　〔马路上,不断有行人走动。
　　　　〔有卖光碟的小贩占着盲道卖光盘。小刚一路走来,盲杖摆动范围很大,碰到人时,大家纷纷从杖上跳过。

小　　贩　看一看啊,最新大片《速度与激情 7》《超能陆战队》《复仇者联盟 2》……要买抓紧啊。

〔路人走过,时不时有人买几张,小刚不小心挥动盲杖打翻了小贩的盒子。

小　　刚　(摸索)哎呀,好像打到什么东西了……

小　　贩　诶！诶！诶！没长——(看小刚)眼睛啊……

小　　刚　对不起,我眼睛不好,没有看见……

〔假大款在行人中上。

小　　贩　(边收拾光盘边骂骂咧咧)眼睛不好么老实在家待着,到处走什么走……

小　　刚　(手足无措)我……我来帮你捡。(弯腰,摸索着过去)

〔假大款上前,一把把小刚推到旁边。小刚一个趔趄,差点摔倒。

小　　刚　(着急地)哎呀,好像又撞到人了。(对着没有人的方向)对不起,对不起！

假大款　(抖着 100 元人民币)来来来,拿张《复仇者联盟》。

小　　贩　(谄媚地)哦——好的,来了！(边找光盘,边回头对小刚)待会儿再和你算账——

假大款　(催促)快点快点,找钱！

小　　刚　(还想帮忙收拾打翻的光盘,结果跌跌撞撞,东碰西撞)对不起,对不起！

小　　贩　(推开小刚,手忙脚乱)呶,找你 95 块钱,下次再来啊——(对小刚)要不是看你……哼……

假大款　(钱往口袋一塞,对小刚)瞎子也来凑什么热闹！(匆匆下)

小　　刚　(继续摸索)我……我帮你捡。(手忙脚乱帮着收拾,结果越帮越乱)

小　　贩　走开……(看钱,着急)是假钱！诶——(追几步,发觉人已不见,停,骂骂咧咧回来)要卖多少张盗……光盘才能赚回来啊……

小　　刚　(触动)啊,盗版光盘？！

小　　贩　(回身,收拾光盘,对小刚)倒霉——走开,都是你这霉星！

〔警察上。

小　　刚　(无措) 我,我……

警　　察　(指小贩)诶——你,干什么的？

小　　贩　(大惊失色)啊,警察来啦……

〔小贩连忙收拾光盘逃跑。警察叫着"停下、停下"追了过去,却被小刚的盲杖绊了一跤……小刚的盲杖也掉在了地上。他连忙摸索；警察爬起，继续追。警察没有追上，回来，从地上拿起盲杖。

警　　察　（把盲杖递给小刚）小朋友，拿好你的盲杖啊。（无奈地走下去）

小　　刚　假钱……盗版光盘……刚出来就闯祸——盲道也靠不住！算了，我还是老老实实回家吧，要不然还不知会惹出什么麻烦呢！

〔小刚摸索着想离开，两个小孩拿着羽毛球拍欢快地跑上。

小孩 1　你知道我最喜欢的羽毛球明星是谁么？——是 C 罗！

小孩 2　去，C 罗是游泳的。

小孩 1　你接我的球吧……

〔两小孩拿羽毛球拍做打球状，其中一人把球打到了树枝上。两人怎么也够不到。

小孩 1　都怪你，打得这么高！

小孩 2　怪你，谁让你打得那么偏？

小孩 1　怪你怪你怪你……

小孩 2　怪你怪你怪你……

小　　刚　我还是绕开走吧，少惹麻烦——

小孩 2　（突然瞥见小刚手上的盲杖，兴奋地跑过去）大哥哥……

小孩 1　（劈手夺下）大哥哥，这个借我们用一下吧。

〔小刚在原地不知所措；小孩兴奋地跳着够，可还是够不到，过了一会，他们意识到小刚可以帮忙。

小孩 2　大哥哥……

小孩 1　大哥哥，我们的球掉到树上了，你帮我们够一下吧。

〔两人边说边引导小刚往前够球。小刚走几步，停下来，在原地迟疑，然后胡乱往上面扫了几下。小孩本来看着树上，兴高采烈说着，一回头，看见小刚没过来。

小孩 1　大哥哥，球在这里，你在那边——干（看出小刚是盲人）——什——么——呢？

小孩 2　啊，你是个盲人啊！

〔小孩 2 好奇地用手在小刚眼前比画，小孩 1 制止了他。

小孩 1　没关系的，大哥哥！你个子这么高，一定够得到。这样吧，我们来说，你来够，好不好？

小　　刚　（为难）那——试试吧。

〔在小孩"左边左边""右边右边""前面前面"的口令指示下，小刚把羽毛球打了下来。小孩欢欣,捡球,小刚也兴奋起来。

小　孩　（捡起球,一起拉着小刚的手,跳着转圈）大哥哥真棒,大哥哥真厉害!

小　刚　嘿嘿,我这根可是哈利·波特的魔杖!

〔小孩欢快地笑,拉着小刚转圈,嘴里说着"哈哈,魔杖、魔杖"。

小孩1　我们还是到别的地方去打吧。

小　孩　（齐声）谢谢大哥哥,大哥哥再见。（边说边跑着下台,最后一句话的音未完已不见人影了）

小　刚　（胡乱挥着手）不用谢……再见……呵呵,大哥哥真棒……呵呵,我真棒!我真厉害!嗯,我要去找她们,怎么能遇到一点问题就打退堂鼓了呢。不放弃不抛弃,我一定能找到她们的。（往前走）诶,这里好像是路口了……（在原地摸索,判断行进方向）

〔乞丐拿饭碗、二胡上。

乞　丐　上班去,上班去喽——（对观众）啊,问我是做什么的?（趾高气昂）总监!——（自得而自嘲）总在地上捡钱!还不知今天收入怎样呢……

〔见地上似乎有一枚硬币,连忙捡起来,看一下,放在碗里。

小　刚　嗯,对了,我好像不用过马路,右转就可以了。

乞　丐　（看见小刚,快步向前,一把拉住他）过马路是吧……我就做个好事,带你过去吧!（拉着就走）

小　刚　（挣扎,没挣脱）我……我不……

乞　丐　（不顾小刚"不不不"的不断挣扎。过完马路后,恶作剧式地说）不用谢!

〔小刚失去了方向,在台侧转圈,不知所措……舞台上空荡荡,游客拉着行李箱,看着地图,互相埋怨,上。

女游客　都是你,叫你叫辆出租车,你不舍得,现在好了吧,在哪里都不知道。

男游客　我哪知道,你看这里不是写着——,谁知道……

女游客　你看看,现在一个人都没有,想问个路都不行。

〔两人抬头四顾,看到小刚。

男游客　那不是人吗?我们去问问他。

女游客　好吧——可,你看——是个盲人。

男游客　没办法,只有他可以问了。

女游客　真倒霉!

　　　　　〔小刚逐渐走到台中，男游客走上前，小刚到处转，男游客好不容易凑到他正面。
男游客　你好。
小　刚　（停下来，判断了一下）你好。
男游客　请问去徐家汇怎么走？
小　刚　徐家汇啊，就是我要去的地方。应该是顺着这条路往前，左转，再左转……（边用盲杖比画，比画过程中，几次差点碰到游客，他们不迭避让）嗯，对的……要不，你们和我一起走吧。
男游客　谢谢你啊，你可真热心。
小　刚　（不好意思笑笑）嘿嘿，没关系，没关系。
女游客　（扯男游客，低声）行吗？
男游客　走吧走吧，（一边走，一边背过小刚，轻声地）没问题吧，你想他能一个人在外面走，应该熟悉这里的环境的。
　　　　　〔小刚带着游客在台上转圈，前面还比较从容，后面感觉不对，开始着急，越走越乱……
小　刚　（尴尬）好像——走错了……
男女游客　啊？
女游客　走了半天，这才告诉我走错了？
男游客　（扯女游客）小声点——
女游客　都是你，还说——前面么不肯叫车，现在么，问个路还找了个瞎子……
男游客　（提高音量）什么"瞎子、瞎子"，你说话注意点好不好，再说人家也不是故意的。
小　刚　（愧疚地）对不起，你们别吵了，都怪我。（游客停下来，气呼呼地看着他）是我不好，我们在学校都学过定向行走，这条路我应该会走的。可，谁知——（深深鞠躬）对不起……
　　　　　〔男女游客生气地把头偏向一方——
女游客　现在怎么办？
　　　　　〔响起盲杖声，舞台一侧盲路人持盲杖上。
男游客　（陷入尴尬）我……
女游客　（抱怨）都是你……
盲路人　（走到他们面前，意识到有人，改用短杖杖法，缓速通过）对不起，对不起……

女游客　（不睬，四望）真倒霉，要车没车，要人没人。
盲路人　（停下）对不起……请问，你们需要什么帮助吗？
　　　　［游客还没来得及回答。
小　刚　他们要去徐家汇，可是，让我给带错路了……现在都不知道该怎么走了！
盲路人　徐家汇啊——让我想想看（边思索，边比画），我知道了，应该——
女游客　（急急地）不不不，谢谢你了。还是我们自己找吧——
盲路人　（笑）呵呵，我知道你不相信我——
男游客　（不好意思）不，不是——
盲路人　你看一下，这条路应该是番禺路对不对。
男游客　（看路牌，惊讶）对的。
盲路人　（笑笑，问游客）现在几点了？
女游客　（不解）快4点了——
盲路人　（抬起头，用阳光定了一下向）顺着这个方向一直往前走就是虹桥路，在路口左转，沿虹桥路一直走，很快就能到了。那条路上车很多，你叫车、乘公交车都可以。
男游客　（诧异）真的吗？太好了！
小　刚　（诧异又兴奋）我也是这样走的啊，可是怎么会走到这里呢？
盲路人　（笑笑）我刚才听你们的声音是从那边来的，我想肯定是你方向错了吧。
男游客　（好奇）你刚才为什么问我时间呢？
盲路人　（笑笑）我要确定一下方向。4点的时候，如果我面向南方，阳光应该是从右前方照来。我用内时钟定位法来判断的话，应该约在2点半方向——这样，靠着阳光我就能确定方向了。
小　刚　（恍然大悟）哦！我说呢——要是刚才——唉，我怎么不先定好方向呢！唉！（在原地感受着阳光，比画着方向……）
盲路人　（向游客）你们要是相信我的话，我把你们带到虹桥路上去吧。
女游客　这——
男游客　（不满地）这什么这啊——走，我相信你！
女游客　（连忙跟上，一把勾住男游客的胳膊）我是说——这怎么好意思呢！真谢谢你啊。
盲路人　没关系的，走吧。
小　刚　诶诶，带上我——

〔众笑。

小　　刚　（走几步，突然停下）你们先走吧——
众　　人　怎么？
小　　刚　我，我，我想自己走走看！
盲路人　加油！
游　　客　再见！
〔众下。

小　　刚　再见——加油！我一定行的！（嘴里念念有词，边说边比画）手要放在身体中间……嗯，中间（小声念叨，像回音一般，同时做出动作。下同），手腕动……嗯，手腕动，左……左，要迈右脚……右脚……右，左脚……左——右，左—右，左右，左右……（节奏渐快，越走越好，感到兴奋和自信，下）

〔路人不断走过，卖花女在台上叫卖"卖花，卖花"，间或有路人去买花。假大款上……

假大款　（从口袋里掏出100块钱）我这张是HD90（假钞），就连银行也分不出真假（看了看卖花女，打定了主意），刚才用掉了一张，这张就用在她身上了……（向卖花女走去）
卖花女　先生，买花吧，又新鲜又漂亮的花啊。
假大款　卖花是吧。好不好啊？
卖花女　好的好的，先生，你看，这花开得多漂亮啊。
假大款　（随意地拿花，又粗鲁地放下，终于选定了一支）就这支吧，给——（把钱递过去）找钱。
〔卖花女接过钱，刚要放进口袋里，突然感觉有些异样，把钱举起来对着亮处看。
假大款　（不耐烦地）快点快点，别耽误我办事。
卖花女　先生，你有没有零钱啊？
假大款　没有。你看看我，像带零钱的人吗？
卖花女　先生，那你换一张钱吧。
假大款　干吗？换什么换，没有！
卖花女　这张钱好像——有点——问——题。
假大款　有问题，有什么问题？你说说清楚。
〔路人渐渐围拢，看热闹，小声嘀咕。

卖花女　这张是——假钱。
假大款　假钱？你说假钱就是假钱啊，你是银行还是警察局啊？
卖花女　你看，这里水印不对。
假大款　小姑娘，我警告你，话不能乱说的。你们大家看看，就我，像用假钱的人吗？我告诉你，我住的是别墅，开的是宝马，这双鞋子你知道要多少钱吗——够你卖一年的花了！
卖花女　先生，可是——

〔围观的人指指点点，议论纷纷。有支持小姑娘的："小姑娘斯斯文文的，不会乱说的""算了，小姑娘也不容易，就给她换一张吧"；有支持假大款的："不可能，看人家这身价也不可能用假钱""小姑娘，算了，讲不清楚的"……

小　刚　咦，好像就是刚才那个用假钱的——（慢慢挤进人群中，静静地听着）
假大款　别和我啰唆，买你花是看得起你，快找钱。
卖花女　你——
假大款　（把花往地上一扔）快点，别把老子惹毛了。
小　刚　（下定决心，挤进去）让我看看吧。

〔众人诧异，"他能看？""他看什么呀。"

假大款　瞎子捣什么乱啊，去去去——
小　刚　我知道怎么辨别钱的真伪，我能摸出来。

〔众人诧异。

假大款　走开走开，该干吗干吗去！
众　人　让他试试有什么关系，反正也吵不出个结果来。

〔卖花女把钱递给小刚，小刚把钱凑在耳边拉了拉，然后，认认真真地摸了一摸。

小　刚　这钱是假的——

〔众人哗然。

假大款　（一把揪住小刚衣领）臭瞎子，找不自在是吧。
众　人　怎么骂人啊，让人家把话说完啊。
小　刚　（边说边做动作）真钱声音很脆，这个声音很混，这是第一点；第二，真钱在右下角应该有盲文点子，可是这张钱摸不出来；第三，真钱的右边缘和人像的脸上、衣服上，都有一轮轮的纹路，摸上去有粗糙的感觉，这张没有——所以，这张肯定是假钱！

〔众人既惊奇又信服，小贩上，挤进人群。

假大款　（看形势不对，一把抢过钱）老子还有事，不和你啰唆了。
小　贩　（一把拉住假大款）还我钱！总算让我撞见你了！快点，还我钱！
假大款　（抵赖）不知道你说什么。快放开我，不然别怪我不客气……
　　　　［假大款想要挣脱，警察上，挤进人群。
警　察　什么事？什么事？（一看假大款）又是你这家伙，刚放出来又惹事了是不是？
假大款　没——没有——
小　贩　他用假钱，快还给我！
众　人　就是他，用假钱。
假大款　冤枉，我——冤枉——
小　贩　我能证明！
警　察　走，派出所去。（对小贩）谢谢你，和我们一起去做个口供。
小　贩　（慌张）我还有事，让他把钱还给我就行了！
小　刚　警察叔叔——
警　察　小朋友，你有什么事么？
小　刚　警察叔叔，（指小贩）他就是刚才卖盗版光盘的！
　　　　［小贩见势不妙，想溜，被众人拥住。
小　贩　冤枉，我——冤枉——
假大款　（一把抓住小贩，得意）我能证明！
警　察　好啊，你们两个和我一起走。（押着两人下）
众　人　（对小刚）小朋友，你是怎么知道的呢？
小　刚　（羞涩）嘿嘿，我能听出他的声音！
众　人　小朋友，你真厉害！
　　　　［众人纷纷赞扬，渐渐散开。
卖花女　谢谢你！要是没有你，真不知道会怎么样？
小　刚　（羞涩）没关系，没关系——我还有事，再见了。（转身走）
卖花女　唉——
小　刚　（停，回头）怎么——
卖花女　（把花塞到小刚手里）谢谢你！
小　刚　（拿花，羞涩而又兴奋）再见！
　　　　［卖花女注视着小刚走开，然后卖着花下去。

小　刚　谢谢你……我真厉害……哈哈，哈哈哈哈！

［乞丐在人群中上，坐下，面前放着一个破盆子，无精打采地拉着二胡，声音无聊单调。人们继续经过，没人注意他。
［小刚不小心敲翻了碗。

乞　丐　嗨——小心点——
小　刚　对不起——
乞　丐　原来是你啊！（惊讶）你是一个人走到这里来的？
小　刚　不是——（抬高盲杖）我是和他一起来的！
乞　丐　（惊讶、沉思，稍顿，继续无精打采地拉起二胡）给点钱吧——
小　刚　你会拉二胡？
乞　丐　不会。
小　刚　你拉得可真难听——
乞　丐　我知道，不就混口饭吃呗——（不屑）你懂什么？
小　刚　我让你听听什么才是真正的音乐。
　　　　［用盲杖打节拍，音乐起《we'll rock you》……路人停下，和着节拍跳动……音乐停……路人纷纷上去给钱，然后散去……
乞　丐　（激动地，连忙捡钱）你真厉害！
小　刚　哪里，我在这一路上可遇到了很多坎坷呢。
乞　丐　（若有所思）可你毕竟走过来了呀。
小　刚　（自豪地）嗯，我差一点就放弃了……不过，还好没有……以前，老师说过：“一个人只要自己不先放弃，就永远不会被生活放弃。”……我好像有点懂得这句话的意思了。
乞　丐　（若有所思）"自己不放弃自己……"
小　刚　（又像对乞丐又像对自己说）是啊，一个人在路上会遇到很多意外，甚至还会有危险。可是，怎样也比什么都不做好啊！再说，总不见得老是等别人来帮你吧。
乞　丐　（激动）你眼睛不好，还——可我——
小　刚　只要你愿意，你肯定行的。
　　　　［乞丐激动地低头收拾东西。
小　刚　你在——
乞　丐　你说的对！我不应该年纪轻轻就靠讨饭为生，我现在就回老家，养鸡、养鸭、把荒掉的地再种起来。再见！
　　　　［大步往前走。
小　刚　诶——

乞　丐　（停）什么？

小　刚　（高举着鲜花）给你——

乞　丨　这——（顿步，看看手里的碗，用力地扔了出去，伸手接花，激动）

小　刚　加油！

乞　丐　（感动，步伐更坚定）谢谢！（下）

〔小刚继续走，直到回到本剧开始时的位置。

小　刚　后来……后来自然是迟到了。不过我觉得那已经没有关系了，因为我得到了更重要的东西。这，就是发生在我——一个普通盲人身上的故事。（话外音"小刚，快点——"小刚答应"哦——"）我该走了。我相信，说不定在哪天，在哪条路上，你还会见到我，（盲杖声逐渐响起）嗯，一定会的……那就，那就，到时候再见吧。（下）

〔响起《we'll rock you》，众人合着节拍，欢快跳动，上台，谢幕。
〔全剧终。

剧本三　这些人，那些事

剧中人物
讲述者
讲述者1
讲述者2
小姐姐
盲同学（若干）
盲小朋友
路人（若干）
网友
导盲者
妻子
布罗迪
弹唱者

［台角放一立式话筒。整个过程中，根据需要配以各类音效。表演者持盲杖，但不使用，自如上台。

讲述者 大家好，我叫——莫——嗯，也许我叫什么并不重要。因为，就像你们所看到的，我是一名盲人。说起盲人，你们会想到什么呢？

［响起二胡《二泉映月》。

讲述者 是这样……还是这样……或者是这样……

［各个演员演出各种惨状：有拿盲杖磕磕绊绊走的、有拉二胡乞讨的、有拿招牌算命的、有伸出手摸索的……还有在爬着上台的……

讲述者 停停停，够了，够了……太夸张了。

［舞台快速清空。

讲述者 一般来说，我遇到的很多人，是这样认为的："盲人啊——哦，你们要用手语的是吧。"手语？（用手比画）好吧，这也许是一个交流的好方式——如果，我们眼睛足够好的话。

也有很多人要好得多，他们会由衷地赞美我："哎——你挺厉害，可真不像是盲人。"这让我感觉——怎么说呢，就像人们说："嘿，哥们，你帅呆了，不过真不像你。"——你们觉得盲人该是什么样子的呢？

有一次，电视台来拍摄我们生活。他们从早到晚寸步不离地跟着我们。（演员同时进行表演）然后，不断发出惊叹声："嘿，他们在上楼梯。"——不好意思，请允许我的孤陋寡闻，眼睛不好应该不会影响到腿部肌肉的发育吧。

"看，他们自己去厕所啦。"——叔叔，我忍不住了，麻烦你快点，帮我去上个厕所……除了自己去上厕所，我还有别的选择吗？——要是有的话，你们可别骗我，我是单纯的好孩子。

"快快，快拍下来，他们吃饭了。"——好吧，也许有一天上帝会感到愧疚，作为补偿，让我们什么都不用吃就能活下来……你说，我怎么感觉自己整一个就是外来入侵生物啊！

其实吧，我一直觉得，除了眼睛不便，我和常人没什么不同啊。一样生活，一样学习，一样玩耍，一样打"剑三"，一样爱追星，一样高兴了要笑，难过了要哭（两个演员上场，分别哭笑）——好吧，我承认，还是有不一样的，他哭得比较难看。

事实上，我们不会因为视力障碍，就有很多忌讳。有一次，我们学校春游。

　　　　　［小姐姐和盲小朋友上。

讲述者　有个小姐姐做志愿者，来陪我们。她整天都小心翼翼地和我们说话。那次有个活动是挖山芋——

小姐姐　（捧起山芋，激动地）你看——闻啊，多大的山芋！

　　　　　［盲小朋友凑上去，无比尴尬。

讲述者　这比和我们说"看"更让我们难过。其实我们才不在意呢，我们能"看"——用一点点视力，或者用心；我们也都习惯说"看"——看电影，看话剧，看书，看足球，看F1，看——有没有老师？——帅哥美女……

　　　　　而且，很多时候，我们还喜欢拿视力来自嘲。

　　　　　［两位同学上，根据讲述情形表演。

讲述者　有一次，一位同学在操场上倒着跑步——

同学1　（被倒跑的同学撞到）脑袋后面没长眼睛啊？

同学2　（晕晕乎乎）别说脑袋后面，我脑袋前面的眼睛也是假的。

　　　　　［两位同学下，讲述者1上。

讲述者1　我来说说——前几年，我脸上长满了青春痘。大人们都替我着急，哥哥说："你这痘可太难看了。"我说："哦，随它去吧，反正它也没准备长给我看。"

　　　　　［讲述者1下。

讲述者　甚至，有时候视力上的问题还成了优势。比如，晚上，不用开灯就可以看书……在网上聊天、打游戏的时候，如果你讨厌一个人，只要亮出盲人的身份，你会惊喜地发现，第一时间就被对方拉黑或者无视了——瞬间省去了无穷的烦恼。

　　　　　当然，显而易见的是，视力障碍带给我们的不仅仅是欢乐，她并不是上天的额外恩赐，她还是意味着一些不便。

　　　　　比如——打招呼。

　　　　　［两个路人从台两侧上，相向而行。

路人1　（挥手，点头）你好！

路人2　（挥手，点头）你好！

讲述者　双方用语言致以问候，然后潇洒地互相点头或挥手致意。这是每天都会上演无数遍的场景，这对常人来说是再简单不过的事了。可在视力障碍者看来，这就像证明哥德巴赫猜想一样难。

　　　　　［路人2下，路人1回身继续走，同学3上。

路人1　（挥手，点头）你好！
　　　　〔同学3面无表情地走了过去。
路人1　架子也太大了，简直目中无人。
同学3　冤枉，我的"目"——我的"目"——
讲述者　究竟是怎么回事？还是倒回去，让我们再回看一遍吧——
　　　　〔像录像倒带一样，两人快速倒回舞台，快速表演刚才片段，一切照旧。
讲述者　停——（对同学3）嘿，你怎么了，你在思考人生吗？你到底怎么想的？
同学3　（独白）♯￥＊＆％＆＊（语速极快，根本听不清）
路人1　架子也太大了，简直目中无人。
　　　　〔两人定格。
讲述者　停，怎么回事？我什么也没听到！
同学3　拜托，打个招呼只用3秒钟，我那么复杂的心理活动在这点时间里说完，只能是这样了啊。
讲述者　好吧好吧——还是我错了。（无奈地）对不起，我用慢速行了吧——
　　　　〔像录像倒带一样，两人快速倒回舞台，开始表演刚才片段。
讲述者　慢——
路人1　（用超级慢速）你——好——
同学3　他是在和我打招呼吗？是吗？……你确定不是在和别人？我不确定……怎么办？……等等，还有一个问题，他是谁呢？……如果是同学，你可以回答"你好"；如果是老师或者长辈，你是不是要加个称呼啊……
　　　　〔路人1人话音落地，慢速走远——
同学3　对了，好像是新来的老师——好像也不是……快点想，到底是谁？人呢？
路人1　架子也太大了，简直目中无人。
讲述者　所以我们很害怕和人打招呼——尤其是面对不熟悉的人，因而招致了很多误解。其实，我们的需求很简单。如果下次大家和我们打招呼时，能这样说："小刚，早上好，我是刘老师。"你们一定会得到一个温暖的回应："刘老师早。"当然，等到熟悉了，我们一听声音就能判断出你是谁了。
　　　　不便的地方还有很多，比如过马路看不清来往的车辆，乘公交车看不清线路，去小饭店吃饭看不清贴在墙上的菜单，等等。虽然看上去都是小事，但真的给我们带来了很大的困扰——生活不就是由这些小事累积起来的吗！

不过，还是回到"盲人"上来吧。对于我们这一类人，美国称为person who is visually impaired——视力受损的人，或者说"视障"。视障，视觉障碍。我喜欢这样的称呼，就像有人叫你"小黑皮""大长腿"一样。只是一个称呼，没有任何附加含义。

恩格斯说，人和动物的根本区别在于，人会制造和使用工具。我们也一样，视觉上的障碍，其实可以通过许多工具来解决。比如——盲道！

〔两位同学背后贴着盲道标志，上，一块提示块，一块行进块。根据讲述者的讲述而活动。

讲述者 关于盲道，我先给大家解释一下。这个都是点子的，叫提示块，能提示我们路面有变化；这个长条子的叫行进块，告诉我们往前走，莫回头，一路顺风——现在盲道非常多，给我们提供了很多方便——

〔同学4、同学5、同学6、同学7，手上拿着快板和铜锣，敲打着上场，表演三句半——"当当当当当"……

〔同时投影播放各类触目惊心的盲道影像。

同学4 盲道条条通向前。

同学5 心里踏实不冒汗。

同学6 看我大步向前赶。

同学7 哐当——

众　人 哐当像话嘛？

同学7 撞上自行车了——怎么又一辆……

众　人 好嘛——

同学7 我摸不着路了……

〔"当当当当当当"……

同学4 走向盲道我心欢喜。

同学5 一步一步真踏实。

同学6 前面就是麦当劳。

同学7 哎哟——

众　人 又怎么啦？

同学7 撞墙上啦……

众　　人	撞墙上像话嘛？
同学 7	谁这么低调，盲道修墙上也不说一声，我蜘蛛侠装备都没来得及带……

〔"当当当当当当"……

同学 4	这条盲道你不用慌。
同学 5	天天走个两三趟。
同学 6	没有车来不撞墙。
同学 7	啊——
众　　人	这什么动静？
同学 7	谁把窨井盖拿——啦——啊——

〔"啊"声持续一段时间。

众　　人	别"啊"了，下场啦——
同学 7	啊——
讲述者	这还"啊"呢？这哪是掉下水道里，这分明是从金茂大厦上往下掉啊——对了，盲道有没有修到金茂大厦顶上？从那里掉下来似乎更风光些。 确实，盲道给我们带来方便，也给我们带来了很多困惑。 当然，和我广东那网友比起来，他们几个碰到的根本不算什么。我那网友前几天发微信给我……

〔网友上，拿手机或平板电脑。屏幕上同时出现微信界面和文字。

网　　友	他们说盲道修到我家门口了。
讲述者	我说好啊，政府对无障碍建设越来越重视了嘛……过几天，又收到第二条——
网　　友	奇怪，我出门走了好几次，就是没找着盲道。我还就不信了……
讲述者	我说哥们，你这感觉也太差了吧。这不，第三条来了——
网　　友	我今天把城管给招来了，他们语重心长地对我说："看你干的好事，这地上新油漆的盲道都被你踩没了。"
讲述者	好嘛，油漆的盲道？！这算不算第五大发明？ 在这里，我恳请所有修盲道、管盲道的叔叔阿姨们，请你们在修建和管理盲道的时候，想一想我们这些走盲道的人。我代表所有的视障朋友谢谢你们！
讲述者	再说说我们另一个亲密的朋友——盲杖。在路上，大家应该经常看

到这些景象——

［路口,人来人往,不断有盲人出现。

讲述者 通常,这时会有非常多好心人来帮助我们,带我们过马路——

［马路车辆声,喇叭声,刹车声响成一片。

场景一　盲人在路口等待过马路,好心人突然拉他过马路,吓盲人一跳;

场景二　好心人拉着盲杖过马路,盲人在后面跟得胆战心惊;

场景三　好心人拉着盲杖过马路,发现绿灯时间不多了,就加快脚步,并拉脱盲杖,盲人跟着跑,绊在上阶沿上,摔倒;

场景四　在盲人身后,推盲人过马路,盲人伸手后仰,脚步踉跄;

场景五　十字路口,盲人要过这条马路,好心人带到了另一条马路的对面……

讲述者 首先,真的要感谢这些好心人,谢谢你们看到了我们,给我们提供了帮助。事实上,我们在学校都学过定向行走——那是一门教盲人定向、走路、完成各种行动的学科。我们走路、使用盲杖都是有技巧的,如果大家在帮助时能考虑到我们的特点,那就更锦上添花了——

［导盲者和盲人上,示范正确方式。

导盲者 你好,我来带你过马路。

盲　人 能让我拉着你的手臂跟在你后面走吗?

路　人 好的。

［带过马路,导盲者放手,欲离开。

盲　人 我在哪里,你能和我说一下吗?

路　人 你在水城路上,朝前是延安路,后面是虹桥路。

盲　人 谢谢你。

路　人 不客气。

［两人下。

讲述者 对了,我们剧社的指导老师就很精通定向行走,欢迎大家来剧社报名学习哦。

讲述者1 可以为我们提供支持的工具还有很多,放大镜、望远镜、导盲犬、各类发声工具、红外线工具、超声波工具等……多到超乎想象。电脑的出现更是给我们带来了革命性的变化,那已经成了我们看世界的另一双眼。事实上,大家使用的很多产品也可以给我们带来便利,比如数码相机、智能手机、各类APP……

讲述者2 　甚至,西方国家早已研究出了电子眼,可以帮助视障人士看见世界。据说美国登山家埃里克,就是借助这类技术登上了世界七大高峰……
　　　　科技的日新月异改变着世界,也在改变着我们。
　　　　我坚信,总有一天,所有的不便都会成为过去,所有的障碍都会成为历史!我们能和大家一样尽情地去体验世界的美丽,感受生活的美好!
　　　　那一天,一定会到来。

讲述者　未来是这样美好,我们当然不能就躺着等她的到来。我们现在的生活同样精彩……
　　　　〔表演:踢踏舞;盲人足球;跳绳;朗诵诗歌;拿到大学通知书……
讲述者　我要骄傲地说,在人类的历史上,从来就不乏视障者的身影。荷马、左丘明、开普勒、赫胥黎、海伦凯勒、萨特、博尔赫斯……如果需要的话,这份名单还可以无限地延长下去——他们就是我们中的一员。试想,如果缺少了他们,人类历史要失色多少!
　　　　〔妻子和布罗迪上。
妻　子　(捧着一个纸箱)布罗迪,这个旧箱子你还要不要?它实在是在阁楼里放得太久了。
布罗迪　这都是什么啊?(翻开一本本子)"我的梦想是做法国总统,因为我说得出 25 个法国城市的名字——汤姆。"
妻　子　"我的梦想是做海军大臣,因为我能喝很多水"——这是彼得。
布罗迪　"我的梦想是做王妃……"天啊!这是我 50 年前布置的作文。应该有 31 个孩子。那时,这些孩子都还在读幼儿园。
妻　子　天啊。这些竟然能躲过战火,一直保留到今天——你要到哪里去?
布罗迪　我要去登报!我要找到这些孩子,看看他们现在怎么样了,有没有实现当年的梦想。(下)
妻　子　这可真是个奇迹。(下)
讲述者　很快,学生们纷纷联系布罗迪。他们大多都已忘记了自己当年的梦想,希望老师可以寄回练习册,让他们重温 50 年前的梦想。就这样,30 份练习册陆续寄回到主人手里。
布罗迪　都一年多了。怎么小戴维还是没有消息呢?他的眼睛看不见——(翻开本子)"我的梦想是当一名内阁大臣,在英国历史上还没有盲人进入内阁的先例,我要创造历史。"唉,小戴维这么困难,也许,他压根没有活下来吧。

妻　　子　　布罗迪,布罗迪,信,内阁的信——

布罗迪　　内阁大臣,这——"布罗迪老师,那个叫戴维的就是我……"戴维,是小戴维写来的!"感谢您还为我保存着儿时的梦想。因为从那时起,这个梦想就一直在我的脑海里,没有一天放弃过。50年过去了,我实现了当初的梦想。"(激动不已)

妻　　子　　"今天,我还想通过这封信告诉其他30位同学,只要不让年轻时美丽的梦想随岁月飘逝,成功总有一天会出现在你的面前。"(下)

讲述者　　他就是英国的前内阁大臣布伦基特。

你们知道吗,就在现在,社会的各行各业中都活跃着我们的身影:美国西部铁路运营图是一位华裔盲人设计的;韩国盲人李昌勋是韩国国家KBS电视台的新闻主播;美国盲人雷查尔斯获得13项格莱美大奖……

讲述者1　　我的学长们也为我们作出了榜样:他们有的享受国务院津贴,成为国家一级编辑;有的获得残奥会金牌;有的在日本大学担任讲师;有的在美国经商;有的在香港从事公益培训……还有更多的成为教师、企业助理、心理咨询师、翻译、按摩师、助残员;或者自己创业,开网店,办公司……只要你留心就会发现,社会的角角落落里都有我们的存在。我们一样为建设美好社会、实现幸福梦想在努力。

讲述者　　是的,当我们接受了这个障碍,那他就不会再成为障碍。所以,我们不怕自己的障碍,如果说还有害怕,那往往来自于别人设置的障碍——那就是怀疑、误解和怜悯!

讲述者2　　许多人不相信我们能行,许多人不承认我们的付出,还有许多人仍把我们当作社会的另类或者说是累赘!是的,很多时候,我们需要你们的帮助——但是,比帮助更重要的,是尊重和信任。

讲述者　　所以,我衷心欢迎大家走近我们,了解我们,接受我们,把我们当作你们中的一员!因为,我们相信,虽然我们视力受到了损害,但是你们每一个人,都是我们的眼睛。

〔弹唱者上,吉他弹奏,一或两人唱《你是我的眼》,唱一段。背景音乐同时响起,并渐响……

〔所有学生依次上,一人说一条,直到把舞台填满。

学生1　我们并不是都看不见,我们中的多数是有一些视力的。

学生2　打招呼时,请叫一声我们的名字。

学生3　请不要直接拉着我的手去摸东西,我心里会害怕。

学生4　和我说话时,请用平常声音,我只是视力不好。

学生5　我看东西时,会把脸贴得很近,那是因为,我想看得更清楚。

学生6　我们有的怕亮光,有的怕黑暗。

学生7　我怕下雨,也怕刮风,因为那让我无法听清周围的声音——所以——

学生6、学生7　我们的活动,有时会受天气的制约。

学生8　如果需要我等你一会,请不要留我在空荡荡的地方,我会很慌张——你可以带我找个依靠。

讲述者　我们有时会做一些奇怪的动作,别认为那是我们不健全,相信我,那都有一个合理的解释——

学生9　我喜欢揉眼睛,是因为我的眼压高,揉眼会让我暂时获得舒缓。

学生10　我喜欢伸着手走路,是因为我害怕前面有东西撞到我。

学生11　我喜欢不断地摇晃,是因为没有人告诉我这是不对的,我压根不知道别人是怎样的……

三　人　(合)我们也会努力,让自己表现得更符合常规。

讲述者　我们的障碍来自形体,其实,这并不可怕;可怕的是心中的障碍。我们期待无障碍,而只有心的无障碍才是真正的无障碍!

〔背景音乐响,学生齐唱。

生　　　你是我的眼　带我领略四季的变换
　　　　你是我的眼　带我穿越拥挤的人潮
　　　　你是我的眼　带我阅读浩瀚的书海
　　　　因为你是我的眼　让我看见这世界　就在我眼前

讲述者　时间真快,真高兴和大家聊了这么久。对了,我忘了介绍自己了,我是一名盲人,一名就在你们身边的盲人,我叫——

〔所有学生依次大声叫出自己的名字。

讲述者　我叫×××,我们生活中见!

〔音乐高潮。谢幕!

〔全剧终。

剧本四 挥 舞 青 春

剧中人物
小莫
雯雯
小蔡
小晖
小徐
文静
老师
主持人
舞蹈队
啦啦队成员(若干)

〔校园一角。

小　莫　(无精打采地拿着一根绳子,半截拖在地上)也许真的是我错了。(看绳子)你说,我是不是真的和别人不一样?周围像我这样的男生都喜欢足球啊、篮球啊、网络游戏啊……可我,为什么偏偏喜欢你(看绳子)!也许,是到了说再见的时候了……(不舍,抚摸,贴在胸口四处看)要不,我再最后跳一次。嗯,反正是最后一次——(先试探性地慢慢跳,逐渐有些忘我,渐快……)

老　师　(厉声)小莫,你在干什么?

小　莫　(慌张,被绳子绊一下)我……没什么。(往身后藏绳子)

老　师　(苦口婆心地)我和你说过几次了,你怎么还不理解老师的用心呢!

小　莫　老师,不是——我——

老　师　我知道你喜欢跳绳。可是你看,你在教室里跳,几次都把同学的东西碰坏了,多不好!再说,万一打到人怎么办?现在的孩子都是家里的宝贝,谁不心疼啊!还有,这个学期,学习多紧张啊,哪还有时间跳绳?

小　莫　(低头)老师,我都懂,可是……

老　师　（轻抚小莫的头）老师知道你是个好孩子。这次，算你帮老师一个忙好不好？老师……

小　莫　（低头）老师，你不要说了，我知道该怎么做了。（无精打采地下台，和之前跳绳时判若两人）

　　　　〔老师注视着小莫，叹息，"唉——"，摇头下台。

　　　　〔小莫从另一侧上，或者从同侧另一道幕上——

小　莫　（跑，朝后看，慢下来）有谁知道跳绳对我意味着什么吗？（看绳子，抚摸）这里有我的童年，有我的欢乐，有我的梦想……小时候，爸爸妈妈去上班，就把我一个人锁在家里。他是我唯一的朋友。我拉着他跑来跑去，假装是开火车；我用他围成一个城堡，和他一起坚守阵地……

　　　　〔雯雯捧着书上场。

小　莫　让我终生难忘的是，当我第一次挥动他，（雯雯听）感受着绳子掠过我的头发、掠过我的脚底的感觉，听着耳边呼呼的风声……我觉得自己在飞，我觉得无比地自由。我永远忘不了这种感觉——可是，（看绳子，下狠心）现在，再见吧！（把绳子往后扔，砸中雯雯）

雯　雯　（猝不及防）哎哟。

　　　　〔小莫回头看到雯雯，慌忙来道歉。

小　莫　对不起，对不起……

雯　雯　干吗要扔掉？

小　莫　（和自己赌气似的）我高兴！

雯　雯　你不是说忘不了这种感觉嘛？

小　莫　你竟然偷听我说话。

雯　雯　切，谁要听——对了，你不要的话，那就是我的喽。（跳绳）

小　莫　啊？你也喜欢跳绳？

雯　雯　当然喜欢，只是我眼睛不好——什么视神经有点萎缩了，妈妈不让我跳。

小　莫　那你怎么办？

雯　雯　有什么怎么办的，偷偷跳呗。在妈妈面前我可是乖乖女。（低声）你知道我们的地下跳绳队吗？

小　莫　地下跳绳队？

雯　雯　（看表）你等等，他们马上就来。

　　　　〔小蔡上，拍着篮球；小徐上，发着微信；小晖上，帅帅地照着镜子；文静追上。

文　静　（花痴般围着小晖转）晖哥，你就带我一起嘛。
小　晖　我被你烦死了，安静啦。
小　徐　地下跳绳队，全体集合——
　　　　〔大家立马丢掉之前的伪装，神奇地拿出绳子。依次跳绳亮相"小蔡到""雯雯到""小晖到""小徐到"……
文　静　哇，这就是传说中最帅最炫的地下跳绳队啊！
小　晖　安静啦——
众　人　（对小莫）你是谁？
雯　雯　我给大家介绍个新成员——（不知道小莫的名字）
小　莫　小莫！
雯　雯　对，小莫。
小　蔡　你怎么随随便便把外人带来？
雯　雯　上次，不是说我们还缺人嘛——
小　徐　（对小莫）你喜欢跳绳？
小　莫　那是以前，现在——
小　徐　（笑，看众人）不错，和我们以前一样。
小　莫　（不解）什么一样？
小　徐　跳几个看看。
　　　　〔雯雯热情地把绳子递给小莫，众人期待地看着他。小莫先是迟疑地跳了几下，接着忘我地跳了起来。
小　徐　欢迎你加入。
　　　　〔雯雯高兴，别的成员也热情地拍拍小莫。
小　莫　（摸不着头脑）你们，是——干什么的？
小　徐　哈哈，我们和你一样，都是喜欢跳绳的人。这里的每个人都有一段和绳子的故事。小蔡，我们的小帅哥，偶然看到美国的花样跳绳表演，一直梦想成为和他们一样的人；小晖，我们的跳绳王子，爸爸是银行行长，想让他出国读MBA，他不愿意。他的愿望是考取体院，专攻跳绳……（被介绍到的人都帅帅地和小莫打招呼）
文　静　（花痴般）晖哥加油，我支持你。
小　徐　雯雯，从小眼睛不好，没有朋友，绳子是她唯一的伙伴。（雯雯对小莫点头示意）
小　莫　那你呢？怎么不说说你？

雯　雯　（暗暗摇手，制止）你别问了！

小　徐　没关系。小时候，爸爸妈妈天天吵架。只有一次，我把运动会跳绳第一名的奖状带回家。爸爸高兴地把奖状贴在墙上——那是我从小到大的第一张奖状，妈妈烧了好多菜——我第一次感觉到了幸福……自那以后，我就拼命跳绳，想多拿些奖状，想让爸爸妈妈为我骄傲，想让他们少吵些架。后来……他们，还是分开了。可每次跳着绳的时候，我都似乎又回到了那个晚上。（众人上前安慰）——没关系，现在——我为自己跳。

小　晖　嗯，我们为自己跳。

小　蔡　说得好！地下跳绳队——

众　人　挥舞青春，跳动梦想！

文　静　真是帅呆了——

小　徐　下个月就是校园文化节了。我们要加紧练习啦！

　　　　〔众人边跳边下，小莫不知所措。

小　徐　还愣着干什么？一起来！

　　　　〔小莫兴奋地一起下。舞台微暗。

　　　　〔小莫兴奋地跳着绳上场，舞台亮。

小　莫　（看表）时间还没到，正好，我抓紧练习一会。

老　师　（上，顿）小莫——

小　莫　（慌乱，想藏绳子）老师——

老　师　别藏了，我都看到了。

小　莫　（低头）老师，我……

老　师　我还知道，下个星期你还要参加校园文化节。

小　莫　（气愤）老师，我……

老　师　你知道，老师像你这么大的时候，梦想是什么吗？

　　　　〔小莫不睬，别过头去。

老　师　我的梦想是成为一名足球运动员，（手舞足蹈，跑动）C罗，把球传给我——快，射门，进啦，世界波……

小　莫　（诧异）老师，你——

老　师　（意识到失态，整顿一下，掩饰地）老师希望你好好学习，是因为老师希望你能掌握自己的命运，能有机会去选择和追求自己的梦想。

小　莫　（坚定地）老师，我明白了，你放心。

老　师　（边走边说）注意安排好时间。（顿）对了，文化节，老师会去看你们的表演的。

[老师下。

小　莫　耶,太好了——(兴奋地跳了起来)
小　蔡　不好了,不好了——
[小徐、雯雯上。
小　徐　我已经收到小晖的微信了。
雯雯、小莫　什么?
文　静　(上,气喘吁吁)晖哥,晖哥他——骨折了。
雯　雯　什么时候?
文　静　(带着哭腔)晖哥的爸爸要带他去美国读书,晖哥不肯,就被锁在屋子里。晖哥想从窗口溜出来参加排练,可是,手一滑……
雯雯、小莫　那小晖现在怎么样?
文　静　腿骨折了,起码要在床上躺一个月。
雯雯、小莫　(舒一口气)啊——
雯　雯　(转为担忧,看小徐)那,演出怎么办?
小　蔡　(看小徐)我们辛辛苦苦设计好的阵型……
小　莫　(看小徐)是啊,还剩一个星期。来不及改了。
小　徐　你们忘了吗?地下跳绳队——挥舞青春,跳动梦想!现在,你们动摇了吗?你们要放弃了吗?
雯　雯　我——对不起——!
[众人看雯雯。
雯　雯　我——我要退出了。妈妈说,我再跳下去,眼睛就彻底坏了。我的存在,已经给她添了很多麻烦,我不想再让她伤心了。
小莫、小蔡　(气愤地)雯雯,你怎么——
小　徐　你们别说了——雯雯,我同意!
[小莫、小蔡不满地走到一边。
小　徐　小晖在微信里说,他不会屈服,他还说希望我们坚持下去,让我们从地下走向地面,让我们帮他圆了这个梦。(条件允许可以放画外音)
小　莫　可是——
小　徐　什么都别说了。我知道你们想说什么。这次,我自己一个人参加!为小晖,为我自己!
小　蔡　算我一个!
小　莫　还有我!

文　静　还有我。虽然我不会跳绳,但我可是世界上最好的啦啦队员。地下跳绳队——挥舞青春,跳动梦想!

小　徐　好,那我们抓紧时间。

[众人下,小徐走了一半,迟疑,回头看雯雯,走过去。

小　徐　雯雯,别内疚,你的决定是对的——我理解你的感受——不说了,你——永远都是我们的一员。(下)

[小雯低头,抽泣。冲下台。舞台暗。

[音乐响,舞台亮。舞蹈队上,跳一段,下,音乐继续。(如舞台能实现的话,最好做出踢踏舞在台前表演,跳绳队在后台候场的效果。)

主持人　这次校园文化节真是太棒了。节目精彩纷呈,令人目不暇接。大家先休息5分钟,5分钟后,带来的节目是——嗯?——好吧,跳绳表演! 这也许该是个尿点。(下)

小　徐　兄弟们,下一个就是我们了。

[众人把手放在一起。

小　雯　(急上)等一等。(把手放在大家手上)还有我——

众　人　你?

小　雯　我带妈妈去咨询过专家了。专家说跳绳对我的眼睛不会构成伤害。还说,跳绳能促进神经发育,说不定还有好处呢。

小　莫　真的!

小　雯　嗯!

小　蔡　太好了。

[小晖撑着拐杖,从侧台上。

小　徐　地下跳绳队——

小　晖　应该叫梦想跳绳队——

众　人　小晖——

雯　雯　小晖,你怎么来了?

小　晖　兄弟——还有姐妹们,一起奋斗,没有我怎么行。

小　徐　小晖,你的腿?

小　晖　没关系。我不能和大家一起跳,但是我应该站在这里,和你们并肩作战!

小　蔡　你不会又是从窗口……

小　晖　怎么会? 这次,我带了爸爸一起来。

众　人　你爸爸?

小　晖	他说他仔细想过了,虽然他还不能理解我的梦想,但是他想先走近看看,再作决定。
众　人	太好了!
小　晖	小徐——
小　徐	怎么?
小　晖	你看我爸爸旁边,第四排中间——
小　徐	我爸爸妈妈——他们怎么来了?
小　晖	不只是我们,这世界上,谁都有梦想——
雯　雯	对,谁都有梦想的。
小　晖	我让爸爸想办法找到你父母。他们的梦想就是你——你的幸福和快乐!
小　徐	我——小晖,谢谢你!
小　徐	梦想跳绳队(沉吟),好,为了自己的梦想,为了所有人的梦想!——梦想跳绳队——
众　人	(把手放在一起)挥舞青春,跳动梦想!

〔文静带领啦啦队从观众席中冲出,挥动彩球,"跳绳队,加油;梦想队,加油。"

〔众人上,小晖在侧台看。

〔小徐看看小晖,做坚定的手势,对众人点点头。音乐《我相信》起,跳绳表演。

〔跳完绳,定格——

小　晖	梦想跳绳队——
全　体	挥舞青春,跳动梦想! 耶——

〔《我相信》音乐推向最高潮!

〔全剧终。

剧本五　祝　　福

剧中人物

阿 Q

孔乙己

祥林嫂
看客一
看客二
看客三
小孩
革命军
伙计

　　　　［酒家一角，布局如鲁迅在《孔乙己》中所描绘，一个曲尺形大柜台，另放两张桌子，周围几条长凳。孔乙己及四五人分坐两桌喝酒，孔乙己着长衫，其余诸人均为短衣帮，装扮均为20世纪初绍兴风格。伙计在其间穿梭走动（正文不再提及）。间或有爆竹声响起。门或柱子上贴大红"福"字及对联，体现过年气氛。

孔乙己　温两碗酒，要一碟茴香豆。
　　　　［一群小孩上，拿灯笼等新年事物（下同）。"哦，哦——茴香豆，茴香豆……"
孔乙己　（高兴地，起身分豆）子曰，有朋自远方来，不亦乐乎……哎，莫抢，莫要抢。都有，都有……
　　　　［小孩吃完豆，仍盯着不肯走。
孔乙己　（慌忙用手指拢着盘）没有，没有了——我已经不多了——（弯下腰看看豆）多乎哉，不多也！
　　　　［小孩笑着下，一小孩哭，孔乙己再分豆给他，小孩笑下。阿Q上，孔乙己念念有词（……不多，吾少也贱，故多能鄙事……），缓缓坐下。
阿　Q　（得意洋洋）现钱，打酒来。
众看客　阿Q，最近哪里发财？
阿　Q　发财！那是！昨天才在赵老太爷家忙完，这一次足足帮了半个月的工。那赵老太爷——（瞥见孔乙己，向众人使眼色）要说发财嘛，那还要数孔乙己——
　　　　［众人会心地笑。孔乙己略略转动身子，背过众人，自顾喝酒，不睬。
阿　Q　（不怀好意地）嘿，有钱了就不认人了。孔乙己，这大过年的，你可交好运啦——今天这酒钱是鲁四老爷出的吧？
孔乙己　（着急）胡说，我的钱，与鲁四老爷何干？
阿　Q　（卖弄）你偷鲁四老爷的书来喝酒，这钱怎么不算他出？

［众人兴奋地凑向阿 Q。

孔乙己 （着急）你……你……你怎么这样凭空污人清白！

阿　Q （更加得意）污人清白？——我阿 Q 有一句乱说就是孙子，是虫豸。前天晚上，四老爷家的"四书"还是什么"五书"的……

看客一 四老爷是有位五叔，我见过他老人家……

阿　Q （不屑）去你的——反正就是一本书，你们不懂的——不见了。你们想，老爷家的那些下人，谁会去拿！想来想去，他们想起半个月前孔乙己来抄书，老爷就带人去孔乙己那儿搜，果然找出一本来。谁知，他还死赖着不承认。四老爷会听他的么？"啪啪啪"上去就是十几个耳光，还绑着他要吊起来打，这东西才肯招……孔乙己，这是不是真的！你们说，这是不是鲁四老爷请的酒？

［众人做恍然大悟状，大笑。

孔乙己 （着急）你……你……你们懂什么，君子固穷——我不和你说——岁寒，然后知松柏之后凋也……

［众人大笑，喝酒。祥林嫂上。

阿　Q 祥林嫂来了，不信你们问她。

看客二 嘿，这小寡妇，从外乡来做了几年工——

看客三 倒是越来越标致了。（猥琐地哄笑）

祥林嫂 阿 Q，我到处找你……老爷过年要雇短工，要你晚上到府上杀猪。

阿　Q （听到"老爷"，立刻做恭敬状）好的，好的。告诉四老爷，我准一早到——诶，祥林嫂，往年不是你一个人都包了嘛？今年怎么还要雇短工啊？

祥林嫂 老爷今年做东，说是要请那新中的丁举人——

阿　Q 哪个丁举人？

祥林嫂 就是那个丁麻子（意识到口误，捂嘴）——老爷，就头几年还总和孔乙己一起"咿咿呀呀"的那个。不过现在可不一样啦——是不是，孔乙己！

孔乙己 （不安）唔，唔——

阿　Q （不屑）我当是谁呢，丁麻子——

祥林嫂 阿 Q，你可别不知轻重的。哎呀——我还要赶回去洗福礼呢。你别问那么多了，晚上早点过来。

看客一 （学祥林嫂）阿 Q，晚上早点过来。

看客二 祥林嫂，是四老爷叫阿 Q 去，还是你叫他晚上……

阿　Q　（又得意又不好意思）去,去去——

　　　　〔祥林嫂不睬,欲下。

孔乙己　祥林嫂——

　　　　〔祥林嫂停,转向孔乙己。

孔乙己　祥林嫂——我,上次给鲁四老爷抄书时,随身带去的《四书》还在他家,你能否行个方便,取出来给我?

祥林嫂　我们老爷不和你计较,你倒还叫我去给你偷书。我放着好好的日子不过,难道为你去讨老爷骂?孔乙己,你要是没挨够打,就再去偷。呸!

孔乙己　祥林嫂——

祥林嫂　呸——要饭一样的人,也配叫我。

　　　　〔祥林嫂下。

孔乙己　立学,以读书为本。君子不夺人所爱也——

阿　Q　这小寡妇,还害羞——孔乙己,别想什么"四叔""四爷"了,你今晚和我一起去鲁四老爷家做短工,赚了钱再弄一本呗——

孔乙己　做短工?君子有所不为——

阿　Q　什么君子小人的。（忍着怒火,换一种口吻）孔乙己,我问你,你真和丁麻子——老爷一起读过书?

　　　　〔孔乙己不答,微露得意状。

阿　Q　好。我问你,孔乙己,你认识字吗?

　　　　〔孔乙己愈得意,不屑作答。

阿　Q　孔乙己,那——你怎么连半个秀才也没捞着呢!

　　　　〔众人大笑。

孔乙己　（极度不安,喝干碗里的酒,又往嘴里倒了倒,边起身,边说词）君子固穷……子曰,朝闻道,夕死可矣……子曰,不义而富且贵,于我如浮云……

　　　　〔阿Q得意,众人大笑。

　　　　〔孔乙己下。

阿　Q　（兴起）做短工——我阿Q又来钱啦。哈哈,真是要什么有什么。掌柜的,再打两斤酒来——我请客!

　　　　〔众人欢呼,阿Q飘飘然下。

　　　　〔爆竹声响成一片。

　　　　〔舞台定格（如有灯光,则舞台暗,下同）。

画外音　造反造反，便是我，也要投降革命党了。
　　　　［舞台活动。（如有灯光，则舞台亮，下同）
　　　　［阿Q边喊边上，头上插着竹筷。间或有爆竹声响起。
看客一　（看好戏似的）阿Q来了。这家伙，城里造反，搞什么反清复明，关我们什么事，他也跟着起哄。
　　　　［阿Q边喊边上，头上插着竹筷。
阿　Q　革这伙妈妈的命，太可恶！太可恨！
看客三　阿Q，来喝酒。
阿　Q　哦，喝酒——我要什么就是什么！
看客二　阿Q，你这么威风，说说和祥林嫂那次到底成了没有？
阿　Q　（着急，得意）去你的……小心老子革你的命——打酒来。
看客三　阿Q，你去了城里这么长时间，说起来，也得好几年没见祥林嫂了吧？
阿　Q　（掰手指）还真是好几年了。听说她又嫁到山里，孩子也被狼吃了？
看客二　谁说不是呢。也活该她倒霉——男人又死了，小孩也没留住。这不被大伯赶出来，只好再回到鲁四老爷家。
阿　Q　（笑嘻嘻）这小寡妇，真够可怜的。
　　　　［孔乙己上，腿微瘸，脸上带些伤痕。
孔乙己　温一碗酒，要一碟茴香豆，先记账。
看客一　（指粉板）记账？孔乙己，你已经欠了十九个钱啦。
孔乙己　（不安）就还，等我抄完了书，就还……
阿　Q　（兴奋）孔乙己，造反啦造反啦。过好年，我也要投降革命党了。
孔乙己　造反是杀头的罪，谁敢造。
　　　　［阿Q挫了锐气，一愣神。
阿　Q　孔乙己，妈妈地，我们就是要革你们的命。
孔乙己　（不睬，自语）这是大清的天下。普天之下，莫非王土；率土之滨，莫非王臣……
　　　　［阿Q和众人笑。
　　　　［一群小孩从舞台上跑过。又回头看，兴奋，拍手……祥林嫂随后上，头发花白，呆滞无神，额头带着伤疤。
祥林嫂　我家阿毛要是还在，也有这么大了——
看客一　嘿，真是说谁谁到啊——阿Q，你的老相好来了。
　　　　［祥林嫂看见阿Q，迟疑。众人喊，"祥林嫂"。

阿　Q　　去去去。这小孤孀,假正经!
　　　　　〔众人大笑。
孔乙己　　祥林嫂,人死不能复生,节哀节哀。
祥林嫂　　(走向孔乙己桌边,远离阿Q坐下)唉——
阿　Q　　祥林嫂,你见我躲什么?我那时说要和你困觉……
祥林嫂　　(发急,站起来)你个断子绝孙的阿Q。
　　　　　〔孔乙己及众人纷纷劝解。
阿　Q　　我又没真和她困……还害我赔了白花花的洋钱——这都多少年了……假正经。
　　　　　〔祥林嫂迟疑,欲哭,欲走。
看客三　　(比画高矮)祥林嫂,你们家阿毛要在,也该有这么大了吧。
　　　　　〔祥林嫂一怔,缓缓坐下。
祥林嫂　　我真傻,真的——
孔乙己　　祥林嫂,人死不能复生——不要再提了,死者长已矣……
祥林嫂　　我单知道雪天野兽在深山里没……
看客二　　(不耐烦)是的,你单知道雪天野兽在深山里没有食吃——祥林嫂,我问你,我问你,你那时怎么竟肯了?
看客一　　(调笑)唉,可惜,白撞了这一下。
　　　　　〔祥林嫂起身欲走。
阿　Q　　祥林嫂,这过年最忙的时候,你怎么没在四老爷家忙,还到这里闲逛?
看客三　　还说呢——哎,祥林嫂,你这门槛捐了没有?
阿　Q　　(兴奋地)捐门槛?什么捐门槛?
　　　　　〔祥林嫂迟疑,也想听众人的主意。
看客三　　你还不知道呢。你想,她将来到阴司去,那两个死鬼的男人还要争她。阎罗大王只好把她锯开来,(祥林嫂一激灵,看客更起劲了)分给他们。柳妈好心给她出了个主意,让她到土地庙里去捐一条门槛,当作替身,给千人踏,万人跨,赎了这一世的罪名。免得死了去受苦。多亏柳妈,吃斋念佛的……
祥林嫂　　阿Q,你城里回来的,你说这样行不行——
阿　Q　　(突然想起来)这个柳妈,上次拿了我的褡裢还没给钱呢。
孔乙己　　子不语,怪力乱神。
看客一　　孔乙己,你又胡说些什么?
孔乙己　　祥林嫂,子曰,敬鬼神而远之。捐门槛……

阿　Q　（对孔乙己）去去去——我说祥林嫂，（祥林嫂凑上去，满怀期待）你要有钱，还不如拿给我们喝酒呢。便宜那些和尚干什么？除非，你和那些和尚……

　　　　〔众人肆无忌惮地大笑。

　　　　〔祥林嫂紧闭了嘴唇，默默地下。孔乙己起身注视，摇摇头。

阿　Q　这小孤孀，跟了两个男人，真是便宜她了。孔乙己，你是不是看上她了。

孔乙己　不要乱说。己所不欲，勿施于人。

阿　Q　什么乱七八糟的——我说，你前些日子是不是又被赵太爷打了？

孔乙己　没……没有……

　　　　〔众人又围到阿Q身边。

阿　Q　（更加得意）还——没——没有……赵太爷家的吴妈都说了，赵太爷让你抄如来佛观世音菩萨四大金刚什么经的（《金刚经》），保个平安——你们知道，这世道，赵太爷心里也没底啊。他倒好，抄没几天，连笔墨带人都不见了。赵太爷是谁啊，能放过他么！马上带了五六个人，把他堵在土谷祠里，一顿好打……要不是快过年怕晦气，他早连小命都没了！

孔乙己　我，我——君子固穷……子曰，朝闻道，夕死可矣……（下）

阿　Q　这臭要饭的。（若有所失）什么世道，过年也没人雇短工。造反，造反啦……（看众人，神气地）得得，锵锵，得，锵令锵！我手执钢鞭将你打……（下）

　　　　〔舞台定格。爆竹声响成一片。

画外音　一个人死了之后，究竟有没有魂灵？

　　　　〔舞台活动。祥林嫂上，头发全白。一手提着竹篮，篮中有一个空的破碗，一手挂着一支比她还长的竹竿，下端开了裂。一群小孩跟在后面起哄，祥林嫂缓缓回头，小孩吓得跑开。间或有爆竹声响起。

看客二　喝酒喝酒。过一会阿Q要从这里过，看场好戏。

祥林嫂　（对观众）一个人死了之后，究竟有没有魂灵？

看客一　阿Q犯了什么事？

看客二　怎么这臭要饭的又来了……快过年的——真是晦气。

看客三　也就是鲁四老爷家，看她没用了，客客气气地赶她出来。要换丁举人家，早把她打死了，省得祸害。

看客二　她也是，以为捐个门槛就干净了。四老爷是读圣贤书的，能信这一套吗！真是自己找死。

〔孔乙己上，穿一件破夹袄，盘着两腿，下面垫一个蒲包，用草绳在肩上挂住。

看客三　(兴奋)嘿，看，孔乙己——

〔小孩跑上，围着孔乙己看热闹，莫名地兴奋。过一会一哄而下。

孔乙己　温两碗酒——是现钱，酒要好。

看客一　孔乙己，你是不是又偷东西了。

孔乙己　不，不要取笑——

看客二　取笑？要不是偷，怎么会打断腿？

孔乙己　跌断，跌，跌……

看客三　孔乙己，你还抵赖！我亲眼看到你被丁举人吊起来打了大半夜。柳妈亲口告诉我，说孔乙己喝了酒，发了昏，竟然大白天走进丁举人书房，还说什么铜窗铁窗什么青衣的(同窗情谊)。他啊，到书架上拿了书就走。好在柳妈机灵，拦住他大喊。丁举人带下人赶到，这才绑住他。

看客一　是啊。柳妈立了一功，说该送官。孔乙己还说什么"奇闻""新上"的(奇文共欣赏)之类的半通不通的话。丁举人也不懂他什么意思，听得烦了，把他吊起来打了大半夜。这家伙开始还嘴硬，说什么"——""窃书，读书人的事，不能算偷"……后来腿打断了才没了声音——没送官，便宜他了。

〔孔乙己默默喝酒，喝完，用手撑着走开。遇到祥林嫂。

祥林嫂　孔乙己，你是读过书的——

〔孔乙己听到"读过书的"，停下，看着祥林嫂。

祥林嫂　你告诉我。一个人死了之后，究竟有没有魂灵？

孔乙己　(沉吟)魂灵，魂灵——这个也许——有罢……

祥林嫂　那么，也就有地狱了？

孔乙己　(沉吟，惶恐)啊，地狱？——地狱！有吧？——魂灵？——地狱！

祥林嫂　那么，我到地狱是不是就能变干净？死掉的一家人，是不是都能见面？

孔乙己　(惶恐，自顾走开)干净？地狱？一家人？魂灵？一个人死了之后，究竟有没有魂灵……魂灵，变干净……一个人，究竟有没有魂灵，我能不能变干净……(下)

画外音　20 年后,又是一条好汉……

看客三　(兴奋)嘿,阿 Q 来了。

看客二　(兴奋)听说用了一个营的兵才绑住他,可惜同伙都跑了,一个也没抓住。

看客一　(莫名兴奋)这次官府怎么大过年的枪毙人啊。

看客三　(兴奋)乱党啊,那就是造反,这能留着吗!

看客二　(兴奋,惋惜)到底鲁四老爷见过世面,先报了官!怎么样——白花花二十两赏银。

看客一　(遗憾)可惜便宜了鲁四老爷——这小子活该被砍头。

阿　Q　(身上插着纸牌子,被两个革命党押着上)20 年后……

看客三　(兴奋)好——!阿 Q,好样的,再来一句——

看客二　(兴奋)阿 Q,给大家唱一个。

阿　Q　我手执钢鞭……

祥林嫂　阿 Q——

　　　　[祥林嫂直直地向阿 Q 走来,当兵的呵斥不住,便不管她。

祥林嫂　阿 Q,你见过世面的——

阿　Q　(不知所措)你——

祥林嫂　你告诉我。一个人死了之后,究竟有没有魂灵?

阿　Q　(悚然)魂灵!死——

祥林嫂　我到地狱是不是能变干净?死掉的一家人,是不是都能见面?

阿　Q　(悚然)变干净——魂灵——死掉——

祥林嫂　阿 Q,你告诉我!

阿　Q　(伤心,害怕)我——变干净——死——死掉——

　　　　[当兵的推他走,直到下台。

众　人　阿 Q,唱一个再走——

阿　Q　(挣扎,绝望)有没有魂灵?我,我要变干净——我,我不要死,我不要——救命!救命!(被推下)

看客二　(悻悻)这个没用的——

看客三　(不满地)害我们白等这么久。

祥林嫂　(对观众)你们告诉我,一个人死了之后,究竟有没有魂灵?(喃喃)一个人究竟有没有魂灵?

看客一　走吧走吧,没热闹看了,正好回家过年。

祥林嫂　(着急,害怕,先是追着看客,后来转为茫然)你们别走,你们别走,别丢下我,别丢下我……(声嘶力竭)一个人有没有魂灵！这个世界能不能变干净！(喃喃)一个人有没有魂灵！这个世界能不能变干净！你们告诉我！有没有魂灵……能不能变干净……你们告诉我——！
(倒地,灯光暗)
〔烟火爆竹声猛地响起,经久不息。
〔全剧终。

剧本六　生活进行曲①

剧中人物
男朋友
女朋友
家庭主妇
学生
上班族1
上班族2
上班族3
乞丐
舞者
孩子
小孩(3人)

〔舞台暗。音乐《Equation》响起。
〔舞台微亮,依稀看出人的轮廓。所有人跟着音乐节奏,机械地动着：学生反复翻书、睡着、惊醒,拍自己的头；男女朋友反复离开、牵手、拥抱；家庭主妇反复擦地,起身看,趴下,擦；上班族1反复进电梯、上(下)、出电梯、鞠躬、握手(或倒酒、喝酒、吐)；上班族2反复抱起一沓纸、打印、收拾,放回橱柜；上班族3反复开机,打字(逐渐钻进屏幕)、关机(或打电话、微笑、僵硬、挂电话)；乞丐趴着不动。

---

① 本剧由笔者和张璐杰同学共同完成。

　　　　　〔孩子骑自行车上,自行车上彩灯闪烁。停下,看。
孩　子　什么?
　　　　　〔定位光对着男女朋友。
　　　　　〔除男女朋友,所有人转身机械地向台后移去,背对舞台。
　　　　　〔音乐停。
　　　　　〔舞台灯亮。
男朋友　亲爱的。我想了很久,嫁给我吧!?
女朋友　你爱我吗?
男朋友　亲爱的——我对你的爱是这里每一个人都可以证明的……
女朋友　(狠狠一巴掌)证明?你的爱要靠别人来证明?!别以为我不知道,你根本就不是因为爱——
男朋友　可是,我是要你"嫁给我吧",除非……
女朋友　除非——(气愤)你难道不是因为它找上门来,(紧逼男朋友,男朋友不断退缩)整天缠着你、逼着你?它在墙角、在门后、在橱柜里嘲笑着你,它用刀吱吱吱地割着你,它……(得胜地)你才这样犹犹豫豫地下了决心?
男朋友　我们都逃不过这厄运不是吗?(女朋友捂住耳朵不听)你还想继续忍受它?我知道它一直跟着你,(紧逼女朋友,女朋友不断退缩,直到蹲下,缩成一团)在黎明时与你扭打,在每一个梦中撕咬你,在你的发梢、眉间消磨着你——再这样下去,我不敢保证……
女朋友　够了!我答应你,我答应你!我们结婚——你不必再为难,我也不用再害怕。好吧,我想我应该和你结婚——
　　　　　〔两人回位,恢复之前拉手欲走的动作。
　　　　　〔灯光微暗。
　　　　　〔音乐《Equation》响起。众人排成一列,机械地绕着圈,从台后走向台前,经过男女朋友时,男女朋友自动加入队伍。
　　　　　〔走过主妇之前的位置时,主妇留下,重复最初的动作。
　　　　　〔定位光对着主妇。
　　　　　〔其他人继续绕圈走,直到走到台后,背对舞台站立。
　　　　　〔音乐停。
　　　　　〔舞台灯亮,同时定位光收。
家庭主妇　嘘,我发现了一件事儿——它没走!我是有证据的,就在那儿——灰,厚厚的一层,绝不可能有那么多灰!怎么擦都是这样!(用力地擦。过一会,抬起身)——可是,刚搬进来的时候,这里是没有灰的,阳光也没有这样暗淡。是的,那时我还是我——(对假想的孩子)别浪费时间,快去学习……(对假想的丈夫)别说了,我知道,我知道——"应酬""出差""开会"……买菜、烧饭、做家务、带孩子……这灰尘,厚厚的一层,压得我透不过气!我,我(用力擦)……

[回位,恢复之前擦灰动作。

[灯光微暗。

[音乐《Equation》响起。众人排成一列,机械地绕着圈,从台后走向台前,经过家庭主妇时,主妇自动加入队伍。

[走过上班族的位置时,上班族留下,重复最初的动作。

[定位光对着上班族。

[其他人继续绕圈走,直到走到台后,背对舞台站立。

[音乐停。

[上班族用手比画,做电梯门关门状。从微蹲到站起,做电梯上升状。"叮——"电梯停。三人做开门、出电梯状。

[舞台灯亮,同时定位光收。

上班族1　它又来了——(接电话)我忙着呢——(没好气)开会!

上班族3　忙?——你们见过凌晨2点钟的上海吗?我天天见!

上班族2　忙?——你们见过我未婚妻长什么样吗?(似乎说了一个很得意的冷笑话)哈哈哈,我都不记得了。

上班族1　等拿下这个项目——

上班族2　(抱打印材料)拿不下——

上班族1　(失落)那就是又一个循环!

上班族3　那又要从头开始!

上班族2　也许等买好房就结婚。

上班族1　可关键是,一切都在它手里。

上班族3　问题是,老是这样!

上班族1　它向来无影无形,在世界的各个角落潜滋暗长——每一个角落都在!它胃口真好,你看,它正吞噬每个人的生命。

上班族3　也许这就是它要的,逆来顺受、苟延残喘、俯首称臣——

上班族1　于是,这样,虽然痛苦,也许可以讨它欢心。

上班族2　可今晚房价又涨了怎么办?

上班族1　不,不行!(打电话)张总,明天晚上大富豪……

上班族3　要是能半夜 12 点回去那倒是极好的；当然，凌晨 2 点也不错。

上班族2　失去房产，奋斗再多还是无家可归！

〔回位，恢复之前各自动作。

〔灯光微暗。

〔音乐《Equation》响起。众人排成一列，机械地绕着圈，从台后走向台前，经过上班族时，三人自动加入队伍。

〔走过乞丐和学生之前的位置时，两人留下。乞丐趴在地上，学生重复最初的动作。

〔定位光对着学生。

〔其他人继续绕圈走，直到走到台后，背对舞台站立。

〔音乐停。

〔舞台灯亮，同时定位光收。

学　生　又差点睡着了。Freedom，$sin2\alpha = 2sin\alpha \times cos\alpha$，$H_2 + CuO$ 加热生成 $Cu + H_2O$，当今世界影响和平的主要因素……又差点睡着了，Freedom……

乞　丐　装睡——它又开始了！睡和醒又有什么区别呢？

〔两人在舞台两侧，各自说话，没有互动。

学　生　学习，学习！这非常重要。至于为什么——这并不重要。妈妈说，人生就是一场比赛——不是你死就是我活。就像这样……（做立定跳远的准备动作，只跳出一点点，表情失落）妈妈说跳得远的人才能成为赢家。

乞　丐　何必跟自己过不去！我是说就好比跳远，既然你只能跳出这么一点点，那干吗不去换成爬树、跳伞、挖沙子或者就干脆趴着。

学　生　我也不知道，起码我是在和大家一起参赛对吧。

乞　丐　参赛、参赛，人生是比赛吗？

学　生　是的。

乞　丐　那裁判是谁？评委是谁？有通行证书吗……我为什么要比赛？

学　生　或许是为了给别人看吧。妈妈还说，他优秀、乖巧、懂事，更主要的是听话。真羡慕他！可问题是，他究竟是谁——他能背多少方程式？他记住了多少单词？在墙上贴了多少证书……我不能输！

乞　丐　你们看，这就是现实。它给的现实——我偏不，去它的。

学　生　Freedom，$sin2\alpha = 2sin\alpha \times cos\alpha$，$cos2\alpha = cos^2\alpha - sin^2\alpha$，$H_2 + CuO$ 加热生成 $Cu + H_2O$，当今世界影响和平的主要因素……

众　　人　（转身,面对观众。除乞丐）所以?
　　　　　[灯光微暗。音乐《Equation》响起。
　　　　　[众人迅速回位,重复起初动作。
　　　　　[孩子骑自行车上,停下,看。
孩　　子　什么!
　　　　　[音乐停。
　　　　　[舞台灯亮。
　　　　　[全体定格。说话者活动,下同。
女朋友　　不,我不能背叛爱情——可它像一匹饿狼紧紧地缠着我,形影不离。我不知道,它什么时候动手,哪一天? 几点?
　　　　　[除乞丐,大家似乎恢复到了无忧无虑的状态,玩起游戏。女朋友背对大家,众人一边问一边渐渐靠近……
众　　人　老狼老狼几点钟?
女朋友　　4点钟。
众　　人　老狼老狼几点钟?
女朋友　　7点钟。
众　　人　老狼老狼几点钟?
女朋友　　12点!
　　　　　[女朋友突然转身,众人受惊欲逃。全体定格——
家庭主妇　　就让这灰堆满整座房间,就让我的心彻底变成木头——
　　　　　（边说边比画）我们都是木头人——
众　　人　不许说话不许动（边说边比画,最后手都指向主妇）。
　　　　　[全体定格——
上班族1　要去讨它欢心。
上班族3　有人欢心,那一定会有人痛苦。
上班族2　谁痛苦?
上班族1　（做划拳动作）谁痛苦啊,我痛苦（抽自己耳光）——
众　　人　（集体做划拳动作）谁痛苦啊,我痛苦（抽自己耳光）——
　　　　　[全体定格——
男朋友　　就是这样! 不是吗! 哪有什么意义! 人生就是不停地往前——
　　　　　（哼超级玛丽音乐）灯登灯登灯——噔——噔。（做超级玛丽弹跳动作）
　　　　　[全场一起做超级玛丽的弹跳动作。
学　　生　我真该让自己睡一整天——（对着虚拟的自己,模仿妈妈的语气）可为什么要一整天呢？小鱼不过才睡 7 秒——

（唱）一条小鱼游啊游，游啊游……

［全场兴奋，齐声唱，不断变为"两条小鱼……""三条小鱼……"两两面对面、手拉着手拱起，其他人作为小鱼在两人间穿来穿去……玩得不亦乐乎。

［乞丐站起，看着这一切……

乞　丐　（怒吼）我说，去它的！

［音乐《Equation》响。

［灯光微暗，所有人回到初始。

［音乐《我的太阳》响起。

［众人停下，目视着舞者。

［追光追着穿芭蕾舞服的胖舞者，动作虽然笨拙，但舞姿还算优美。

［音乐突然过渡为《五环之歌》，胖舞者画风一变，跳起广场舞，对观众飞吻，经过台上每个人身边……音乐随舞者下台后渐弱。

乞　丐　（鼓掌）精彩，精彩！（吼叫）来吧，我不怕你。（大哭）你这混蛋，你还想毁掉什么……

［众人忙碌无序地在台上胡乱走动。

上班族 2　就算是这样，我痛苦。那么然后呢？

女朋友　我以为我明白，可我终究还是不明白。

学　生　妈妈说，为什么并不重要。

上班族 3　讨它欢心。可它是谁，究竟哪一个才是它？——也许这并不重要。

乞　丐　这都是公式，我们只是单位！

上班族 1　那么它的公式在哪里？

家庭主妇　那么从公式来看，有灰所以要擦，擦了再有新的灰……

男朋友　所以，有灰是擦的必要非充分条件——

女朋友　那么爱情和婚姻的条件又是什么？

乞　丐　（大笑）就是这样！这就是真相！

［众人定格。

众　人　（合）什么？

乞　丐　你们难道从没听说过？多可笑！总之 1 天 24 个小时合计 1440 分钟，1 个月 30 天合计 1260 小时 43200 分钟，1 年的话……我不想算了。你们都会算，而且各有各的算法——不过所有的公式都是它给你们的，所有的单位都是它的阴谋！

〔全场定格，极度安静。

男朋友　可笑。这就是规律！
〔走向台口，直面观众。之后每人均如此，直到在台口站成一条线。

上班族1　如果这规律自古如此……
上班族2　如果这规律无所不在……
女朋友　那么，规律成为规律的条件是什么？规律的单位又是什么？
上班族3　规律就是什么也做不了。
学　生　规律就是，他优秀、乖巧、懂事、听话！
家庭主妇　规律就是周而复始、没完没了、无人生还。
众　人　（合）所以，这就是真相！
学　生　差点忘了。FREEDOM，F—R—E—E—D—O—M，FREEDOM！
乞　丐　我差点忘了——（掏口袋，拿出皱巴巴的纸条，读）假如生活欺骗了你，（朗诵腔，独自一人朝后方走去）心儿永远向着未来，现在却常是忧郁。一切都是瞬息，一切都将会过去——
〔音乐《Equation》响起，盖住乞丐声。
〔所有人走到舞台后方，背对观众站立。静止。
〔舞台暗。持续一段时间。
〔三个小孩梳着小辫，衣着活泼鲜艳，无忧无虑地上，边拍着手，边大声念词。
〔舞台中央定点光渐渐亮起，到小孩坐下，互相对拍时，达到最亮。

小　孩　你拍一，我拍一，一个小孩穿花衣；
你拍二，我拍二，两个小孩梳小辫（儿）；
你拍三，我拍三，三个小孩吃饼干；
〔众人跟着节奏，慢慢转身，慢慢朝三个孩子靠过去，直到最终围拢在孩子周围，成半圆状。嘴里轻轻地说着词。先是比小孩慢、轻，渐渐越来越响，越来越快，像被人追赶一般竭尽全力用快得喘不过气的语速来说。

众　人　你拍四，我拍四，四个小孩写大字；
你拍五，我拍五，五个小孩敲锣鼓；
你拍六，我拍六，六个小孩捡黄豆；
你拍七，我拍七，七个小孩坐飞机；
你拍八，我拍八，八个小孩抱西瓜；
你拍九，我拍九，九个小孩手拉手。

［剧烈的爆炸声——
［舞台暗。持续一段时间。
［灯光微亮,音乐《Equation》响起。众人跟着节奏机械地谢幕。
［全剧终。

短 剧 三 篇

笔者有幸参加上海戏剧学院陆军教授主持的"'百千万'戏剧工作坊",受益匪浅。以下三出小戏为在工作坊中完成的命题作品,主人公均被设定为"张三""李四"。

其中,《借钱》的要求为:张三在多年前向李四借了 10 万块钱,一直未还。在今年的大年初十,张三又来到李四家,不但不还钱,反而又向李四提出再借 10 万……要求故事具有合理性。

《分手》:张三和李四两人提出分手……要求写出情节上的波折。

《意外》:开始垃圾分类后,丈夫戒烟了,妻子变得勤劳了,儿子的成绩也进步了……这一切"意外"是如何发生的呢?

借　　钱

时　间　大年初十

地　点　李四家

人　物　张三　56 岁,乡村小学校长,长得瘦削而矍铄。

　　　　　李四　56 岁,乡镇工厂厂长,最近开始从事煤炭"生意",长得白白胖胖。

［幕启。

［客厅,装设豪华而土气。墙上贴着大大的金色的"招财进宝",房间正中摆放着大大的三人豪华皮沙发,一侧挂着大大的 72 寸彩电。李四志得意满地靠在沙发上,笨拙地抽着粗粗的雪茄烟。沙发上摊着一份《山西煤炭报》。远处有断续的鞭炮声。手机铃响,"就这个味,倍儿爽"……

李　四　喂——(放低声音)赔偿款下来了,我 10 万块!太好了——不不不,你不用过来,打我账上就行……你放心,过了年,我再给你多弄些人。

欧了,大家发财……欧了,欧了……

〔兴奋地哼着小曲"就这个味,倍儿爽"……

张　三　(一手拎着腊猪腿,一手拎个旧式公文包上,特意举起公文包,拍拍)李老板,新年好啊!

李　四　(看看公文包,充满调侃地)张校长,你可是稀客啊。

张　三　不稀,不稀——看我这老棉袄,十多年了,可厚实着呢。

李　四　(不满地)你这大过年的跑我这贫嘴来了。

张　三　李老板,我今天来呢,一是给你拜年,二呢孩子们让我捎个年货给你,说是谢谢他们的李大大(递腊猪腿)……

〔李四斜着眼瞄瞄,看猪腿又黑又小,从鼻子里"哼"了一声,抽雪茄。没伸手接。

张　三　李老板,好歹是孩子们的一番心意。

李　四　放那吧。这大过年挺忙的,赶紧把钱给我,你也好趁着天色还亮早点回去。

张　三　我正要说——这第三呢,我要是再问你借 10 万块钱,你说你会不会同意?

李　四　(正喝茶,一口喷出来)再借 10 万块……你问我借?我说你是不是找抽啊!

张　三　开个玩笑,那么紧张干吗,李老板。你看看你家,和 10 年前相比,真是天差地别啊。当年我就和你说过,你借我那 10 万块,可是积德啊,一定会有好报的……你看,这应验了不是……

李　四　照这么说,你还是我的贵人,我这儿还该给你行礼不是。

张　三　行礼倒不必,只要你再借我 10 万块钱……

李　四　你这人有病吧。(打开电视)

张　三　照我说啊,要是你今天再借我 10 万块,10 年后一定会比现在更发达……

〔李四不睬,看电视。

〔画外音。在党中央的高度重视下,山西特大矿难事故善后工作开展有序。矿难死亡人数 25 人,目前家属情绪稳定,矿区承诺赔偿款在年初十之前下发到位。事故原因正在进一步调查中……

张　三　(试探)李老板,我说那 10 万块钱(猛地响起鞭炮声)……

李　四　(一激灵,烟掉了下来)什么 10 万块钱,不关我的事……(反应过来,连忙关了电视,把雪茄灭了,放在茶几上)你小子不是说来还钱的嘛,钱呢?

张　三　李老板,我今天是来还钱的。不过,你能不能先借我 10 万块?

李　四　我说张三,你这大过年是来搞笑的,还是来找死的?

张　三　找死。

李　四　你——

张　三　(直直地逼近李四)你看,我这条命值多少钱?

李　四　(慌张)你,你……张校长,大过年的,你这是干什么?

张　三　(顺手拎起腊猪腿)这大过年的,弟妹和孩子都不在家,就你一个人吧……

李　四　(慌张,往后缩)他们马上就回,你不要冲动……

张　三　我问你,我这条命值不值 10 万?

李　四　张校长,你这说的是什么话呢,你……

张　三　你照实说!

李　四　张校长,你可是我们这十里八乡的功臣,哪止 10 万块……你,你先坐下再说。

张　三　李四,这可是你说的(猪腿滑落到地上,掩面)我,就 10 万块,卖给你……

李　四　(心有余悸,倒水,递给张三)大过年的,张校长,你这是唱的哪出!是,十年前我借你 10 万办学校,我是年年盯着你要,可是你没还,我不是也没拿你怎样嘛!
我催你,也就是做给我媳妇看看,省得她天天叨叨。我知道,你这修学校、教孩子读书,都是做善事……我也权当积德,10 万块,买个——安心!

张　三　李老板啊,你这大恩大德,我和孩子们终身不忘啊。

李　四　你别吓我就行——我当不起。

张　三　10 年来,你这 10 万块钱,让四十多个孩子上了学。他们考上县高中,考上大学,考到哪都不会忘记你。每次把钱发到孩子手上,我都教他们一遍一遍地念:"长大不忘爹娘情,读书要谢李恩人!"

李　四　李恩人!

张　三　是啊,我实话和你说,这包里压根不是钱,可是这比钱还珍贵。这,这都是孩子们写给你的信。(拿出皱皱巴巴的各种大小的纸)
[李四读信……一张张读完,放到茶几上。沉默。]

张　三　老李,我真是没办法了!我的全部家产,加上你给的 10 万块,现在用得干干净净,一分不剩啦。今天是年初十,十五就要开学,我拿什么来给孩子开学?学校现在十几个孩子,不能就这样给糟践了——我实在是走投无路啊。

李　四　唉……张校长,你说,在这十里八乡,我是有几个钱,可是有钱我也不能老这样给你不是,你这孩子一茬茬长大,多少钱也不够啊!

张　三　老李啊,我张三也是堂堂的汉子。我天天教孩子善良诚信,我自己也得做好表率不是。今天,我这把老骨头就卖给你——当是还你之前的 10 万。你再借我 10 万,让孩子们先开了学行不?

李　四　张校长,你这是何苦?你看这样行不行,我先给你 1 万——算我捐给学校的,不用还——你那 10 万,(看一眼茶几上的信)也就——算了——!就当我做善事,给后代积德吧。

张　三　老李啊,我要 10 万!

李　四　张三,你不要给脸不要脸。

张　三　李老板,不是我张三不识趣。我这眼看着一天天老下去,做不了几年了。我得给孩子们留些钱啊——万一我哪天倒下了,孩子们学习还得继续不是……

李　四　你也真是,谁管得了那么远?

张　三　李老板,我已经想好了。这 10 万,我两年就还清!

李　四　你——!(鼻子里下意识地轻蔑地"哼"了一声)你拿什么还清?

张　三　李老板,我刚才说卖给你,不是开玩笑。我跟着你,到你厂里干——哦,他们说你在投资煤矿。

李　四　别,别胡说!

张　三　李老板,我,我下矿井,我去挖煤……我什么都能干。你放心,工资直接发你手上。什么时候还清你这 10 万了,就什么时候结束。

　　　　[李老板眼前一亮,若有所思……

张　三　李老板,你看?

李　四　(迟疑)这,不行。你看你这身板,谁知做得了几天。

张　三　李老板,我没坑你,你可是稳赚不赔……

李　四　怎么说?

张　三　李老板,我昨天看报纸了,(看到沙发上的《山西煤炭报》,拿起,指)说是一个遇难工人能赔八十好几万。我……

李　四　你——

张　三　你今天再借我 10 万,要是我真做不了两年,我就在井底下不出

	来——那八十好几万都是你的——我张三连本带利都还你！（跪下）算我张三求你了……
李　四	老张,快起来,你这说什么呢……
	［手机响,"就这个味,倍儿爽"……
李　四	你快起来,你起来再说——喂,(转过身,压低声音)什么,调查组可能发现问题了……你们去内蒙古……要多带些人……十五动身……这……好……
李　四	张校长,你这是来真的？
张　三	堂堂男子汉大丈夫,绝无戏言。眼看着就要开学了,我想了几宿,才想出这主意。要不然,我今天也不能开口再问你要这10万。
李　四	(沉吟)你这要去了,孩子们谁来教？（看一眼茶几上的信纸）
张　三	我女儿不是大学毕业了嘛,孩子愿意回来。
李　四	我小子不是说,你女儿和他一起留省城嘛！
张　三	省城是好啊,可我们这些山里的娃谁来教呢——你儿子好啊,去年放假和我女儿一起给孩子们上课,孩子们那个高兴啊,整天围着他们,跳啊笑啊唱啊——等他们走了,孩子们哭了好几天……孩子们盼着有个受教育的文化人来教啊。我跟不上时代了,不能把这些孩子给耽误了。
李　四	(恍然)怪不得放假了,这小子也不着家。
张　三	(自顾继续)人各有命啊——女儿也哭了好几回,我知道她心里是不舍得——可她爸的事,不靠女儿靠谁啊……不说了,就这么定了吧。
李　四	(沉吟)这个……
张　三	你看这10万块钱,能不能现在就给我？孩子们十五就要开学了,还有5天,等不及啊……
李　四	(沉吟)十五……开学……动身……
张　三	行,我十五就和你动身。我都听到了——内蒙古要人！行,我就去内蒙古。
李　四	不,不,你说什么呢？我再想想……
张　三	你放心,十五上午我再去看看孩子们……给他们把教室扫了,把书领了,把饭烧了……我下午就过来,和你上路。
李　四	不,不——让我想想。
张　三	我求你了（欲跪）！
李　四	老张,你别——好,10万块,我今晚就让人给你送去。

张　　三　真的！（高兴地拉住李四，又忙乱拿起腊猪腿，往李四手里塞，发现不合适，再用《山西煤炭报》包住猪腿，递给李四）我就说你是大好人，我就说"读书不忘李恩人"……孩子们一辈子也不会忘记你的……好人啊……这个你拿着，用纸包好了放，到三伏天也不会坏。这个对你来说不值钱，但好歹是我和孩子们的一片心不是。

李　　四　张校长，张校长我……

张　　三　李老板，我知道我知道，我不会让你为难的。我谁都不会说，我十五下午一准到！

李　　四　张校长，我……

张　　三　李老板，我代所有孩子们，我代这十里八乡的父老乡亲谢谢你了。（鞠躬）

李　　四　张校长，我……

张　　三　李老板，你忙，我现在就回去准备准备……孩子们能上学了……留步，留步……好人好报，全家积德，新年大吉大利……留步……留步……（下）

李　　四　张校长……

　　〔手机铃响，"就这个味儿，倍儿爽"……

　　〔李四不接，若有所思，望向远处，天色暗了，张校长的身影渐渐消失在远方。一阵风过，吹起茶几上的纸条，四处响起急促的鞭炮声。

　　〔全剧终。

分　　手

时　　间　1942年秋，下午

地　　点　上海，张三和李四租的小洋房客厅

人　　物　张三　24岁，某民间抗日救国组织成员，担任李四秘书，对外假扮李四未婚妻。

　　　　　李四　31岁，表面身份是南京高级政要。真实身份是某民间抗日救国组织领导，上海站点主要负责人。

　　〔幕启。

　　〔客厅，房间小而雅致，中间是一个长茶几，铺着淡蓝细格子桌布，桌上花瓶里插着一捧雏菊。茶几后是一个不大的二人布艺沙发，颜色素雅洁净。沙发的扶手上放着一袭婚纱。沙发旁边有一个小小的

藤条箱子。墙上贴着周璇的月份牌。一侧有斗橱，上面放着米色的打字机。斗橱旁是窗，拉着淡蓝细条子窗帘，因而虽是白天，房间里仍是昏暗。窗外时不时传来警笛声。

〔张三穿着旗袍，坐在沙发上出神地想着心事。

〔李四着西装，脸上略泛油光，一手拿着报纸，快步推门进来。

李　四　（边用手拉扯领带，兴奋地）汇中饭店，明天的婚礼就定在汇中饭店！

〔李四发现窗帘紧闭，走过去拉开窗帘，一束阳光照进房内。张三伸手遮在眼前。

张　三　李先生，我有话和你说。

李　四　你先听我说。你看（指报纸），婚礼公告小样已经排好，明天上海各大报纸都会登出来……

张　三　李先生，我……

李　四　我们再把整个流程理一下：请柬我让小王马上一家家去送；婚纱已经送来了是吧，太好了！捧花……

张　三　李先生，我和吴妈结了工钱，让她不要再来了。

李　四　吴妈——也好。当然，今天辞退她是心急了点——不过，还是早点让她回去得好。捧花还是用红玫瑰，要大束的，不过对你来说会有些重；汽车……

张　三　李先生，房间我都收拾过了。我，要先走了……

李　四　对，明天你先过去。我们会把场地布置好……

张　三　不是，李先生，我是说，我现在要走了。（起身，拎藤箱）

李　四　现在走？你——

张　三　李先生，我们该分手了！

李　四　分手？你！

张　三　李先生，我不会和你去结婚。

李　四　（接过张三的藤箱，放下。拉张三到沙发旁坐下，一手搭在她肩上）你听我说，我知道你心里害怕，我也害怕。可是……

张　三　不，我不是害怕——我们，还是分手吧。

李　四　一切都准备就绪，还有一天——现在，你说要和我分手，你说你不想结婚！那现在这一切怎么办？

张　三　我不知道，我就是不要再这样了。（快速起身）我现在就走，我们分手，我们现在就分手……

李　四　你不知道！（激动，用力把张三拉到窗前）你看看外面，你用眼睛好好看看，这是我们的城市，这是我们的土地，这是我们的祖国！你用眼睛看看，你看看路上的每一个人——看楼下挎着篮的阿婆，看这些光脚的车夫，看那群学生，还有那孩子——拿着风车的……他们是我们的亲人，是我们的兄弟姐妹，是我们的未来和希望……难道你就愿意他们一直被人践踏下去，难道我们要一直做奴隶，一直在耻辱中生活下去吗！

张　三　（哭，绝望地）我不看……我不管……

李　四　你不管？！你不要对我说！你去和四万万同胞说，你去和窗外的每一个人说！你去和牺牲的老王说你不管，你去和小刘说你不管——她牺牲的时候，只有16岁……

〔张三背着窗瘫坐下来，阳光从后面照下，张三在光辉中构成了一个轮廓。

李　四　好吧……你走吧——你要害怕，就走吧。明天，我照样把他们都解决了。

张　三　（平静地）李先生，我和你一起三年了，你说我什么时候害怕过？

李　四　三年……是啊，因为这身份，我们没一天安生过。三年来，我们被76号调查过，被汪伪政府跟踪过，被日本鬼子设过局，被来路不明的人刺杀过……随时都是死啊……那你——

张　三　你知道，一个女人最大的愿望是什么吗？就是能穿上婚纱，和她心爱的男人真正地步入婚姻的殿堂……

李　四　非常时期——家国事大……

张　三　我知道，我知道，可我做不到——

李　四　为了这次行动，我们策划了半年。明天晚上，汪伪政府的上海政要都会出席，日本的军队头目也都答应参加。说好（张三轻声地一起说）事先把手枪藏在捧花里，以你（我）用手枪枪击证婚人山本为信号，同志们引爆炸弹——同归于尽……

〔长时间安静。窗外又是一阵刺耳的警笛声。

张　三　李先生，我不怕死……

李　四　（动情地）我知道，你不怕死。

张　三　可是我不要看着你……

李　四　我愿意死！那么多同志都牺牲了，我每天都准备好去见他们。现在，能让这些肮脏东西为我陪葬，我值了！

〔长时间安静。隐隐传来《天涯歌女》的音乐。

张　三　（走到橱旁，断续地敲击着打字机的键盘）李先生，我做了你几年的未婚妻？

李　四　三年了。

张　三　李先生，选了我，你后悔过吗？

李　四　不，不！你做得很好，表现非常出色，你——

张　三　还有别的吗？

李　四　（环顾房间，动情地）事实上，这三年是我最幸福的三年。

张　三　那，李先生，你有真的喜欢过我吗？

李　四　我……

张　三　李先生——

李　四　有！可是非常时期——

张　三　（停止敲击，回身）李先生，我想和你分手！

李　四　你，你到底怎么了？

张　三　李先生，如果没有行动，没有刺杀，你愿意娶我吗？

李　四　我——（轻声地）愿意。

张　三　李先生？

李　四　是的，我愿意！你聪明、美丽、善良、勇敢……没有一个男人不愿意娶你。

张　三　李先生，那我们今天正式分手——作为假情侣的身份彻底结束！从现在起，我要真正地做你的女人。

李　四　张小姐，可是明天，我就要死——

张　三　是的，我们一起死！

李　四　不，你不会（自觉失言）……

张　三　李先生，我已经都知道了。

李　四　什么？

张　三　我知道你改了计划——你让大家在音乐刚响起，我还没进入餐厅的时候，就提前行动。

李　四　（懊恼地）你——唉！（走向窗口，看着窗外）

张　三　（走过去，从背后抱住李四）明天，我们一起死！

李　四　（不回身，紧紧地贴着张三）可你——那么年轻，那么美丽……

张　三　（留恋地抱紧李四。松手，拿起藤箱，打开。里面除了一把手枪，什么都没有。张三拿起手枪）李先生……

李　四　你这是？

张　三　我已经准备好了,如果你不让我参加行动,炸弹声一响,我就——
　　　　（抬起手枪,抵着自己的胸口）
李　四　你——
张　三　和你一起,我愿意!
李　四　张——
张　三　（放下手枪,拿起婚纱比在身前）我漂亮吗?
李　四　（流泪）漂亮!
张　三　我要进屋化个妆。
李　四　（流泪）嗯。
张　三　（流泪）我要你帮我穿上——让我真正做一次你的新娘!
李　四　（流泪,接过婚纱）嗯,你会是这世界上最美的新娘!
张　三　（流泪）你还会和我分手吗?
李　四　（流泪）不,我们永远在一起!
　　　〔张三甜蜜地靠紧李四,两人相互挽着,幸福而郑重地走下。
　　　〔《天涯歌女》音乐声和警笛声夹杂在一起,渐响。
　　　〔全剧终。

意　　外

时　间　现在或未来的某一天
地　点　普通人家客厅
人　物　张三　"百千万"戏剧工作坊学员。
　　　　李四　全职主妇。
　　　　儿子　五年级学生。

〔儿子、李四、张三（举两块）举着类似于"剧场提示"的牌子,依次从幕前走过。牌子上分别写着"干垃圾""湿垃圾""有害垃圾""可回收物"。下。

〔幕启。

〔舞台上是普通人家客厅设计:三人沙发正对观众席放,沙发前面是小茶几,茶几上散落着几本书。沙发右后方是一块立式的小黑板,上面用歪歪扭扭的字写着计算题,题目上打着鲜红的大叉。沙发后面墙上挂着全家福,墙上有一扇门,通向内室。客厅左右两侧都是墙,墙上各有一扇门。幕启时,舞台漆黑,观众看不出这一切。

［响起战争音效,喊杀声、机关枪声、炮弹声混成一片。
［舞台气氛紧张肃穆。
［定点光随人物说话依次亮。

儿　子　（面向观众席远眺,惊恐地）报告家长,我们被包围啦——

张　三　（披着外套,背对观众,做吸烟状,看得出手里拿着烟灰缸）汇报具体情况!

李　四　（用望远镜观察）在我方正面战场,湿垃圾混合有害垃圾来势汹汹,我左翼纵队遭遇的是干垃圾混编方阵,右翼是大量不明身份垃圾……

儿　子　怎么办?

张　三　（转过身,假装猛吸一口"烟",用力地把"烟蒂"拧在烟灰缸里）形式危急,刻不容缓——

李四、儿子　我们上?

张　三　慢,（突然换成轻松的语气）还是让我先回作战室研究一下……

李四、儿子　作战室?

［音效停,舞台灯亮,定点光收。
［张三拿烟灰缸,做掏烟状,穿过左边的门出去。

李　四　先开油烟机再抽烟!（又对着张三下去的方向）这个想法也否定了哦——

儿　子　（抱怨地）妈妈,你看爸爸!

李　四　好了,儿子,爸爸妈妈陪你练到现在,也该休息一下了。

儿　子　后天就是活动展示了,可——我们连演什么都没定下来。

李　四　（边说边到沙发上坐下）我说儿子啊,学校亲子环保活动,报什么项目不好,唱歌啊、手工啊、做小报啊……你怎么偏偏报了个演戏?

儿　子　（期待地）我爸不是喜欢写戏剧嘛,我想出个大招,让大家不再小瞧我!

张　三　（心事重重地走出来,嘴里喃喃自语）"一个人为了达到一个可以理解的有难度的目标,采取行动,遇到障碍……"（突然意识到家人的存在）儿子啊,后天我还是在家写剧本吧,我需要静静,我要找找"戏核",想想"戏眼"——你就和老师说我出差了,请假一次。

［儿子低头,回沙发上坐下,欲哭。

李　四　（不满地看了张三一眼）你敢！（揶揄地）还想"静静"呢——要是瞎想想就能写出戏，那我天天在家里不知好写几百出了。（回身安慰儿子）别理你爸，我们全家都上，一定演好，让老师和同学对你刮目相看。

张　三　我有什么办法？你哪里知道，"自莎士比亚以后，一切情节都成滥套"……

李　四　那也不能不管儿子啊！儿子就这点要求你都不行，还号称喜欢戏剧呢——

张　三　我喜欢戏剧就写"垃圾分类"么？你看埃斯库罗斯写过吗？索福克勒斯写过吗？维吉尔写过吗？你要莎士比亚怎么写……

〔舞台暗，李四演麦克白夫人，张三演麦克白，说词时追光亮。

李　四　去，该死的血迹！去吧！一点，两点……这儿还是有一股血腥气，所有香料都不能叫这小手变得香一点。啊！啊！啊！

张　三　（做拿刀状）我仿佛听着一个声音喊着："不要再睡了！麦克白已经杀害了睡眠！"

李　四　为什么您把这刀子带了来？它们应该放在那边。

张　三　我不能放——（换生活化口吻）我不知道它属于什么垃圾。

李　四　（愕然）啊？

张　三　在刀快要刺下去的时候，我动摇了——我不知道流出来那么多血属于什么垃圾！没有血的床单是可回收物，那么沾了血的呢？干垃圾？有害垃圾？还有，邓肯身上的衣服算什么垃圾呢？沾了血的刀呢床呢……太麻烦了！所以，什么都没发生——我没有弑主篡位，你以后也不会再梦游洗手了。

〔舞台灯亮，追光收。

张　三　难道要莎士比亚写这些？

李　四　你这是强词夺理。我看你这样一天天脑子都要想出问题了。你说的那些，要么是可回收物，要么是干垃圾，有什么好纠结的——

张　三　（惊讶地）你什么时候知道这些了？

李　四　你先别管，还是先去学学垃圾分类再来卖弄吧。（打哈欠）我也不管了，（看表）时间还早，我先睡个回笼觉——我今天一早点就起来了，困死了。

儿　子　妈妈，你刚才不还说——

张　三　（对李四）哈哈，儿子找你呢！（自语）垃圾分类——和我有关吗！我还是看会书，找找灵感。

李　四　（对张三）你个书呆子，垃圾分类和谁都有关，你等下去把垃圾扔了。（对儿子）儿子啊，其实垃圾分类可时尚啦，（白张三一眼）我觉得你起码比爸爸有生活。你再想想看，你们小朋友会喜欢什么方式呢？

儿　子　首先要好玩的……嗯，然后，也要是我会的……

〔儿子和李四兴奋地讨论。

〔舞台灯暗，两束追光分别照着李四、儿子和张三两块区域。

张　三　（看书）《女儿大了桃花开了》，好！真是好题目！（翻到封面，看作者）原来是"陆氏比亚"写的，怪不得——（沉吟）"一个人为了达到一个可以理解的有难度的目标……采取行动……遇到障碍……"

〔追光渐渐变弱，持续一段时间。儿子和李四无声地、热烈地讨论，张三在沉吟。

儿　子　爸爸，快来排练，我们想好啦，（骄傲地）主要是我想出来的！

〔随着儿子的声音，舞台灯亮，追光收。

李　四　（和儿子拿起铃鼓，把其中一个塞给张三）拿着……

张　三　（迷惑地）这？

李　四　你跟着我们做就行——

〔三句半风格，三人敲击铃鼓，儿子和李四绕台转圈，到台口站定说词，张三笨拙地跟在后面，说词时犹豫。

儿　子　垃圾种类数第一。

李　四　大骨纸巾尿不湿。

张　三　要把它们扔哪里？

儿　子　（举起牌子）干垃圾。

张　三　这也不是戏啊！"动机"呢？"动作"呢？

〔李四不睬，继续绕圈，说词。

李　四　厨余饭后都有机。

儿　子　残渣毛发和果皮。

张　三　要把它们扔哪里？

李　四　（举起牌子）湿垃圾。

张　三　"冲突"呢？"意蕴"呢？
〔继续绕圈，李四示意张三。
张　三　灯管药品废电池。
李　四　废油漆桶温度计。
儿　子　大家千万别乱扔。
张　三　（举起牌子）有害滴。
〔李四对张三表示满意。敲击铃鼓，绕圈。
儿　子　书籍、玻璃……
〔舞台上忽然警笛大作，灯光闪烁，紧接着响起电脑语音："警报！警报！前方是大量卫星垃圾。请选择飞行模式，请选择飞行模式——"
张　三　（严肃地）切换闪避模式。
〔电脑语音："已为您切换。警报解除，警报解除。"灯光恢复正常。
〔三人木然地站在台上，铃鼓"哐"地落下，沉默。
〔灯光暗，随每个人说话依次亮定点光。
儿　子　没有什么学校亲子活动，也没有什么演出。
李　四　不需要什么回笼觉，我根本睡不着，我睁开眼就只想起来。
张　三　我没有什么戏剧要写，而且，我的烟33天前就抽完了——
儿　子　我现在是班里正数第一，不过，要是诚实点说的话，同时也是倒数第一。
〔黑板上计算题早已消失，换成了两排数字，上排是绿色数字"111"，下排是红色的"1715"。
〔天幕上出现飞行器视频，透过飞行器窗口可以依稀看到这家客厅情形。
张　三　我们已经在太空上漂流111天了——111天前，地球开始执行大规模疏散行动。
〔天幕上出现上千万艘飞船如蝗虫般在太空飞行的画面，令人震撼。
李　四　由于太多垃圾得不到有效处理，人类已经无法在地球上生存。
张　三　需要五年，五年——哪怕所有垃圾处理厂日夜运作，哪怕再加上地球自身的降解能力——科学家计算，也要五年之后，我们才能重返地球。
李　四　五年，这五年，我们就只能待在飞行器里，只能漂在太空中。（感伤，

张 三	(靠向老公)我想家了,我想地球了,我想再逛逛街,我想再收一次快递。
张 三	我也想,我想参加"百千万"工作坊,我想再听听老师的点评。
儿 子	(从啜泣到大哭)我想回学校,我想老师和同学,我想踢球,我想跑步,我想要给大家演戏……

〔李四安慰儿子。

〔沉默。

〔随着"咚"的一声,黑板上排数字变为"112",下排变为"1714"。

张 三	(努力振作)又过去一天啦。儿子,打起精神来,离返回地球还有1714天——我们一定会回去的!到时,我们一定要好好珍惜地球家园,好好生活,好好写戏、演戏……
李 四	儿子,来,我们再继续排练。(拿起铃鼓,塞到儿子手里,强笑)后天不是还要演出嘛——

〔三人敲击铃鼓,节奏缓慢。

儿 子	(哭)垃圾种类数第一。
李 四	大骨纸巾尿不湿。
张 三	要把它们扔哪里?
儿 子	(无力地举起牌子)干垃圾。

〔随着说词,定点灯渐弱,直至暗去,同时一束追光照在三个人身上,并最终暗去。

李 四	(哭)厨余饭后都有机。
儿 子	残渣毛发和果皮。
张 三	要把它们扔哪里?
李 四	(无力地拿着牌子)湿垃圾。
张 三	灯管药品废电池。
李 四	废油漆桶温度计。
儿 子	大家千万别乱扔。

〔舞台上警笛大作,灯光闪烁,稍后响起电脑语音:"警报!警报!前方是大量卫星垃圾。请选择飞行模式,请选择飞行模式——"

〔灯光继续闪烁,追光收。

张 三	(泣不成声,没拿到牌子)有害滴——

李四、儿子　（奋力）有害滴！

　　　　　　［三人靠在一起,慢慢滑下去。

三　　人　（微弱地,淹没在警笛声中）书籍、玻璃、废金属——

　　　　　　［警笛声更刺耳,灯光更混乱,电脑语音更急促:"请选择飞行模式,选择飞行模式——"

　　　　　　［张三、李四、儿子缩在地上,说词声完全被掩盖。

　　　　　　［巨大的撞击音效"砰"——

　　　　　　［舞台暗。

　　　　　　［长时间寂静。

李　　四　（画外音）老公,老公——

　　　　　　［追光亮,照着张三。张三仍坐在沙发上,手上拿着戏剧集。

张　　三　1713天……

李　　四　（画外音）老公——

　　　　　　［舞台灯亮。追光收。

张　　三　遇到障碍……

　　　　　　［黑板上还是打着大叉的计算题。

儿　　子　（背着书包,从内室出）爸爸,我们想好啦——主要是我想出来的哦,妈妈说,（李四拎两袋垃圾,从内室出）要让更多的人和我一起宣传,我现在就去找小伙伴啦。（下）

李　　四　（高兴地）儿子,早点回来。（把两袋垃圾递给张三）去把垃圾扔了,这袋是可回收的,这袋是干垃圾——对了,你的香烟也扔里面了哦。我和儿子刚才决定,今天开始,对你强制戒烟。（转身）

张　　三　你干嘛？又去睡回笼觉啦？

李　　四　错！你不是问我怎么知道垃圾分类的嘛,实话告诉你吧,我是小区垃圾分类监督员,我现在——上岗！

张　　三　什么？怎么从来没听你说过？

李　　四　去问问你的莎士比亚吧——他不是已经写完所有情节了嘛！

张　　三　那你把垃圾带去扔了啊。

李　　四　我不！我负责监督你,（做手势）监督你——（下）

张　　三　（看看手中的垃圾袋,苦笑）惊不惊喜,意不意外！（在厅里踱步）垃圾……分类……（苦笑）全家都动员起来了……嗯,既然这是全民大事,那我也可以写写啊,写写这场人和垃圾、人和陋习之间的战争……(越说越激动)国家倡导垃圾分类、造福子孙后代,这就是"可以理解的有难度的目标";政府主导、全社会积极推行不就是"采取的行动"嘛;"遇到的障碍"就是和旧习俗之间的冲突……太好啦,我要把这个中国的故事讲给世界听,名字就叫——《流浪太空》……(兴奋地)莎士比亚,我来啦,我要写你没写过的戏啦。(下)

[暗场,持续一段时间。

[黑板上计算题又隐去,显示出两排数字,清晰可见。随着"咚"的一声,上排数字变为"0",下排变为"1816"。

[电脑语音:请切换模式——准备返回地球,准备返回地球……

画外音　新的篇章已经开启!你,准备好了吗!

[剧终。

参 考 书 目

1. 联合国教科文组织. 教育:财富蕴藏其中[M]. 联合国教科文组织总部中文科,译. 北京:教育科学出版社,2001.
2. 霍华德·加德纳. 多元智能新视野[M]. 沈致隆,译. 北京:中国人民大学出版社,2012.
3. 莫里斯·梅洛-庞蒂. 知觉现象学[M]. 姜志辉,译. 北京:商务印书馆,2001.
4. 约翰·杜威. 民主主义与教育[M]. 王承绪,译. 北京:人民教育出版社,2001.
5. 约翰·杜威. 我们怎样思维·经验与教育[M]. 姜文闵,译. 北京:人民教育出版社,2005.
6. 单中惠,朱镜人. 外国教育经典解读[M]. 上海:上海教育出版社,2004.
7. 罗利建. 个性化教育[M]. 北京:经济管理出版社,2016.
8. 玛利亚·哈迪曼. 脑科学与课堂[M]. 杨志,王培培,等,译. 上海:华东师范大学出版社,2017.
9. 斯坦尼斯拉夫斯基. 斯坦尼斯拉夫斯基全集(第三卷)[M]. 郑雪来,译. 北京:中国电影出版社,1985.
10. 梁伯龙,李月. 戏剧表演基础[M]. 北京:文化艺术出版社,2002.
11. 方伟,中央戏剧学院台词研究室. 演员艺术语言基本技巧[M]. 北京:文化艺术出版社,2000.
12. 张生泉. 教育戏剧的探索与实践[M]. 北京:中国戏剧出版社,2010.
13. 孙惠柱,汤逸佩. 边缘的消失:第四届上海国际小剧场戏剧展演论坛[M]. 桂林:广西师范大学出版社,2008.
14. 张晓华. 创作性戏剧教学原理与实作[M]. 台北:成长文教基金会,2003.
15. 张晓华. 教育戏剧的理论与发展[M]. 台北:心理出版社,2004.
16. 强纳森·尼兰德斯,东尼·古德. 建构戏剧——戏剧教学策略70式[M].

舒志义,李慧心,译. 台北:成长文教基金会,2005.

  17. 黄爱华,朱玉林. 探索与实践:新课程改革背景下的戏剧教育[M]. 杭州:浙江大学出版社,2008.

  18. 胡裕树. 现代汉语[M]. 上海:上海教育出版社,1962.

  19. 徐洪妹. 视障教育——上海盲校百年印证[M]. 上海:上海教育出版社,2010.

  本书还运用到了部分网络材料,限于条件,无法一一查明出处,特此声明,并对原作者表示歉意,也欢迎各位通过出版社联系说明。

后　　记

1

误打误撞中懵懵懂懂走近戏剧殿堂,不敢轻易叩响这神圣之门,只愿能匍匐下身体,恭谨地感受。

2

斯坦尼斯拉夫斯基在《演员的自我修养》中说道:"剧场,由于演出都是当众进行的,并且舞台效果往往是光彩夺目的,所以会吸引很多人,而有些人仅仅是想借此展示美貌或赢得虚名。他们往往利用公众的无知和某些人的不良癖好,采用吹捧、勾心斗角等与艺术创作无关的手段来满足自己的欲望。这种利用艺术的人是艺术的死敌。我们得采取最严厉的措施来打击这种人,假如改造不成功,那只好把他们赶下台去。"

虽其所说的是戏剧表演,但似乎用在教育上也颇为妥帖,故深以为然。所以在尝试戏剧教育的这些年中,总以此为戒,只求平心静气,水到渠成,不追名逐利,哗众取宠。

3

不高高在上,不试图说教,不强加于人,只是放下身段,敞开胸怀,用体验引出体验,用创造激起创造,用"灵魂唤醒另一个灵魂",这是我以为的戏剧教育魅力与价值所在。

4

不然不觉居然完稿了。

断断续续一年多,本以为不可能完成、必然无法完成、几番放弃又勉力挣揣的事情竟然完成了,回头看去,悄无声息,恍如一梦。

5

自知拙作了无新意,至多算是多年来实践的积累汇总,敝帚自珍罢了。理论上的欠缺和方法上的谬误在所难免,只是不揣浅薄,恳请方家教正。

6

书中对于戏剧教育及视障教育的浅见皆是积年所得,可算是机杼自出。至于所例举的活动、游戏,则既有独创、改编,亦有在培训中得来、在观摩中学来、在书中想来者,不一而足,无法尽言,不敢掠美,特此声明。

7

面向视障学生的戏剧教育因为留白太多,所以反而前途广阔、大有可为。然千里之程,本书只能算是发轫。盼望后来者能开疆拓土,日就月将,不断丰富完善视障者戏剧活动的内涵与外延,实现面向视障者的戏剧教育、戏剧康复和戏剧治疗的"三位一体",造福更多视障学子。

8

以徐洪妹校长为代表的学校领导支持我长时间地探索实践,已故的何金娣校长为我争取到本书的出版资格,华师大杜晓新教授热切地给予指导并亲自作序,徐琳校长热忱地加以督促……感激之情,难以言表。

我还要感谢上海话剧艺术中心(尤其是童玲老师)为普及戏剧教育所做的一切,让我本人受益无穷;感谢散落在城市各个角落的戏剧同行们——我们总是在彼此支撑和相互切磋中获得坚持和向前的能量。

9

最后的感谢要特别献给涂沈阅同学。她是我的第一个读者,也是我最热烈的促进者。来自她每天的"怎么样,写得顺利吗""写了多少字啦"之类的灵魂拷问,让我不敢懈怠,勉力前行。

希望这最终的成品不会让她失望。

涂传法

2018 年 11 月 9 日

图书在版编目（CIP）数据

视障儿童戏剧教育理论与实务 / 涂传法著. — 上海：上海教育出版社，2020.9
ISBN 978-7-5444-9857-9

Ⅰ.①视… Ⅱ.①涂… Ⅲ.①视觉障碍－儿童－戏剧教育－研究 Ⅳ.①G761②J8

中国版本图书馆CIP数据核字(2020)第158343号

责任编辑　徐青莲　李　祥
封面设计　毛结平

视障儿童戏剧教育理论与实务
涂传法　著

出版发行	上海教育出版社有限公司
官　　网	www.seph.com.cn
地　　址	上海市永福路123号
邮　　编	200031
印　　刷	常熟市华顺印刷有限公司
开　　本	700×1000　1/16　印张 17
字　　数	314千字
版　　次	2020年10月第1版
印　　次	2020年10月第1次印刷
书　　号	ISBN 978-7-5444-9857-9/G·8125
定　　价	68.00元

如发现质量问题，读者可向本社调换　电话：021-64377165